Kissinger e o Brasil

Nova Biblioteca de Ciências Sociais
diretor: Celso Castro

Segredos e truques da pesquisa
Howard S. Becker

Forças Armadas e política no Brasil
José Murilo de Carvalho

Jango e o golpe de 1964 na caricatura
Rodrigo Patto Sá Motta

O Brasil antes dos brasileiros
André Prous

Questões fundamentais da sociologia
Georg Simmel

Kissinger e o Brasil
Matias Spektor

Sobre o artesanato intelectual e outros ensaios
C. Wright Mills

Matias Spektor

KISSINGER E O BRASIL

ZAHAR
Rio de Janeiro

Jorge Zahar Editor Ltda.
rua México 31 sobreloja
20031-144 Rio de Janeiro, RJ
tel.: (21) 2108-0808 / fax: (21) 2108-0800
e-mail: jze@zahar.com.br
site: www.zahar.com.br

Grafia atualizada respeitando o novo Acordo Ortográfico da Língua Portuguesa.

Projeto gráfico: Carolina Falcão
Capa: Miriam Lerner
Foto da capa: Azeredo da Silveira e Henry Kissinger, em Washington, após seu primeiro encontro, em abril de 1974.
Foto da quarta-capa: Azeredo da Silveira recebe Henry Kissinger em visita ao Brasil, em fevereiro de 1976.
Crédito das fotos: Arquivo Azeredo da Silveira, CPDOC/FGV.

CIP-Brasil. Catalogação na fonte
Sindicato Nacional dos Editores de Livros, RJ

S728k Spektor, Matias
Kissinger e o Brasil / Matias Spektor. — Rio de Janeiro: Jorge Zahar Ed., 2009.

Inclui bibliografia
ISBN 978-85-378-0156-7

1. Kissinger, Henry, 1923-. 2. Brasil – Relações – Estados Unidos. 3. Estados Unidos – Relações – Brasil. 4. Brasil – Política e governo – 1964-1985. I. Título.

09-2559
CDD: 327.81073
CDU: 327(81:73)

Sumário

Lista de abreviaturas

AAD	Access to Archival Databases, Electronic Telegrams, NARA
AAS	Arquivo Azeredo da Silveira, CPDOC/FGV (Rio de Janeiro)
AIEA	Agência Internacional de Energia Atômica
AHMRE	Arquivo Histórico do Ministério das Relações Exteriores (Brasília)
Am. Emb.	Embaixada dos Estados Unidos no Brasil
ASF	Administration and Staff Files, HAK Office Files, NARA
ARA	Bureau of Inter-American Affairs, State Department
BIR	Bureau of Intelligence Research
Bras. Emb.	Embaixada do Brasil nos Estados Unidos
CEPAL	Comissão Econômica para a América Latina
CF	Chronological File
CFLA	Country Files Latin America
CIA	Central Intelligence Agency
CNPq	Conselho Nacional de Pesquisa
CPDOC/FGV	Centro de Pesquisa e Documentação de História Contemporânea do Brasil da Fundação Getulio Vargas (Rio de Janeiro)
CREST	Central Intelligence Agency Records Search Tool
DAS	Divisão da América Setentrional, Ministério das Relações Exteriores
DMP	David R. Macdonald Papers, Gerald R. Ford Presidential Library
FMI	Fundo Monetário Internacional
FRUS	Foreign Relations of the United States
GFL	Gerald R. Ford Presidential Library (Ann Arbor, Michigan)
GPO	Government Printing Office
GRDS	General Records of the Department of State
HAK	Henry A. Kissinger
IG/ARA	Interdepartmental Group for Inter-American Affairs
IPR	Informação para o senhor presidente da República
JCL	Jimmy Carter Presidential Library (Atlanta, Geórgia)
LAAS	Latin America Affairs Staff
LBJ	Lyndon B. Johnson Library (Austin, Texas)

MRE	Ministério das Relações Exteriores (Rio de Janeiro/Brasília)
NARA	National Archives and Records Administration (Washington, D.C.)
NIE	National Intelligence Estimate
NPMP	Nixon Presidential Materials Papers
NPMS	Nixon Presidential Materials Staff
NSA	National Security Archives, George Washington University (Washington, D.C.)
NSC	National Security Council
NSF	National Security Files
NSSM	National Security Study Memorandum
OAU	Organization of African Unity
OCDE	Organização para a Cooperação e o Desenvolvimento Econômico
OEA	Organização dos Estados Americanos
OMC/WTO	Organização Mundial do Comércio
ONU	Organização das Nações Unidas
OPEP	Organização dos Países Produtores de Petróleo
OTAN	Organização do Tratado do Atlântico Norte
PC	Presidential Correspondence
PCFEC	Presidential Country Files for Europe and Canada
PCFLA	Presidential Country Files for Latin America
SGA	Secretário-geral adjunto para Assuntos da América (MRE)
SSNF	State Subject Numeric Files
UNCTAD	United Nations Conference on Trade and Development
USAID	United States Agency for International Development
WH	White House
WHCF	White House Country Files
WHSF	White House Special Files, NPMP, NARA

Introdução

"O Brasil é a chave do futuro", concluía Richard Nixon. Enquanto falava, uma equipe liderada por Henry A. Kissinger, seu assessor de Segurança Nacional, planejava uma transformação profunda na postura americana em relação ao Brasil.

Este livro conta a história da operação levada a cabo por Brasil e Estados Unidos na tentativa de construir uma parceria diplomática. A partir de 1969, os dois lados mantiveram canais secretos, formalizaram uma política de consultas oficiais e criaram métodos para evitar desentendimentos. Juntos lançaram novas iniciativas e tentaram desenvolver um sentimento de propósito comum que antes não existia. No caminho, atravessaram crises e enfrentaram uma boa dose de atritos. O espírito de parceria implodiu e levaria pelo menos dez anos para que fossem superadas as desavenças mais profundas. No início do século XXI suas relações continuam a ser relativamente distantes e cautelosas.

Seria um erro interpretar o projeto de Kissinger para o Brasil como uma tentativa de transformar o país em marionete subordinada à vontade dos Estados Unidos. Ele estava sendo honesto ao dizer "eu queria muito que o Brasil fosse mais poderoso ... eu queria acelerar sua ascensão". Suas intenções não se deviam a um apego particular pelo país, mas ao cálculo de que este poderia partilhar alguns dos elevados custos para manter a ordem internacional concebida pelos Estados Unidos. Essa política fazia parte de um plano americano mais amplo de delegação de poder e responsabilidades a grandes potências regionais. Além de escolher o Brasil na América Latina, Kissinger selecionou o Irã, no Oriente Médio, a Indonésia, na Ásia, e a África do Sul, no continente africano. Também com eles tentou estabelecer novas parcerias. Também com eles seu programa fracassou.[1]

O Brasil do regime militar recebeu a proposta de Kissinger com hesitação, mas aceitou entrar no jogo. Essa decisão, contudo, não foi uma tentativa de alinhamento aos Estados Unidos similar àquelas ocorridas durante a Segunda Guerra Mundial e após o golpe de 1964. Na década de 70, a lógica da ditadura não era seguir Kissinger a reboque. Ao contrário, o objetivo era aproveitar a abertura da Casa Branca para fortalecer o regime, acelerar o projeto conservador de modernização e arrancar concessões comerciais. Animado com as perspectivas, em 1974 o governo brasileiro aumentou o valor da aposta e mudou-lhe a direção. Propôs a Kissinger um projeto mais ambicioso por meio do qual os Estados Unidos aceitariam instituir novos procedimentos e protocolos que selariam a igualdade formal entre os parceiros. O objetivo de Brasília era utilizar a retórica da parceria para mitigar o poder americano sobre o Brasil e convencer as grandes potências de que o país merecia status especial nas relações internacionais. Durante esse período, militares e diplomatas brasileiros nunca deixaram de desconfiar das intenções dos Estados Unidos.

O PROJETO DA PARCERIA foi arquitetado e posto em prática por dois indivíduos. Henry A. Kissinger, assessor de Segurança Nacional e secretário de Estado dos governos de Richard Nixon e Gerald Ford, fez a proposta inicial. Antônio Francisco Azeredo da Silveira, ministro brasileiro das Relações Exteriores do governo do general Ernesto Geisel, operou os principais ajustes na proposta original e a efetivou. Seria difícil achar uma dupla menos provável para lançar as bases de uma política de aproximação.

Kissinger chegou à Casa Branca, em 1969, como assessor de Segurança Nacional do presidente Nixon. Quando assumiu, o Conselho de Segurança Nacional (NSC, na sigla em inglês) tinha apenas 11 funcionários. Dois anos mais tarde tinha 150. No período em que permaneceu à frente do órgão, Kissinger o transformou no centro operacional da política externa. Atropelando o Departamento de Estado (Ministério das Relações Exteriores americano), assumiu o controle do planejamento e da operacionalização da diplomacia, da defesa e da inteligência dos Estados Unidos. Em 1973, Kissinger acumulou também o posto de secretário de Estado. Foi a primeira e única vez que uma mesma pessoa ocupou essas duas posições simultaneamente. Depois da renúncia de Nixon, em 1974, Kissinger permaneceu à frente do Departamento de Estado do sucessor, Gerald Ford, até o fim do governo, em 1977. Sua influência no imaginário americano manteve-se incólume desde então. Mais de 30 anos após o fim da gestão de Kissinger, o então candidato presidencial Barack Obama ainda fazia esforços para mostrar que ele também estava afinado com o velho estadista.

Kissinger ocupa esse lugar porque revolucionou a política internacional de seu tempo e é o mais controverso dos diplomatas americanos. Quando chegou ao poder, a União Soviética estava em ascensão, a guerra no Vietnã dilacerava a sociedade e a economia dos Estados Unidos e os protestos estudantis de 1968 comprometiam a legitimidade da diplomacia do país. Atuando geralmente em segredo, ignorando preceitos morais e seguindo movimentos contraditórios, Kissinger reposicionou seu país como pivô da política mundial.

Sob sua tutela, os Estados Unidos retiraram-se do Vietnã após uma tentativa ilegal de impor uma solução à guerra pela força. Com uma das mãos, Kissinger promoveu uma aproximação inédita com a União Soviética (*détente*); com a outra, pôs Moscou na defensiva, após incorporar a China comunista ao jogo de equilíbrio do poder global. No Oriente Médio, transformou-se no principal gerente da estabilidade, isolando os soviéticos e selando a proeminência americana na região. No mundo periférico, não hesitou em apoiar ditaduras brutais quando elas contribuíam para a luta anticomunista. No caso do Brasil, manteve vivos seus planos de parceria, apesar da abundante evidência que chegava a Washington sobre os crimes da repressão. Esse é o capítulo mais sombrio de sua biografia. Na década de 2000, por exemplo, surgiram três ONGs dedicadas a levá-lo à Justiça por crimes contra a humanidade. Também há uma série de países que ele não pode ou não quer mais visitar por medo de possíveis processos judiciais referentes a questões de direitos humanos, dentre eles o Brasil. Ousado, ambicioso e implacável, Kissinger marcou uma era. Poucas trajetórias individuais na história contemporânea são tão impressionantes quanto a sua.

Como professor de relações internacionais na Universidade de Harvard, antes de entrar para o governo, Kissinger tivera pouco interesse por países em desenvolvimento. Na década de 50, chegara a participar de uma iniciativa para montar um centro de estudos brasileiros, mas a empreitada morreu antes de nascer. Isso, entretanto, não o deixou muito frustrado. Afinal de contas, o foco de sua pesquisa era a política de poder entre as grandes potências. Sua fama de jovem brilhante devia-se ao sucesso de seus best-sellers, que lidavam com temas como armas nucleares e o futuro da Guerra Fria na Europa. Segundo um interlocutor, o despeito de Kissinger pelo chamado Terceiro Mundo era tão intenso que ele teria dito: "Nada importante pode vir do Sul. A história nunca foi produzida no Sul. O eixo da história começa em Moscou, vai para Bonn, atravessa até Washington e segue para Tóquio. O que acontece no Sul não tem importância." Este livro mostra que não foi isso o que Kissinger pôs em prática durante sua gestão. Revela, na primeira análise sobre suas políticas para um país em desenvolvimento, que, para ele, algumas coisas importantes podiam vir do Sul.[2]

O mundo de Silveira era muito diferente. Diplomata de carreira de um país alheio à grande narrativa da política internacional, seu contato com a política das potências era mínimo. Ao entrar para a diplomacia, nos anos 40, o Brasil era uma sociedade rural que vivia das exportações de café. Isso mudou durante as décadas de 50 e 60, quando o aparecimento de um complexo industrial possante abriu espaço para uma política externa mais assertiva e nacionalista. Silveira e sua geração formaram-se no revisionismo dos grandes países emergentes que, após a Segunda Guerra, começaram a demandar maior participação na ordem mundial. Junto a países como Irã, Turquia, Índia e Indonésia, o Brasil fazia parte do grupo de nações críticas ao gerenciamento das relações internacionais. Embora admirasse os Estados Unidos e houvesse morado lá na juventude, Silveira acreditava que o principal papel da diplomacia brasileira era preservar algum grau de "autonomia" diante do sistema capitalista internacional e do seu principal motor, os Estados Unidos. Caso contrário, os desígnios de Washington poderiam tornar-se o principal obstáculo à emancipação política e econômica do país.[3]

Em seu modo de operar, Silveira era decididamente ousado. Ao assumir o cargo de chanceler, transformou as atitudes brasileiras em relação aos principais temas da agenda diplomática. Aprofundou o que era uma tímida política para a África e trocou o apoio a Israel pela simpatia ao mundo árabe. Reconheceu regimes marxistas no Terceiro Mundo, apesar de ser o representante de uma ditadura anticomunista. Desenhou um plano para isolar a Argentina e projetar a influência brasileira na América do Sul de forma explícita. Negociou em segredo o maior projeto de transferência de tecnologia nuclear existente à época e convenceu Estados Unidos, França, Grã-Bretanha e Japão a assinarem documentos que formalizavam o status especial do Brasil no mundo. Não aceitava que as mazelas sociais e o relativo atraso do país obstaculizassem uma política externa expansiva: "O papel de uma chancelaria é pôr o país à frente de seu tempo", repetia.

Em suas ambições, Silveira também dividia águas. Os comentários positivos de seus aliados contrastam com as desaprovações de seus inimigos. Os primeiros descrevem-no como corajoso, persistente, vivaz e encantador; já os segundos falam de um caráter excêntrico, estridente, combativo e abrasivo. Ambos os lados concordam que ele era duro e militante, prolixo, obcecado com os detalhes de cada negociação e visceralmente afeto a valores intangíveis como o estilo, a sagacidade e o caráter de seus interlocutores. Diferentemente de Kissinger, Silveira não deixou diário, memórias ou notas sistemáticas. Preferiu acumular um enorme arquivo pessoal com cópias de milhares de memorandos, telegramas e cartas oficiais, assim como conceder uma longa entrevista que somente poderia chegar ao público após a sua morte, ocorrida em 1991.

A presença simultânea de Silveira e Kissinger em cena é o principal fator que explica a tentativa brasileiro-americana de construir uma parceria na década de 70. Ao longo dos anos, um moldou e deu vazão às aspirações do outro. Juntos tentaram superar o veto dos respectivos chefes e colegas, assim como angariar apoio dentro de cada país. Ambos foram hábeis em ganhar ascendência e moldar o pensamento de seus presidentes em política externa. Também tentaram manipular as respectivas burocracias para dar sobrevida ao projeto quando tudo apontava para um final frustrante. No momento em que sucessivas crises abalaram a parceria, eles saíram em seu socorro, buscando soluções práticas que levassem a mais – não menos – aproximação. Não há dúvidas de que tentaram – e conseguiram – manipular um ao outro. Assim que deixaram o poder, a iniciativa foi a pique, desaparecendo da lista de opções legítimas. Parte da tarefa deste estudo é explicar como e por que essas duas figuras escolheram seguir esse caminho.

Um dos erros mais comuns da mitologia brasileira em política externa é acreditar que a década de 70 foi marcada por um progressivo e natural distanciamento entre o Brasil e os Estados Unidos. Este livro corrige essa crença equivocada à luz de documentos oficiais, recentemente disponibilizados para pesquisa, e de entrevistas que realizei com os principais atores históricos em ambos os países. A resposta, em poucas palavras, é simples: a primeira metade da década de 70 foi marcada por um ambicioso experimento de aproximação que a nossa historiografia ainda ignora; na segunda metade, o projeto implodiu, mas seu fim não foi natural ou progressivo, nem óbvio ou inevitável.

Para Silveira, o projeto de parceria repousava sobre a premissa de que a diplomacia brasileira podia transcender os dois modos tradicionais de lidar com os Estados Unidos: o alinhamento e o distanciamento. A primeira postura, minoritária, teve vida curta durante a Segunda Guerra, no imediato pós-guerra e nos primeiros dois anos da ditadura instaurada em 1964. A segunda, mais influente, manteve adeptos poderosos em vários períodos da história nacional. Uma advogava que, acoplando-se aos Estados Unidos, o Brasil poderia ganhar poder, prestígio e influência. A outra sustentava que a aproximação com os Estados Unidos era excessivamente arriscada devido à brutal desigualdade de poder, que sempre funcionava em detrimento do Brasil. Por sua vez, para Kissinger, a premissa fundamental por trás da parceria era a de que uma política de morna indiferença em relação ao Brasil era ruim para os Estados Unidos. Em sua concepção, seria possível tirar benefícios concretos de um maior envolvimento brasileiro na Guerra Fria. Quando percebeu que essa abordagem não tinha receptividade em Brasília – e depois de conhecer Silveira –, começou a desenvolver a tese de que o Brasil poderia ajudar os Estados Unidos a lidar com uma inesperada agenda.

A ideia desses dois homens não era construir uma aliança nem uma política de engajamento profundo. Em seus planos tampouco constava um aumento induzido da interdependência entre as sociedades brasileira e americana. Tratava-se somente de criar um ambiente institucionalizado no qual as duas diplomacias pudessem discutir novos temas da agenda internacional, coordenar suas políticas em áreas sensíveis, resolver desavenças, dialogar no mais alto nível, negociar concessões e sedimentar a ideia de que o Brasil merecia tratamento especial na sociedade internacional. O objetivo era criar um clima de cumplicidade propício para a ação conjunta quando ela fosse útil, possível e palatável.

O EXPERIMENTO NAUFRAGOU. Procuro, aqui, oferecer a explicação que me parece mais plausível sobre os porquês do fracasso. Ao fazê-lo, tomo distância da interpretação hoje dominante sobre o período, baseada na tese da "rivalidade emergente". Segundo essa visão, o processo brasileiro de modernização e industrialização resultou no aumento das áreas de atrito e choque com os Estados Unidos. Para alguns expoentes dessa perspectiva, sucessivos governos em Washington acreditavam que o Brasil era um desafio real ou potencial à hegemonia americana e, portanto, era mister limitar seu desenvolvimento. Para outros representantes dessa interpretação, sempre que um país periférico se desenvolve, gera uma reação por parte dos países centrais. Nessa ótica, há forças estruturais profundamente enraizadas que empurram os Estados Unidos a fazer o possível para manter o Brasil enquistado na periferia do sistema internacional.[4]

A "rivalidade emergente" não é a única leitura das relações brasileiro-americanas durante o século XX. Mas ela representa a única tentativa existente de interpretar o vínculo bilateral em uma perspectiva de longo prazo. Sua lógica influencia as crenças fundamentais da comunidade diplomática e tem grande apelo entre as elites governantes e econômicas do Brasil até os dias de hoje. Também domina as listas de leitura dos cursos de relações internacionais das principais universidades e da academia diplomática do país.[5]

Tendo em vista o histórico de dominação estrangeira na América Latina, talvez seja natural que uma tese dessa natureza seja abraçada como paradigma. Entretanto, ao olhar para o histórico das relações Brasil-Estados Unidos, é muito fácil deixar-se convencer de que todas as forças levaram inevitavelmente ao estranhamento mútuo e ao atrito. Esquece-se de que, à época, havia vetores importantes apontando na direção oposta. Esses últimos, nunca dominantes, são descartados no presente como se não houvessem sido opções reais e factíveis.

Meu foco não está nas dimensões geoeconômicas da relação Brasil-Estados Unidos porque não é minha intenção debater os méritos da "rivalidade emergente". Em vez disso, privilegio as tensões, os dilemas e as motivações contraditórias daqueles que foram responsáveis por conduzir o relacionamento em seu momento mais fértil e difícil. A meu ver, esses são aspectos cruciais que a literatura tende a ignorar.

Ao contar esta história, tento me pôr no lugar dos principais atores com o intuito de evocar uma época que, embora recente, parece distante e esquecida. O exame cuidadoso do período agora é possível graças à abertura de novos arquivos e à decisão dos personagens centrais de falar sobre o tema. O resultado, acredito, é uma avaliação mais sóbria das escolhas realizadas e mais resistente ao escrutínio de um olhar inquisitivo.

Apesar de haver fracassado em suas intenções, Kissinger e Silveira deixam-nos um legado importante.

O período estudado neste livro é testemunha de que a política internacional não é predestinada. Havendo ideias e líderes dispostos a arriscar, as visões existentes podem ser ajustadas ou trocadas por outras melhores. Isso não significa que o livre-arbítrio dos indivíduos seja tudo em política externa. Ao contrário, geralmente são as condições estruturais que deixam as marcas mais permanentes nos livros de história.

Entretanto, ao analisar em detalhe os vibrantes debates daquele passado, talvez possamos perceber que a nossa condição atual não é inevitável. Bem compreendido, o experimento malfadado da década de 70 talvez nos permita fazer perguntas curiosas sobre os mecanismos que governam a relação entre os dois países. Ao ignorá-lo ou interpretá-lo equivocadamente, perdemos a capacidade de tomar distância das convenções que ainda governam nosso entendimento daqueles fatos. Sobretudo, privamo-nos de compreender por que as relações entre os dois países mais fortes do hemisfério ocidental ainda são relativamente distantes. À medida que novos desafios de política externa se acumulam a passo acelerado na região e no mundo, encontrar uma resposta satisfatória a esses problemas é uma das tarefas mais urgentes de nossa geração.

1 Kissinger e seu experimento

Ao receber a notícia de que ganhara o Prêmio Nobel da Paz em 1973, Kissinger decidiu não ir à cerimônia de entrega. Sabia que enfrentaria uma oposição feroz nas ruas, nos jornais e durante o próprio evento. Ele era um divisor de águas: uns o viam como o estadista responsável pelo fim de mais de uma década de guerra no Vietnã. Para estes, Kissinger tinha feito o possível em uma situação complexa. Para outros, era culpado por expandir a guerra desnecessariamente e ignorar todos os princípios morais na condução da política externa. Por isso, devia responder por crimes contra a humanidade e não passar para a história como um pacificador.

Ao outorgar-lhe o prêmio, o júri tivera a intenção de celebrar o "experimento" de Kissinger em política internacional. O comitê de premiação nunca especificou a natureza do "experimento", mas reconhecia seu patrono como um estadista inovador. Afinal de contas, ele estivera no centro da reviravolta que, em poucos anos, reajustou a política americana em relação à União Soviética, à China e ao Oriente Médio. Segundo o comitê do prêmio, Kissinger merecia ser reconhecido por haver tentado redefinir os termos da Guerra Fria.

Este capítulo reconstitui um aspecto específico do "experimento" de Kissinger: sua tentativa de estreitar relações com o Brasil e tratá-lo como um dos "países-chave" nas relações internacionais.

Desde meados da década de 60, vozes influentes em Washington previam o fim da hegemonia americana. De acordo com um argumento bastante comum, o centro de gravidade da economia internacional estaria migrando definitivamente em direção à Europa e ao Japão. Os Estados Unidos não tinham mais a capacidade de moldar o sistema internacional à sua imagem, como revelara o fracasso americano no Vietnã. Para muitos, tratava-se do ocaso do "século americano".[1]

Quando Nixon e Kissinger chegaram ao poder, em 1969, esses eram os termos do debate político em Washington. O presidente e o assessor de Segurança Nacional definiram seus primeiros passos em política externa com o objetivo consciente de recuperar o espaço perdido, revertendo a tendência de declínio de poder, prestígio e influência global dos Estados Unidos.

Diante da pergunta "o que fazer?", os principais especialistas em Washington dividiam-se em duas escolas de pensamento. A primeira argumentava que a estabilidade resultaria de uma parceria pragmática entre os Estados Unidos e a União Soviética – as duas superpotências globais da Guerra Fria. Conforme essa visão, os Estados Unidos deviam recuperar sua posição mediante um acordo (formal ou tácito) com os soviéticos. Juntas, as superpotências dividiriam entre si a tarefa de manter a ordem global.[2]

Para a segunda escola, minoritária, a estabilidade internacional dependia menos de um conluio de grandes potências do que da existência de subsistemas regionais relativamente autônomos. A arquitetura do todo dependia da solidez das partes. Por isso, pregavam seus defensores, os Estados Unidos deveriam aproximar-se não dos soviéticos, mas de atores regionais capazes de ajudar a fortalecer o sistema de alianças anticomunistas que Washington gerenciava em nível planetário. Nessa perspectiva, a incapacidade de os Estados Unidos ditarem regras e exercerem controle não era um problema de orçamentos, arsenais ou boas relações com Moscou, mas de boa diplomacia com grandes países periféricos. Uma política de associação com esses países seria benéfica para os Estados Unidos porque permitiria a Washington controlar o sistema internacional sem intervenção direta e sem pagar os altos custos de ser polícia global. Ainda segundo essa visão, tal política de associação a potências locais amigáveis não era sinônimo de retrocesso ou declínio americano, e sim a evidência de que havia uma "política universal e … um propósito imperial". Os Estados Unidos deviam buscar

> uma oportuna *delegação* de poder e responsabilidade, retendo sempre a capacidade de intervir contra graves infrações da ordem ... Os Estados Unidos deviam progressivamente deferir parte de sua responsabilidade a potências médias locais à medida que essas desenvolvem os recursos e a disposição para exercerem um papel responsável na ordem regional.[3]

As dificuldades dessa política eram enormes e seus propositores sabiam disso. Até que ponto as supostas potências médias estariam dispostas e seriam capazes de assumir responsabilidades? Seriam xerifes nas respectivas regiões ou apenas ajudariam a legitimar decisões americanas mais controversas? Como é que Washington faria para transformar o "sistema imperial" em uma "ordem imperial multirregional"? O que aconteceria se essas potências regionais aceitassem maiores responsabilidades, mas também buscassem limitar o poder e a influência dos Estados Unidos em suas regiões? E quais potências médias seriam merecedoras de atenção especial: Indonésia, Irã, Nigéria, Brasil, África do Sul, Zaire, Turquia, Paquistão, México, Austrália ou Argélia?[4]

Cético em relação à capacidade americana de responder a essas perguntas, George Liska, um dos expoentes do novo pensamento, apostava todas as fichas no aparecimento de um chefe de Estado esclarecido para realizar tal operação. Em 1968 ele escrevia que o sucesso de uma política de *delegação* dependeria "do juízo e vontade de um ou outro estadista".[5] Sua asserção estava fundamentalmente correta. Um ano mais tarde seria a sensação de urgência que convenceria os dois novos estadistas responsáveis pela política externa dos Estados Unidos – Richard Nixon e Henry Kissinger – a apostarem na *delegação*.

Sem conhecer os detalhes do debate acadêmico sobre o tema, o então candidato Richard Nixon escrevera que a prática das intervenções diretas na periferia deveria ser substituída por uma estratégia mais seletiva. Semanas antes de assumir a Casa Branca, afirmou que:

> Não devemos jamais ter outro Vietnã. Por isso quero dizer que os Estados Unidos não devem nunca mais se encontrar na posição de fornecer a maior parte das armas, do dinheiro e dos homens para ajudar outra nação a se defender contra a agressão comunista. Precisamos de um novo tipo de arranjo de segu-

rança coletiva no qual nações em uma dada área do mundo assumam responsabilidade prioritária pelo auxílio a nações vizinhas, ao invés de ter os Estados Unidos sendo convocados a dar assistência unilateral sempre que uma emergência dessa natureza surge.[6]

A ideia básica, defendida também por Kissinger quando professor universitário, era gerenciar a ordem internacional mediante novas formas de regionalismo. Foi justamente isso que ele e o presidente anunciaram em 3 de novembro de 1969, ao lançarem a Doutrina Nixon: os aliados dos Estados Unidos passavam a assumir a responsabilidade primária de defenderem-se em caso de agressão comunista. Em termos práticos, a declaração servia para justificar a retirada progressiva de tropas americanas do Vietnã. Também sinalizava que a estabilidade internacional não seria mais sustentada por intervenções diretas dos Estados Unidos, mas por uma arquitetura alternativa, menos custosa e mais dependente da delegação de responsabilidades a grandes atores regionais. Em dezembro, Kissinger começou um diálogo secreto para restabelecer contato com a China comunista.[7]

Parte da motivação por trás da Doutrina Nixon nada tinha a ver com um cálculo estratégico global, e sim com o jogo político interno. Nixon desejava diferenciar-se de John F. Kennedy, ex-presidente que fora seu rival e desafeto. Kennedy havia empurrado o país para o Vietnã baseado no princípio de que seu governo estaria disposto a "pagar qualquer preço, carregar qualquer fardo ... para assegurar a sobrevivência e o sucesso da liberdade". Opondo-se à retórica cruzadista de Kennedy, Nixon recorria agora à linguagem do cuidado e da moderação. O discurso oficial transpirava uma sensação de limites, não de infinitas possibilidades. Daí a importância de um "engajamento político-militar ativo" com países-chave do Terceiro Mundo.

Em certa medida, tratava-se de uma jogada de marketing. Todo governo recém-empossado inventa expressões e novas embalagens para velhos produtos, mas Nixon era particularmente propenso a esse tipo de operação. Durante seu governo, ele e Kissinger cunharam expressões que passariam para os anais da diplomacia: "estruturas estáveis de relacionamento", "negociação a partir de uma posição de força", "novo *modus vivendi*", "mundo pentagonal" e "diplomacia itinerante". O marketing, no entanto, era mais do que um capricho retórico; dava forma às novas políticas que o governo se propusera a levar adiante. A ênfase em desenvolver conceitos e modelos de política externa era compatível com a esperança de Kissinger de dar "coerência conceitual" e "maior profundidade filosófica" à diplomacia americana. Também era consistente com a visão de que as ideias são, em si, um recurso de poder nas relações internacionais. Como dizia o próprio Nixon, "as nações devem ter grandes ideias ... ou deixam de ser grandes nações".[8]

Todas as iniciativas do novo governo, agora, deviam ser apresentadas como instrumentos para gerar mais "ordem mundial". Não se tratava de um truque, mas da crença profunda do presidente e do assessor de que a estabilidade internacional era um ato de criação e eles, seus principais criadores. Para os dois, a ordem global era passível de manipulação deliberada e ambos haviam orientado suas carreiras nessa direção. Nixon era fascinado por diplomacia e havia sido o vice-presidente mais viajado da história americana. Ele acreditava, de fato, na noção de que os homens – e em particular os grandes homens – podem alterar o curso das relações internacionais. Kissinger tivera uma carreira meteórica na Universidade de Harvard com uma produção acadêmica cujo foco era o papel crucial dos estadistas e dos "grandes homens". O destino do grande líder, ele escrevera, era essencialmente revolucionário: mesmo que seu objetivo fosse a moderação e a manutenção da ordem, cabia ao estadista vislumbrar meios inovadores para atingir esse fim, desafiar o sentido comum e convencer seus compatriotas a seguir adiante. "Há dois tipos de [estadistas]: aqueles que usam os fatos e aqueles que os criam. O Ocidente precisa, acima de tudo, de homens capazes de criar sua própria realidade."[9]

Assim, a *delegação* era apenas mais uma metáfora no repertório conceitual de um governo novo chefiado por duas figuras voluntaristas. O conceito indicava que Washington tentaria gerenciar boa parte da Guerra Fria mediante alianças estratégicas com grandes países em desenvolvimento que fossem capazes de influenciar as respectivas regiões. Por ser vaga e ambígua, a expressão permitia a Nixon e Kissinger tentar escapar dos difíceis dilemas que confrontavam esse modelo de política externa – até que ponto envolver-se no gerenciamento da ordem na periferia e que lugares privilegiar? Sob quais condições e a que custo? Com quais parceiros?

Essa ambiguidade refletia as incoerências da política americana naquele momento. No começo de 1970, os Estados Unidos haviam iniciado um processo de distensão com os soviéticos, conversas secretas com os chineses e encontros com o Vietnã do Norte para pôr um fim à guerra. Entretanto, no fim de abril e começo de maio, Nixon e Kissinger avançaram com 100 mil homens em direção ao Camboja no intuito de enfraquecer o Vietnã do Norte na mesa de negociações. Ao fazê-lo, contudo, terminaram estendendo a guerra ainda mais. O impacto dessa decisão na opinião pública americana foi brutal, e a polícia matou quatro estudantes que protestavam em Kent State University. Em junho do mesmo ano, o Senado proibiu o Executivo de utilizar tropas americanas fora do Vietnã do Sul. No fim de 1970, o próprio Nixon tinha dúvidas sobre a manutenção de Kissinger como seu assessor de Segurança Nacional. Mas, poucos meses depois, após acumular alguns sucessos com a União Soviética e o Oriente Médio, Kissinger confirmaria sua posição como czar inconteste da política externa.

Existia, no entanto, um aspecto adicional por trás da *delegação*. Quinze anos antes de chegar à Casa Branca, Kissinger havia escrito sobre a importância de os Estados Unidos terem alianças com parceiros regionais fortes. Ele argumentava que o objetivo não era apenas lutar contra o comunismo soviético, mas livrar os Estados Unidos "do estigma do colonialismo". Para ele, seria importante mostrar aos países mais fracos o lado benigno da hegemonia americana. Por isso, caberia a Washington promover um sentimento de interesses, ideias e valores compartilhados com o Terceiro Mundo. Esse espírito de afinidade mútua ajudaria a legitimar a ascendência americana. A *delegação* poderia exercer precisamente tal função.[10]

Kissinger concordava com Nixon que, durante a década de 60, os Estados Unidos haviam perdido terreno. Em um ensaio escrito em 1968, meses antes de assumir seu posto na Casa Branca, ele afirmara:

> Nos anos 40 e 50, nós oferecíamos soluções; no fim dos anos 60 e nos anos 70 nosso papel terá de ser o de contribuir para uma estrutura que facilite a iniciativa dos outros. Fisicamente somos uma superpotência, mas nossos desígnios apenas poderão ser significativos se gerarem a decidida cooperação de terceiros.[11]

O problema desse modelo, claro, era o risco de o resultado ser tão ambicioso quanto o projeto intervencionista de Kennedy: ao tentar gerir a ordem global mediante parcerias estratégicas com potências regionais, os Estados Unidos poderiam terminar lidando com minúcias e detalhes típicos do microgerenciamento. Afinal de contas, é sempre muito difícil e improvável que uma grande potência possa manter sua hegemonia intacta sem precisar intervir constantemente na periferia.

A *delegação*, portanto, revelava uma interpretação ambiciosa da Segurança Nacional americana: a superpotência deveria se preocupar com acontecimentos em qualquer lugar do globo, inclusive na periferia; se não diretamente todo o tempo, então agindo por meio de parceiros locais. Assim, a ideia de *delegação* não significava o abandono dos mecanismos de controle hegemônico, mas uma tentativa de adaptar (e reafirmar) o poder americano no Terceiro Mundo a partir de novos instrumentos e um novo vocabulário diplomático.

Antes do governo Nixon, o termo "país-chave" não era comum em círculos acadêmicos ou diplomáticos. Mesmo quando a categoria apareceu no léxico oficial, em 1969, o fez sem seguir critérios precisos. Por isso a lista de potenciais membros desse clube exclusivo nunca era definitiva e geralmente incluía Indonésia, Irã, Nigéria, Brasil, África do Sul, Zaire, Turquia, Paquistão e Argélia. Esses eram os países que prometiam ganhar força e projeção até o fim do século XX. Eles também possuíam alguns traços comuns. Nenhum gozava de um regime plenamente democrático. Em todos, os governantes esperavam que o apoio de Washington fosse uma declaração pública de apoio e uma fonte de legitimidade. Suas elites temiam que o sentimento nacionalista em seus países provocasse uma guinada brusca à esquerda ou em direção a algum tipo de movimento revolucionário. Todos estavam mais ou menos alinhados com Washington. Eram os países mais fortes de suas vizinhanças e seu desempenho econômico naquele momento era tão impressionante quanto as perspectivas de crescimento futuro, à exceção do Zaire. O subgrupo composto por Brasil, Irã, África do Sul e Paquistão tinha ambições nucleares. Todos os países-chave tinham diplomacias crescentemente ativas e esperavam que Washington reconhecesse explicitamente seu suposto status especial nas relações internacionais. Além disso, todos tinham atritos pontuais com os Estados Unidos, mas buscavam evitar choques diretos.

Esses países também temiam que a juventude, animada pelo espírito de revolta de 1968, gerasse turbulência social. Essa dimensão era crucial. Sem dúvida, Nixon, Kissinger, os militares brasileiros, o xá do Irã, o presidente indonésio Suharto e a liderança branca sul-africana temiam o comunismo soviético. Mas temiam mais ainda situações revolucionárias espontâneas dentro de casa, que podiam ter caráter socialista, nacionalista ou simplesmente reformista. Para eles, fatores como o movimento estudantil – socialista ou não – podiam, por si só, comprometer o equilíbrio de poder internacional. Desse modo, a política interna passava a ter significado estratégico global.[12]

Por isso, a política de *delegação* de Nixon e Kissinger deve ser vista como uma operação simbólica de alto valor estratégico. Não constituía uma ruptura com a experiência pregressa dos Estados Unidos, ainda que fosse uma tentativa de revitalizar antigos laços especiais com países regionalmente significativos. Em Washington, o objetivo era outorgar a esses países um relevo especial na grande narrativa da estratégia americana. Sua expressão política incluía a proclamação pública de "relacionamentos especiais", o estabelecimento de comissões e grupos de trabalho bilaterais, intercâmbios de alto nível, cúpulas entre chefes de Estado, canais não oficiais de comunicação, troca de enviados secretos, assistência econômica e modernização das Forças Armadas. Não previa grandes mudanças geopolíticas nem buscava refundar as bases da estabilidade mundial.

Kissinger pretendia ter controle pessoal de seu exercício. Talvez, à exceção do Irã, tenha havido pouco ou nenhum envolvimento do presidente Nixon no planejamento ou implementação da *delegação*. O Departamento de Estado tampouco participou diretamente; ao contrário, relutou em aceitar a nova orientação e muitas vezes terminou protestando. De modo geral, a *delegação* foi centralizada em poucas mãos na Casa Branca e encoberta por um véu de segredo. Não figurou proeminentemente em debates sobre política externa nem foi sujeita ao escrutínio público, a não ser naquelas situações em que o governo queria vender armas a esses países e, para isso, precisava de uma aprovação formal do Congresso. No que se refere aos custos, a estratégia era relativamente barata. Não se tratava de um retorno aos pactos formais de segurança instaurados pelos Estados Unidos após a Segunda Guerra Mundial. A ênfase estava na consulta e na troca de informações com "países-chave" em um ambiente personalizado e relativamente informal, com pouco esforço de coordenação política concreta.

Criação que dependia de Kissinger, a *delegação* foi, desde o princípio, resultado de seus atributos pessoais: progredia somente quando ele achava útil e apenas à medida que seu tempo e disposição assim o permitiam. Seu progresso também dependia da capacidade de Kissinger de vencer as inevitáveis batalhas burocráticas inerentes a um projeto que não gozava da simpatia do resto da diplomacia americana.

Ninguém na Casa Branca de Nixon, em 1969, achava preocupante que os "países-chave" não fossem democracias. Ao contrário, Nixon e Kissinger acreditavam que regimes não democráticos podiam ser bons aliados. Kissinger havia escrito durante seus anos na universidade que as democracias eram sujeitas às instáveis marés da opinião pública. Seus cidadãos escolhiam líderes inexperientes para representá-los. Seus diplomatas eram forçados a conduzir políticas externas paroquiais de olho nas eleições seguintes, sacrificando o pensamento estratégico de longo prazo em benefício de ganhos imediatos. Essa visão não era exclusiva de Kissinger. À época, escrevia-se extensamente sobre os perigos da democracia para a condução da política externa, especialmente no caso de países em desenvolvimento cujas sociedades atravessavam processos de rápida modernização. Seria apenas mais tarde que as violações de direitos humanos, em particular no caso brasileiro, começariam a prejudicar o projeto de *delegação*.[13]

Portanto, não era apenas o anticomunismo dos "países-chave" que os tornava bons candidatos para a *delegação*, mas também a confiabilidade e previsibilidade que seus regimes autoritários podiam oferecer a Washington. Usando a repressão, esses governos tinham, na percepção de Kissinger, alguma possibilidade de assegurar a ordem interna. Como o xá do Irã repetia com frequência, seu país era uma "ilha de estabilidade", a "única nação forte, estável e importante entre o Japão e a Comunidade Europeia". A revolução que o derrubou em 1979 provaria quão errada era a sua avaliação, mas não era essa a percepção dominante no começo da década.[14]

Tais dinâmicas introduziam uma contradição no cerne da política da *delegação*. Por um lado, ela estava assentada no princípio básico de que os Estados Unidos funcionariam como um centro de coordenação da ordem global ao qual seriam ligados núcleos de apoio regional em todo o mundo. Por outro, entretanto, esses núcleos locais eram excessivamente fortes para serem meros delegados de Washington. Eles tinham a expectativa e a capacidade real de barganhar os termos de sua adesão. Isso significava, a médio prazo, que as potências regionais não estariam dispostas a representar os interesses americanos o tempo todo e em todos os assuntos. Nessa perspectiva, seria errado tratar da *delegação* como se fosse um modelo de "hegemonia por procuração".

De fato, em Brasília, Teerã ou Jacarta havia pouco espaço para deferência às imposições vindas de Washington. As lideranças locais nessas três capitais somente aceitariam alguma *delegação* se os Estados Unidos concordassem em autolimitar suas ambições, formalizar o sentimento de aliança estratégica e assentar o relacionamento em práticas argumentativas que enfatizassem noções de "igualdade" e "respeito" pelos parceiros mais fracos. Foi isso que Kissinger – mas não seus colegas em Washington – se dispôs a fazer.

KISSINGER COMEÇOU PELO BRASIL. No início de 1969, algumas semanas antes de sua posse como assessor de Segurança Nacional, ele recebera um memorando defendendo uma nova política para o país. Não se sabe ao certo se ele havia requisitado o documento ou se seu autor tivera, sozinho, a iniciativa de escrevê-lo. Seja como for, o memorando formalizou o debate no novo governo sobre a *delegação*.

A peça era de autoria do general Vernon A. Walters, que representava um estereótipo da espionagem americana. Seus laços com o Brasil vinham de longa data. Quando jovem oficial do Exército durante a Segunda Guerra Mundial, negociara a participação das tropas brasileiras na Itália e, finda a guerra, ocupara, entre 1945 e 1948, o posto da Defense Intelligence Agency na embaixada americana no Rio de Janeiro. Fluente na língua portuguesa, servira de intérprete presidencial em inúmeras cúpulas desde 1947. Em 1962 retornou ao Brasil na função de adido militar, quando se envolveu ativamente no golpe que levou o marechal Castelo Branco – seu amigo e confidente desde a guerra – a ocupar a Presidência do Brasil em 1964. Walters* era visto

* Walters também havia sido agente da CIA no Irã no início dos anos 50 e, mais tarde, ajudaria a organizar os primeiros encontros secretos entre Kissinger e o líder norte-vietnamita Le Duc Tho, em Paris. Em 1972, Nixon ofereceu-lhe a vice-diretoria da CIA. Um ano depois, nas audiências do caso Watergate, Walters confessaria ter alienado o FBI durante as investigações do escândalo. Walters virou consultor da empresa Environmental Energy Systems e, anos mais tarde, a imprensa americana o denunciou pelo suposto recebimento ilegal de até US$300 mil para vender equipamento militar de alta tecnologia para quatro países, incluindo o Brasil. Depois de alguns anos fora do governo, o presidente Ronald Reagan trouxe Walters de volta

como o principal defensor de uma política de aproximação entre os dois países. No inverno americano de 1968, quando a equipe de Nixon se preparava para assumir a Presidência, seu memorando para Kissinger era claro e direto.

> Em 1964 um governo hostil foi substituído por um governo amigável e cooperativo ... quer gostemos quer não ... os militares no Brasil, como em outros países da América do Sul, terão um papel mais importante na vida nacional do que gostaríamos ... Não podemos mudar isso no futuro próximo. À medida que os padrões de vida se elevem e as instituições se tornem mais estáveis, os militares ajustarão seu papel no Brasil a exemplo de países mais desenvolvidos. Eles são, na realidade, o único grupo no país com força e organização para combater a subversão agora avançada em escala global. Não podemos nos dar o luxo de cometer erros nessa área. Se perdermos o Brasil, não será outra Cuba. Será outra China.[15]

O general estava exagerando. Eram mínimas as chances de o Brasil dar uma guinada à esquerda em 1969. Sua intimação deve ser vista como uma operação para defender o histórico dos militares brasileiros que estavam no poder havia cinco anos. Por que defender os militares brasileiros às vésperas de 1969?

O regime precisava de apoio. Apenas um mês antes da posse de Nixon, os generais enrijeceram o controle e a repressão. Expandiram os poderes do presidente, que agora podia pôr o Congresso em recesso, intervir nos estados, suspender direitos políticos, confiscar bens e ignorar o direito constitucional do habeas corpus. As medidas pegaram de surpresa o governo de Lyndon B. Johnson, já de saída. Quando o Departamento de Estado inquiriu a embaixada no Brasil sobre se seria útil enviar Walters em uma missão secreta para dizer ao governo militar que o novo ato era desproporcional e poderia prejudicar as relações entre os dois países, a embaixada respondeu que essa seria a pior alternativa de todas: tendo em vista a simpatia de Walters pelo grupo que estava no poder, os generais interpretariam o gesto como apoio tácito e sinal verde para andar ainda "mais à direita".[16]

à vida pública, em 1980, como conselheiro do secretário de Estado Alexander Haig, quando o general realizou missões na América Central. Walters redigiu dois livros de memórias (ver *Referências bibliográficas*).

O governo Johnson decidiu então fazer um gesto moderadamente desaprovador, pondo as relações com o Brasil no congelador, interrompendo a liberação de US$50 milhões de um programa de empréstimo e ordenando a revisão dos projetos de assistência ao Brasil. Tanto a Casa Branca quanto o Departamento de Estado concordaram em deixar a decisão de como proceder a partir daí para o próximo presidente. O ritmo do esfriamento foi acelerado: o número de funcionários da agência americana para o desenvolvimento lotado no Brasil caiu de 400, em 1966, para 267, no fim do ano fiscal de 1969; no mesmo período, empréstimos e assistência financeira caíram mais de 20 vezes, de US$240 milhões para aproximadamente US$10 milhões.[17]

Com seu memorando para Kissinger, futuro assessor de Segurança Nacional, Walters tentava restaurar a confiança da nova Casa Branca no regime brasileiro. Resultado do comunicado de Walters ou não, em março de 1969, três meses após subir ao poder, o novo governo em Washington aprovou a liberação dos US$50 milhões, retomou negociações sobre projetos pendentes e a embaixada no Rio de Janeiro foi autorizada a começar discussões exploratórias e "informais" sobre ajuda econômica e militar para o ano fiscal de 1970.[18]

Mas o resultado mais significativo desse memorando foi despertar a curiosidade de Kissinger sobre o Brasil. Lembrando-se daqueles eventos quatro décadas mais tarde, Kissinger diria que Walters não era "um grande pensador", mas "um operador diplomático brilhante". "Em tudo o que dizia respeito ao Brasil ele tinha uma influência enorme sobre mim." Dias depois de assumir seu cargo na Casa Branca, o novo assessor de Segurança Nacional ordenou uma ampla revisão da política norte-americana para o país.[19]

Kissinger demonstrara interesse pelo Brasil muito antes de ganhar um posto no governo. No final dos anos 50, quando dirigia o Center for International Studies da Universidade de Harvard, ele tentara criar um instituto dedicado ao país. Apesar de ter contado com o apoio do então embaixador brasileiro em Washington, Roberto Campos, o Itamaraty se opusera à iniciativa porque existiam fortes suspeitas no governo em relação a acadêmicos estrangeiros estudando o Brasil. O instituto acabou não sendo criado, mas Kissinger conseguiu desenvolver um programa de pesquisa menos ambicioso que durou apenas alguns anos. Relembrando a tentativa, Kissinger notou quão difícil era convencer doadores privados a financiar um centro de pesquisas sobre o Brasil.[20]

No começo da década de 60, Kissinger visitou o Brasil pela primeira vez na qualidade de jovem consultor do governo Kennedy e divulgou, em uma série de conferências, o *Nuclear Weapons and Foreign Policy*, seu best-seller sobre o uso de armas nucleares no cenário da Guerra Fria. Era comum ouvi-lo falar sobre seu fascínio pelo lugar: "É um país estupendo. Estive lá uma vez e fiquei seduzido para sempre." Kissinger tinha outro motivo de interesse pelo Brasil: não somente era fanático pelo futebol brasileiro como acreditava que o estilo de um time nacional em campo fornecia o caminho das pedras para quem quisesse descobrir as reais motivações por trás da política externa de um país. O futebol brasileiro, ele repetia, era sutil e sempre pronto a surpreender o campo opositor. Por isso, "um dia desses vamos acordar e descobrir que o Brasil virou uma grande potência". Como veremos adiante, alguns anos mais tarde Kissinger assumiria um papel importante ao convencer o governo brasileiro a incentivar Pelé, já aposentado, a jogar durante dois anos no time Cosmos, de Nova York.[21]

Agora, em pleno 1969, Kissinger queria saber se valia a pena e se seria possível aproximar os Estados Unidos do Brasil. Seu interesse refletia uma motivação implícita no memorando de Walters. Nesse documento, Walters sugeria algo além da mera defesa de seus colegas brasileiros. Havia ali um argumento sobre o caráter particular do Brasil na política mundial e os benefícios que os Estados Unidos poderiam auferir de uma maior proximidade com o país. A lógica era simples:

> O Brasil, com seus 90 milhões de habitantes, possui uma população equivalente quase às da França e da Itália combinadas ... De todos os países da América do Sul só ele possui o potencial de se tornar uma grande potência. Ele possui o espaço, a localização geográfica, os recursos e a população para liderar a região.[22]

De fato, o Brasil se destacava por força de suas dimensões e sua transformação no período era impressionante. Entre 1961 e 1980 o Produto Interno Bruto brasileiro triplicou e, entre 1968 e 1973, a economia cresceu a 11% ao ano sem inflação significativa. A dívida externa ainda não era um fator importante. Os acadêmicos especializados no tema concordavam que se tratava de um país em ascensão. A imprensa internacional não era diferente em seu comentário. O periódico *The Times*, de Londres, afirmava: "Como um gigante adormecido, o Brasil está acordando para um período de expansão industrial e desenvolvimento quase sem precedente ... Poderemos ver o Brasil se tornar o Japão do Terceiro Mundo." Claro que essa imagem do país não era nova, uma vez que comentários a respeito do Brasil como futura potência circulavam por Washington há décadas. Em 1941, por exemplo, o novelista austríaco Stefan Zweig escrevera *Brasil, país do futuro*. Com seu memorando, Walters apenas havia tirado da gaveta a velha apreciação pelo país. Ela agora era reintroduzida na Casa Branca com grande impacto.[23]

Dois fatores adicionais ajudam a explicar o aparecimento de uma nova política para o Brasil na conjuntura específica de 1969. O primeiro é a presença de Nelson A. Rockefeller como vice-presidente dos Estados Unidos durante o primeiro governo Nixon. Filho de uma das famílias mais ricas do mundo, Rockefeller desenvolvera um interesse intenso pela América Latina desde cedo. Durante a Segunda Guerra Mundial, fora o principal responsável pela política americana para a região e, findo o conflito, desenhara o sistema interamericano de segurança coletiva. Ele e sua família foram responsáveis por inúmeros projetos filantrópicos no Brasil e no resto do continente, e, durante a década de 50, ele trabalhou no serviço de operações da CIA para combater o comunismo em escala global. Ainda nesse período, Rockefeller encantou-se pelo intelecto do jovem Kissinger, então professor de relações internacionais em Harvard, e o transformou em uma espécie de assessor informal para assuntos internacionais. Rockefeller ajudou a sedimentar o interesse de Kissinger pelo Brasil. Segundo o próprio Kissinger, "sua presença assegurava que o Brasil seria visto como um lugar importante". Arnold Nachmanoff, assistente de Kissinger responsável por operacionalizar a política para o Brasil, é mais enfático ainda: "O grande impulso por trás da história do Brasil foi Rockefeller."[24]

O segundo fator determinante era o próprio Nixon. Ao assumir o poder, ele não queria uma política específica para a América Latina. Como diria Nachmanoff, o presidente estava interessado em "mostrar interesse pela região" sem precisar dedicar uma política específica para o hemisfério. Apostar em algum tipo de política para o Brasil era uma alternativa de baixo custo. Esse interesse presidencial pouco especificado e vago teria sido crucial para explicar o porquê da decisão de promover um estudo sério sobre as possíveis alternativas de aproximação com o Brasil. Anos mais tarde Kissinger lembraria que Nixon não teria tido, sozinho, a ideia de apostar no Brasil. Mas, uma vez diante dela, gostou e emprestou-lhe um apoio decisivo.[25]

Uma das inovações administrativas de Kissinger ao ser empossado como assessor de Segurança Nacional na Casa Branca foi a instituição de Memorandos de Estudo sobre Segurança Nacional (NSSM, na sigla em inglês). Esses documentos eram elaborados por jovens acadêmicos que revisavam criticamente alguns temas centrais da diplomacia, oferecendo a Kissinger e Nixon uma gama de opções sobre questões nas quais eles não possuíam experiência direta. Quando da renúncia de Nixon, em 1974, a equipe de Kissinger havia feito mais de 200 NSSMs.

Para a preparação de um desses relatórios sobre o Brasil, Kissinger convocou um Grupo Interdepartamental para Assuntos Interamericanos (IG/ARA, na sigla em inglês). O IG/ARA era composto principalmente por integrantes do Departamento de Estado e consultores externos. A equipe trabalhou durante quase um ano no que deve ser, até hoje, uma das mais profundas análises oficiais já realizadas nos Estados Unidos sobre o Brasil – 700 páginas de texto com espaçamento simples, compreendendo cinco seções e 15 anexos.[26]

Para surpresa de Kissinger, a principal conclusão do estudo contrariava o diagnóstico de Walters. O NSSM desacreditava o país como possível grande potência, argumentando que ele tinha pouca importância estratégica e era excessivamente fraco. Além disso, uma análise de seu padrão de votação nas Nações Unidas mostrava que, ao longo da década de 60, tinha se alinhado com os Estados Unidos mais vezes do que a maioria das outras nações hemisféricas. Apesar de uma suposta "política externa independente", o Brasil nunca aderira ao Movimento Não Alinhado. Seu apoio aos Estados Unidos, concluía o estudo, era natural e esperado. Não era necessário oferecer-lhe concessões especiais.

A equipe também conduziu pesquisas em 22 países latino-americanos e observou que o Brasil não era considerado muito importante nem sequer em sua própria região, pois não era uma potência regional significativa. Seus vizinhos menores nem o temiam nem o admiravam. "A vasta diferença de poder entre o Brasil e os Estados Unidos é bem maior do que aquela que separa o Brasil de seus vizinhos." À exceção da "liderança em negociações econômicas multilaterais", "o Brasil não desfruta de posição preeminente sobre outros países latino-americanos".

Segundo os autores do memorando, mesmo se uma onda nacionalista varresse o Brasil, "a perda de material estratégico e de produtos primários brasileiros não afetaria significativamente o balanço de pagamentos ou os preços de *commodities* nos Estados Unidos". O Brasil respondia apenas por 2% das importações totais do país. Não se tratava, pois, de um país "vital" ou "insubstituível". Era simplesmente errado afirmar que "o Brasil é a nação-chave na América Latina, da perspectiva geral dos interesses americanos". Não valia a pena selecionar o Brasil para uma política de *delegação.*

> A percebida ascensão ... do Brasil [é] em grande medida ilusória, sustentada principalmente pelo incontestável tamanho do país, pelo talento excepcional dos diplomatas brasileiros e – talvez mais importante – pelo aparente interesse e apoio americanos.

Ao caracterizar a excepcionalidade brasileira como fantasiosa, o documento tentava eliminar logo no nascedouro o interesse da Casa Branca na construção de um "relacionamento especial". Atacando o que viam como aparências, miragens e pretextos, os autores do NSSM estavam declarando que qualquer aproximação com o Brasil seria sem fundamentos, potencialmente perigosa e excessivamente cara. Um dos autores da crítica era o embaixador John Crimmins, que mais tarde ocuparia a embaixada em Brasília e dificultaria o processo de aproximação bilateral entre Washington e a ditadura brasileira. A batalha burocrática para definir uma política para o Brasil acabava de começar.[27]

Kissinger e sua equipe receberam o NSSM com desgosto. Era um documento enorme que consumira muito tempo e recursos, porém não dizia nada do que eles esperavam ouvir. Suas conclusões contrariavam o espírito de *delegação* que começara a ganhar raízes na Casa Branca. Kissinger preferiu levar o assunto do Brasil para dentro da estrutura do Conselho de Segurança Nacional (NSC, na sigla em inglês) e recomeçar os estudos da estaca zero. No entanto, quando pediu a um membro de sua equipe que revisasse a literatura existente sobre as relações exteriores do Brasil, seu assistente respondeu que o material era fraco e escasso. Kissinger solicitou então que o especialista do NSC em América Latina, Arnold Nachmanoff, preparasse uma crítica escrita ao NSSM.[28]

Tanto o primeiro trabalho de Nachmanoff sobre o Brasil quanto os que se seguiram nos meses subsequentes deram o tom da política nascente. O principal interesse americano, afirmava Nachmanoff, era o de manter relações "amigáveis e construtivas" com o país. Tendo em vista a sensibilidade dos brasileiros em questões comerciais e perante críticas a seu lamentável histórico de liberdades democráticas e direitos humanos, os Estados Unidos deviam evitar atrito nessas áreas. Isso era importante, Nachmanoff argumentava, dado o impacto regional da chegada de Salvador Allende ao poder no Chile em 1970. Allende baseara sua campanha em promessas que alarmavam a Casa Branca pelo misto de socialismo e nacionalismo que poderia ameaçar a autoridade americana na América Latina: nacionalização da indústria mineral, bancos e grandes multinacionais; redistribuição de renda, terra e administração estatal da saúde e da educação.

> Parece claro que um dos principais elementos de nossa estratégia envolverá buscar apoio e cooperação sempre que possível do governo brasileiro para nossos esforços de frustrar a conquista dos objetivos do governo Allende.[29]

Kissinger deve ter aprovado essa abordagem, uma vez que, cinco dias depois, tiveram início conversas na Casa Branca acerca da possibilidade de convidar o presidente brasileiro, o general Emílio Garrastazu Médici, para uma visita oficial a Washington.

É importante notar que, sob a nova argumentação, o Brasil importava menos por seu poder relativo na América do Sul do que pelo anticomunismo de seu regime. Entretanto, se o NSSM estava certo em afirmar que o Brasil não dispunha dos recursos de poder e da legitimidade na região para agir como uma potência influente, o que é que seu regime poderia fazer para facilitar um ordenamento regional favorável aos interesses americanos? Quais seriam as bases reais para uma política de aproximação entre Washington e Brasília?

Respostas precisas a essas perguntas nunca foram apresentadas explicitamente – ou pelo menos não chegaram a aparecer nos papéis oficiais. Ainda que o regime brasileiro estivesse naturalmente inclinado a se opor ao governo de Allende, não era óbvio que a diplomacia do Brasil fosse contribuir para a posição americana. A menos que tenham ocorrido comunicações secretas entre Washington e Brasília que até o momento não foram recuperadas – e essa possibilidade não pode ser descartada –, é plausível sugerir que, ao lançar uma nova política para o Brasil, o governo Nixon não sabia ao certo que benefícios reais esperar da parceria.

O ponto importante é que a atitude de Kissinger era informada por uma leitura do equilíbrio de poder na qual elementos "psicológicos" e retóricos tinham grande importância: mesmo que o Brasil fosse incapaz ou não aceitasse tomar para si o fardo de conter o Chile de Allende, estender a linguagem da parceria e da *delegação* ao Brasil poderia melhorar a posição americana na América Latina a um baixo custo.

Era isso que Kissinger estava preparado para dizer quando entrou em uma reunião do Grupo Sênior de Revisão do NSC, convocada para discutir o NSSM sobre o Brasil em 1º de dezembro de 1970. Os Estados Unidos responderiam melhor às demandas do país "nas áreas de maior importância (comércio, investimento e equipamento militar) e [nós vamos] dar maior atenção ao Brasil em assuntos de estilo e consultas mútuas". A determinação operacional que se seguiu foi a de concentrar na Casa Branca a responsabilidade pela nova política.[30]

> Nenhuma ameaça à segurança brasileira ou americana justifica qualquer assistência militar ao Brasil, dada a presente capacidade das Forças Armadas brasileiras ... [Mas] a assistência militar deve ser vista principalmente como uma acomodação política ao intenso desejo brasileiro por modernização militar.[31]

Prevendo duras críticas por parte da burocracia e do Congresso ao programa de venda de armamentos ao Brasil, Kissinger argumentou: "... não devemos nos colocar na posição de dizer a nações soberanas o que achamos ser apropriado ou inapropriado comprar". O fato de a nação em questão não ser uma democracia e ter ambições nucleares não era importante. Em sua crítica ao NSSM, ele também oferecia uma avaliação que lembrava o memorando de Walters:

> [O NSSM] subestima os esforços por parte do governo militar no poder desde 1964 de estimular a reforma social ... O regime brasileiro tem sido sujeito a intensas críticas por causa de alegações (aparentemente verdadeiras) de tortura de prisioneiros políticos ... O sistema político brasileiro é ineficiente e não democrático, mas há pouco que possamos fazer para estimular mudanças políticas construtivas.

Outras propostas eram mais inusitadas, como a criação de comissões ministeriais para comércio e investimentos. Naquele momento ainda não havia precedentes de instrumentos similares no repertório da política externa dos Estados Unidos. A lógica por trás da nova iniciativa era a de que os brasileiros precisavam ser "mais" consultados "em todos os tipos de assunto" e "deveríamos ser capazes de trabalhar com mais frequência com eles nos bastidores para avançar nossos interesses mútuos no hemisfério". Portanto, ministros brasileiros deveriam ser convidados a Washington uma vez por ano, funcionários do governo americano deveriam fazer mais visitas de alto escalão ao Brasil e o embaixador brasileiro em Washington deveria receber "alguma atenção especial". A ênfase aqui era menos em cooperação substancial do que em fazer gestos e símbolos de amizade, respeito e reconhecimento.

> O estilo de nossa relação com o Brasil é provavelmente tão importante quanto sua substância. O Brasil é o maior país da América Latina; ele se vê como uma grande potência e acredita que deve possuir um relacionamento especial com a "outra" grande potência no hemisfério. Devemos ser capazes de jogar com isso sem ofender seriamente outros latino-americanos ... Podemos também fazer com que [os brasileiros] se considerem um de nossos aliados globais.[32]

O que é marcante aqui é o reconhecimento de que bases reais para justificar uma relação especial com o Brasil simplesmente inexistiam e que os benefícios da parceria seriam definidos apenas em um futuro incerto. Como resultado esdrúxulo dessa situação, mesmo aqueles que advogavam por algum tipo de aproximação com o Brasil levavam a iniciativa com um quê de ironia: "É possível, como Clemenceau notou há mais de 50 anos, que 'o Brasil sempre seja o país do futuro'."[33]

A incerteza americana sobre a empreitada não impediu que uma nova política viesse à tona nos primeiros meses do governo Nixon. Sob a égide da imprecisa noção de *delegação*, Kissinger acreditava que o Brasil poderia ser uma fonte útil de apoio e legitimidade para promover a ordem na América do Sul e projetar a influência dos Estados Unidos no continente. E naquela conjuntura a região era um problema.

No início de 1971, o alarme soou em Washington. "Não há dúvidas de que nossa relação com a América Latina está no pior momento desde que o governo [Nixon] tomou posse", escreveu o Departamento de Estado. A United States Information Agency e Nachmanoff concordavam. A hegemonia regional dos Estados Unidos estava em crise, e a esquerda ganhava eleições no Chile e no Uruguai. Na Organização dos Estados Americanos (OEA), havia grande chance de os países latino-americanos tentarem suspender o embargo imposto pelos Estados Unidos a Cuba.[34]

O medo nos Estados Unidos não era de uma expansão soviética no hemisfério, mas sim dos efeitos inesperados dessa efervescência. Essa não era uma preocupação nova em Washington, como um documento da CIA apontara na década de 60:

> O perigo na América Latina resulta menos da habilidade dos comunistas em converter pessoas ao comunismo do que da habilidade de uns poucos comunistas dedicados a explorar para seus próprios fins a tendência disseminada de nacionalismo antiamericano.[35]

Esse tipo de raciocínio tinha grande impacto sobre Kissinger. Quando acadêmico, ele havia argumentado que o equilíbrio global podia ser alterado tanto por transformações materiais como por fatores intangíveis. Por isso, dar a aparência de consulta constante a esses parceiros regionais era muito importante. O governo Nixon, afirmava Nachmanoff com autocrítica, havia sido vagaroso e ineficiente em sua política hemisférica. Nada havia sido feito pelos países latino-americanos em termos de preços de *commodities* ou cotas para carnes, açúcar e têxteis. A legislação sobre preferências tarifárias generalizadas ainda não havia sido enviada ao Congresso (e, se fosse, seu futuro lá não era promissor). A assistência prestada era "letárgica e sem direção". O Congresso havia reduzido as contribuições ao programa de empréstimos do Banco Interamericano de Desenvolvimento (BID), enquanto o Executivo não respondia a pedidos por equipamento militar moderno. Até mesmo o Grupo Sênior de Revisão do NSC havia adiado várias vezes o seu próprio debate interno sobre a América Latina diante de outras prioridades.[36]

Assim, Nachmanoff buscou avançar a causa da *delegação* ao Brasil. "Que grau de influência os Estados Unidos deveriam buscar reter [no hemisfério], em quais países e em quais áreas funcionais?" Ele estava dizendo que uma manifestação de compromisso geral com o hemisfério como um todo não serviria mais. Ao contrário, o caminho era uma maior seletividade. Mas essa opção encontrou fortes resistências na diplomacia profissional. Em 3 de setembro de 1971 o Departamento de Estado rejeitou a ideia de seletividade, julgando-a um modelo inapropriado de governança regional "por procuração". Depender de um ou dois países na região, o Departamento argumentava, era desaconselhável porque esses países eram instáveis e porque, sendo não democráticos, simplesmente não eram dignos de confiança. Ao adotar essa postura, os funcionários do Departamento de Estado acreditavam – contra Nixon e Kissinger – que líderes autoritários tendem a não ser bons parceiros.[37]

Criticando a ideia de *delegação* ao Brasil, um documento produzido pelo Departamento de Estado dizia: "Nenhum dos países da América Latina é uma grande potência média na presente cena mundial." Mas o documento agora introduzia dois argumentos novos. A "rivalidade incipiente" do Brasil para com os Estados Unidos motivava demonstrações crescentes de autonomia, que tornavam improváveis quaisquer esperanças de aproximação. E "nossas relações com o Brasil devem ser ponderadas pelas atitudes de membros-chave do Congresso e da mídia em geral para com os aspectos repressivos do governo brasileiro".[38]

De fato, havia sinais de que o processo de afastamento do Brasil em relação aos Estados Unidos avançava a passo acelerado. Em outubro de 1970, por exemplo, o senador Edward Kennedy fizera uma crítica pública ao governo Nixon, dizendo:

> Nós permanecemos calados enquanto prisioneiros políticos são torturados ... Aponto isto ... porque o Brasil é regido por um governo que apoiamos plenamente com dinheiro, armas, assistência técnica e o conforto de relações diplomáticas próximas.

Kennedy não estava sozinho. Uma rede de acadêmicos, exilados e grupos cristãos também criticava a política oficial dos Estados Unidos e tentaria impedir ou atrapalhar a visita oficial de Médici a Washington um ano mais tarde.[39]

Em maio de 1971, a Comissão de Relações Exteriores do Senado americano promoveu um estudo sobre o papel dos Estados Unidos no apoio ao regime militar brasileiro. A embaixada americana no Brasil, com 1.400 pessoas na folha de pagamento, representava uma das maiores operações dos Estados Unidos no mundo. O embaixador William M. Rountree e seu adido militar, o coronel Arthur Moura, haviam estabelecido relações próximas com a repressão. Como pesquisas recentes mostram, a ditadura entendia ter o aval da embaixada dos Estados Unidos. O estudo era obra do senador Frank Church, que durante a década de 70 se ocuparia de aumentar dramaticamente o escrutínio do Congresso sobre a política externa de Nixon e Kissinger. Os achados dele inauguraram um mal-estar que marcaria a política americana para o Brasil ao longo da Guerra Fria: o fato de o Brasil violar os direitos humanos de seus cidadãos seria um empecilho para o lançamento de uma parceria diplomática sustentável. Qualquer iniciativa do Executivo esbarraria na opinião do Congresso e de diplomatas de carreira do Departamento de Estado.[40]

Mas Kissinger estava determinado a avançar mesmo assim. Sua abordagem foi reforçada por atitude do assistente presidencial para Comércio Robert Finch, que havia visitado a região e pedido a Nixon que tomasse "algumas duras decisões em diversas áreas entre uma abordagem global ou uma abordagem que permita a diferenciação entre países ou áreas nas quais tenhamos interesse especial", ressaltando o Brasil.[41]

Cabe a um futuro trabalho comparativo precisar se a opção de Kissinger por privilegiar o Brasil foi influenciada pela decisão, tomada mais ou menos no mesmo período, de reavivar as relações com o Irã. Tal como o Brasil, o Irã havia se tornado, desde o início da década de 60, o país mais rico de sua região, expandindo atividades e compromissos no exterior. Se o Brasil podia ser, na América Latina, um modelo alternativo ao de Salvador Allende no Chile, o Irã monárquico e conservador também estava pronto a refutar e resistir ao nacionalismo árabe personificado na figura de Gamal Abdel Nasser no Egito. A Casa Branca também tentava maior proximidade com Teerã a despeito das preferências do Departamento de Estado. Devido à posição geográfica e diplomática do Irã, a aposta americana era mais alta do que a aposta no Brasil. Durante toda a gestão Kissinger, por exemplo, o Irã respondeu por 24,3% das vendas de armas globais dos Estados Unidos. E, no entanto, o xá, como os militares brasileiros, não estava necessariamente disposto a coordenar suas ações com os Estados Unidos tanto quanto Washington desejava. Da perspectiva de Teerã, a parceria entre Irã e Estados Unidos devia, acima de tudo, preservar a independência da ação iraniana e não cristalizar uma política de alinhamento. Assim como seus pares em Brasília, o xá em Teerã desconfiava da "fidelidade e confiabilidade" dos Estados Unidos.[42] Entretanto, antes de narrar o delicado processo de aproximação de Kissinger ao Brasil, é importante indagar por que, ao olhar para a América Latina, o governo Nixon escolheu o Brasil. Por que selecionar um país tão distante em termos geográficos e psicológicos? Por que tentar uma parceria com um país sem história de proximidade intensa e sem grandes laços de interdependência? Mais precisamente, por que escolher o Brasil e não o México?

Afinal de contas, havia bons motivos para preferir os mexicanos. O México era um ator relevante no Caribe e mantinha relações com Cuba – lugares tremendamente significativos para os Estados Unidos, mas onde o Brasil tinha pouca ou nenhuma influência. Além disso, no início da década de 70 as relações entre o México e Washington passaram a enfrentar problemas que demandavam grande esforço de parceria, como imigração, segurança de fronteiras, narcotráfico, uso de recursos hídricos e proteção ambiental.[43]

A confiança pessoal entre Nixon e seus colegas mexicanos – os presidentes Díaz Ordaz e Luís Echeverría – também era consideravelmente maior do que a referente ao regime brasileiro, com o qual o trato era muito mais frio e distante. A simpatia do governo Nixon pelos mexicanos está resumida em um comentário sobre o presidente Echeverría feito pelo assessor de Nixon, Bob Haldeman, a seu chefe:

> Bom, estamos tirando algum proveito do mexicano, ele tem sido muito cooperativo ... está sendo cooperativo politicamente, está viajando pelo país ali onde queremos que ele vá. Está se encontrando com nossos políticos hispano-americanos. Ele está fazendo algumas coisas em Los Angeles e Texas e em Chicago, onde temos alguns mexicanos, e isso nos fará algum bem. Ele disse – ele perguntou se poderia ser de ajuda de alguma forma.[44]

Por que, então, não escolher o México? Havia quatro razões principais. Em primeiro lugar, o México parecia instável. Nos infames massacres de Tlatelolco (1968) e Corpus Christi (1971), mais de 130 jovens morreram ou "desapareceram" e centenas ficaram feridos em uma manifestação pública de repressão estatal. Ao longo de 1971 houve tumultos e protestos, enquanto a embaixada americana reportava um suposto plano de deposição do presidente Echeverría. A situação, avisavam os diplomatas americanos, estava se deteriorando rapidamente. A política mexicana criava um ambiente sem perspectiva de ganhos para os Estados Unidos: mais repressão por parte das forças de segurança mexicanas levaria o Congresso americano e a mídia a clamarem por uma condenação oficial do governo; mas se, pelo contrário, o regime mexicano apaziguasse os estudantes, as políticas nacionalistas que provavelmente se seguiriam poderiam prejudicar interesses econômicos dos Estados Unidos. Isso tornava difícil qualquer tipo de associação entre os dois países. Em comparação, o Brasil parecia estável. É verdade que, tal qual sua contraparte mexicana, as forças de segurança brasileiras conduziam uma campanha de exílio e, em menor medida, extermínio. Porém, ao contrário dos mexicanos, do ponto de vista americano o regime brasileiro havia demonstrado a disposição e a capacidade de eliminar atividades de guerrilha em operações assertivas, mas comparativamente discretas.[45]

Em segundo lugar, a interdependência entre as sociedades americana e mexicana limitava a *delegação*, ao invés de facilitá-la. Se a abordagem de Kissinger dependia de canais secretos e personalizados, então qualquer tipo de publicidade era contrário ao espírito da nova política. O problema com o México era justamente a impossibilidade de haver uma diplomacia discreta porque, na hora de definir a relação, seria necessário levar em conta um enorme número de agências governamentais, grupos de interesse, associações da sociedade civil e imigrantes que tivessem influência e voz. Nesse sentido, a expressão "interdependência" significava tanto interesses compartilhados como, acima de tudo, problemas em comum que fugiam ao controle de políticos e diplomatas. Nenhum desses problemas se aplicava no caso do Brasil.[46]

Uma terceira razão era o perfil da economia brasileira. Um documento do Departamento de Estado havia indicado: "Até o final do século, a população e a renda per capita da América Latina devem dobrar, e os maiores países da região serão economias desenvolvidas." Nenhum país representava essa tendência melhor do que o Brasil. Além disso, como os laços econômicos com o Brasil não eram estreitos, se a aproximação diplomática falhasse os custos do fracasso seriam irrisórios: os Estados Unidos respondiam por apenas 30% das exportações brasileiras em 1971, contra 60% no caso do México. Ou seja, uma operação diplomática com o Brasil seria menos arriscada.[47]

Por último, mas não menos importante, estava a geografia. No final da década de 60 e início dos anos 70, o grosso das preocupações de segurança americanas no hemisfério vinha da América do Sul. O que importava era o nacionalismo e o socialismo na Argentina, no Uruguai, na Bolívia, no Chile e no Peru. Isso mudaria significativamente no final dos anos 70 e 80, quando a atenção americana sob os governos Carter e Reagan se voltaria para a América Central e o golfo do México, concentrando-se em El Salvador, na Nicarágua e na Guatemala. Do ponto de vista estritamente geopolítico, era natural que Kissinger e Nixon mirassem o Sul.

Uma vez decididos, em meados de 1971 o presidente e seu assessor de Segurança Nacional ignoraram as vozes do Departamento de Estado e a aproximação com o Brasil avançou a passo acelerado. Essa é a história que vem a seguir.

2 Washington, 1971

Ao receber o convite de Nixon para visitar os Estados Unidos e ficar hospedado na Casa Branca, Médici ficou radiante. Mas quando as insinuações americanas de *delegação* chegaram a Brasília, elas encontraram um ambiente em franca mutação que dificultava a empreitada.

O perfil internacional do Brasil estava em transição. Em parte, a mudança era resultado do "milagre econômico". A economia brasileira atingira taxas de crescimento surpreendentes. Entre 1955 e 1960, o Produto Interno Bruto crescera a 8,1% ao ano; entre 1968 e 1973, seria de 11% ao ano. No período que vai de 1961 a 1980, a renda nacional triplicaria. À exceção do Japão, nenhum outro país vivera algo semelhante no século XX. A nova prosperidade não se restringia apenas às riquezas da nação. O aparelho de Estado também vivia uma trajetória ascendente: entre 1963 e 1973, por exemplo, a capacidade tributária cresceria nove vezes. Ao final da década de 70, o Brasil seria o país mais rico e poderoso da América Latina.[1]

A transformação foi profunda. O país deixou de ser rural e virou urbano, enquanto parcelas significativas da população entraram para a classe média. Pela primeira vez uma rede nacional de universidades deu início a projetos antigos de desenvolvimento científico e tecnológico. Entre 1964 e 1971 os manufaturados subiram de 5% para 31% na pauta de exportações, enquanto a importância do café caiu de 55% para 13%. Entre 1967 e 1973, as exportações passariam de US$1,5 bilhão para US$6,2 bilhões. A direção do comércio também sofreu adaptações importantes. Durante o governo Nixon (1969-74), as exportações brasileiras para os Estados Unidos cairiam de 26,4% da pauta de exportações para 21,9% (as exportações para a Europa cairiam de 46,2% para 37,4%). Em contrapartida, o Japão cresceria de 4,6% para 7,8%, e a África, de 1,5% para 5,24%.[2]

A nova riqueza impactou a política externa porque permitiu aos diplomatas brasileiros expandirem o número e o escopo de suas atividades no mundo. O Brasil abriu embaixadas em regiões que antes ignorava e suas empresas estatais passaram a fazer investimentos fora do país. Nesse período o Banco do Brasil abriu agências nas principais capitais da América do Sul. O país começou a exercer influência sobre seus vizinhos, o que não acontecia há gerações, e tornou-se capaz de pressioná-los de um modo ao qual eles não podiam resistir. Essas pressões agora eram feitas pela força dos números da economia e por meio de grandes projetos de integração energética e de transportes. Diferentemente do que ocorria com outras potências regionais, a nova musculatura diplomática brasileira não era de natureza militar, mas geoeconômica. Os dirigentes do regime, apesar de permanecerem fardados, não buscaram equipar as Forças Armadas mais do que o haviam feito governos anteriores.[3]

Mas o impacto da nova situação sobre a diplomacia não foi imediato. Não houve movimentos para promover guinadas dramáticas na condução dos negócios externos e o regime militar permaneceu comparativamente tímido nesse setor, especialmente quando comparado ao revisionismo de Nasser no Egito, do xá no Irã, de Nehru na Índia ou de Suharto na Indonésia. O Brasil manteve seu status de observador no Movimento dos Não Alinhados, mas insistiu em não aderir ao grupo que liderava as demandas por maior justiça redistributiva nas relações internacionais. O revisionismo brasileiro era morno.

As transformações eram graduais e lentas e seu efeito somente seria sentido a médio prazo. Assim, o Brasil começou, muito lentamente, a buscar contatos com o bloco comunista e a distanciar-se do colonialismo português na África. Ajudou a fundar uma conferência das Nações Unidas para o comércio e o desenvolvimento, impulsionou novas normas internacionais sobre segurança econômica coletiva e juntou-se ao Terceiro Mundo para propor uma nova ordem econômica internacional. A diplomacia brasileira buscou liderança na denúncia do Tratado de Não Proliferação Nuclear e de novas normas internacionais de proteção ambiental. O governo recusou medidas de controle de população advogadas pelo FMI, pelo Banco Mundial e pela Assembleia Geral da ONU. A partir de meados da década de 70, o Itamaraty abandonou seu apoio tradicional a Israel para conseguir apoio árabe e fez o mesmo com a África do Sul do *apartheid*, de olho na simpatia dos novos países independentes africanos. Junto a outras regiões em desenvolvimento e contra os interesses americanos, expandiu suas águas territoriais de três para 200 milhas náuticas. O tom da mudança era marcadamente moderado, mas não deixava de indicar uma guinada. Essa guinada foi percebida pela embaixada americana no Brasil, segundo a qual os Estados Unidos deviam acostumar-se com o surgimento de mais áreas de atrito em questões comerciais ou de fundo econômico.

> É difícil ver um retorno aos dias calmos de 1964-66, quando a política brasileira inevitavelmente considerava os interesses dos Estados Unidos ... o próprio sucesso das estratégias independentes [do Brasil] ... assegurará provavelmente mais iniciativas do mesmo tipo no futuro.[4]

Mesmo tímidas, essas transformações esbarravam em enormes empecilhos. Apesar do "milagre", parte do problema era econômico. Durante o auge do ativismo diplomático (1973-79), a dívida externa do país quadruplicou, crescendo de US$12 bilhões para quase US$50 bilhões. E, apesar da nova afluência, o aparelho de Estado brasileiro continuava frágil diante de problemas nacionais de vulto. O Departamento do Tesouro dos Estados Unidos estava ciente disso. Seus técnicos temiam, por exemplo, que os ministérios brasileiros não tivessem capacidade técnica para implementar projetos e absorver a enxurrada de dinheiro que entrava no país. Também temiam que o país não pudesse honrar as dívidas que vinha contraindo mundo afora.[5]

A outra face do problema dizia respeito aos conceitos de política externa: para muitos diplomatas e políticos influentes, entrar em rota ativista era um erro. Como será visto adiante, para alguns o Brasil devia buscar sanar suas mazelas sociais antes de aventurar-se com uma diplomacia assertiva e ativista. Para outros, esse ativismo levaria a intervir em assuntos de terceiros países, minando as regras básicas de não ingerência que estruturavam a doutrina brasileira de política internacional. No plano das ideias, a opção dominante continuava a ser não o expansionismo, mas a ênfase no desenvolvimento interno.

Essa tensão não resolvida entre ativismo e retração estava bem representada no conceito de "Brasil potência" – o mote que o regime escolhera para caracterizar o comportamento brasileiro no mundo. Por um lado, a expressão representava a imagem de um país em ascensão na hierarquia global de poder, denotando também um anseio por maior participação na gerência do sistema internacional. Por outro, o rótulo ocultava um projeto que era fundamentalmente introspectivo: uma ideologia de desenvolvimento econômico sob a direção de um poderoso Estado autoritário e suas autarquias, em que o objetivo não era aumentar a musculatura do país nas relações internacionais, mas assegurar algum grau de autonomia para levar adiante um projeto de modernização conservador.[6]

Dessa forma, o regime militar no começo da década de 70 era crescentemente assertivo e ambicioso em diplomacia, mas ainda temeroso e hesitante. Portanto, não deve causar surpresa que, quando a proposta da *delegação* chegou aos ouvidos do general Médici, sua primeira reação tenha sido um misto de animação e cautela. A dos diplomatas brasileiros, uma apreensão que beirava o medo.

Médici tinha enorme interesse em realizar a viagem a Washington. A economia ia bem e ele gozava de altas taxas de aprovação popular, mas uma fotografia com Nixon, o homem mais poderoso do mundo, fortaleceria ainda mais sua posição diante dos colegas de farda e da opinião pública brasileira. É possível que, para ele, a viagem também fosse uma maneira de legitimar a ditadura no período em que uma rede de exilados políticos começava a fazer barulho com acusações sobre a prática de tortura e terrorismo por parte do regime que ele chefiava.

Os americanos sabiam que o presidente brasileiro desejava pouco de concreto, mas muito de simbólico. De fato, Médici esperava gestos contundentes. Queria ser recebido pelo próprio Nixon na base aérea de Andrews, não no gramado da Casa Branca. Caso isso não fosse possível, então queria chegar à Casa Branca de helicóptero, não de carro. O general também queria discursar perante uma sessão conjunta do Congresso americano, tal qual fizera o presidente João Goulart, e pretendia oferecer um jantar a Nixon na embaixada brasileira.[7]

Quando o chefe do cerimonial de Nixon descartou os pedidos sem dar-lhes maior atenção, o embaixador brasileiro em Washington, Araujo Castro, fez um relato furioso à equipe de Kissinger. Se Médici tivesse sabido desses termos de antemão, "não consideraria vir aqui nunca, nunca, nunca". O chefe do protocolo, disse o embaixador, era "estúpido". Ao telefone com Nachmanoff, Araujo Castro dizia que "se [o chefe de protocolo da Casa Branca] estivesse conduzindo sua política externa, vocês não seriam uma superpotência; vocês seriam a Nicarágua". Ciente da sensibilidade brasileira, Kissinger apelou a Nixon diretamente. Disse ao presidente que "agora é essencial fazer algumas concessões no protocolo". Nixon aceitou fazer ajustes mínimos. Concederia dois encontros privados em vez de apenas um. Convidaria Médici a passar uma noite no retiro presidencial de Camp David, deixando claro que nessa noite ele, o anfitrião, não estaria lá. Recusaria o jantar na embaixada brasileira, mas pediria a seu vice-presidente, Spiro Agnew, que almoçasse com o general. O resto do protocolo seguiu o curso esperado: um jantar de honra na Casa Branca e um encontro privado com Kissinger. O convidado chegaria à Casa Branca de carro. E a sessão conjunta do Congresso seria deixada de lado por medo de um boicote ao evento por parte de parlamentares da oposição e grupos de defesa de direitos humanos.

Embora o Executivo americano ainda não tivesse sido forçado a transformar os direitos humanos em um tema central de política externa, a visita de Médici já prenunciava os problemas que viriam pela frente. Durante a viagem, um sujeito levantou-se na OEA para protestar contra a presença do ditador e terminou preso. Havia dois anos, Ralph Della Cava, professor da Universidade de Columbia em Nova York, fundara um comitê de informações sobre o Brasil para denunciar os crimes da ditadura. A viagem de Médici aos Estados Unidos refletia quão pouco o tema da repressão e do autoritarismo importava a Nixon, mas aumentou a exposição dos abusos brasileiros na mídia americana. Enquanto o porta-voz do governo americano afirmava que no encontro entre os dois presidentes não havia figurado a questão da restauração da democracia no Brasil, as sementes já estavam plantadas para uma virada da opinião pública americana contra a ditadura.[8]

Ao aceitar o convite e iniciar as negociações que levariam à cúpula presidencial, Médici mandou sinais claros de quais seriam seus objetivos. O encontro deveria refletir o reconhecimento simbólico do status ascendente do Brasil. Por isso, argumentava o presidente, para surpresa dos americanos, a visita, marcada para dezembro de 1971, não representava o ambiente apropriado para lançar um programa de cooperação real. Não haveria discussão de nenhum tema específico. A visita tampouco devia ser vista como uma ocasião para tentar resolver alguns dos principais problemas que assolavam a agenda diplomática bilateral: comércio, direito do mar, Tratado de Não Proliferação, reforma da ONU e da OEA. Médici não queria ser forçado a negociar com Nixon em pessoa, preferia apenas uma "conversa franca, íntima e cordial ... de alto nível". Daí sua resistência diante de qualquer sugestão americana de aproveitar o encontro para celebrar acordos bilaterais concretos.[9]

O general preferia uma agenda mínima. Durante sua entrevista com Nixon na Casa Branca, ele ofereceria uma avaliação em primeira mão sobre as atividades brasileiras para eliminar o comunismo na América do Sul. Essa agenda compreendia ações no Chile, no Uruguai e na Bolívia. Médici também faria uma avaliação sobre o futuro dos vários movimentos guerrilheiros na região e das perspectivas de infiltração soviética, cubana e chinesa.

Os dois antecessores de Médici – os generais Castelo Branco e Costa e Silva – haviam mantido esse tipo de discussão com o governo americano, mas Médici estava decidido a ir além devido a uma nova sensação de risco. Para o governo brasileiro, a proposta de associação direta nos moldes da *delegação*, apresentada por Washington em 1971, se assemelhava a neocolonialismo. Era urgente desativar quaisquer expectativas americanas de cooperação intensa.

Para isso, Médici ensaiaria um argumento alternativo. Segundo essa visão, havia uma convergência natural e inelutável entre os dois países: ambos queriam varrer ideias e movimentos esquerdistas do continente. O valor dessa identidade era intrínseco; ou seja, não era necessário traduzi-la em coordenação de políticas pontuais, consulta ou alinhamento. Cada país levaria adiante sua agenda própria de luta anticomunista, sem necessidade de negociação prévia ou coordenação. Além disso, como boa parte dessa agenda era clandestina ou ilegal, o melhor seria manter a troca de informações na informalidade. Não era exatamente isso o que Kissinger e sua equipe haviam pensado originalmente. Para eles, a ideia de *delegação* tinha componentes de divisão do trabalho.

A concepção de Médici não era o único obstáculo às ambições originais de Kissinger para o Brasil. Havia ainda enormes resistências dentro do Itamaraty. Os documentos disponíveis sugerem que o embaixador brasileiro em Washington, Araujo Castro, e o ministro das Relações Exteriores, Mario Gibson Barbosa, atuaram contra a política de reaproximação nos termos esperados pela Casa Branca. Eles também atuaram contra os anseios do general Médici. Durante as negociações que antecederam o encontro presidencial, Araujo Castro sugeriu a seus interlocutores que talvez fosse imprudente elevar a visita presidencial ao status de visita de Estado. Para Kissinger, o embaixador estava tentando frustrar a viagem. Escreveu a Nixon: "Não é de todo claro que o embaixador esteja falando pelo presidente Médici, e na realidade ele pode estar jogando um papel pernicioso por causa de suas próprias reservas a respeito da visita." Poucos dias depois, Arnie Nachmanoff relataria a Kissinger que Araujo Castro e Gibson Barbosa preferiam ver a visita cancelada, e apontou para uma profunda divisão entre o palácio do Planalto e o Itamaraty.[10]

De fato, o chanceler Gibson Barbosa não escondia sua relutância: quando o convite formal chegou a Brasília, ele recomendou a Médici não aceitá-lo. Em sua concepção, os custos de uma possível desavença com Nixon eram excessivamente elevados; o retorno da iniciativa, incerto. Há meses a embaixada americana no Brasil vinha alertando o Departamento de Estado para o fato de que o chanceler brasileiro simbolizava a voz daqueles que eram céticos em relação à política de alinhamento típica de 1964. O raciocínio representava com fidelidade a leitura do Itamaraty. Nessa concepção, a política de *delegação* significava um risco elevado: ao associar-se diretamente à maior potência mundial, o Brasil ficaria sem defesas diante de pressões americanas. Diferentemente de Médici, o Itamaraty não estava preocupado com a sobrevivência do regime e com a influência do presidente dentro do grupo governante. Seu maior medo era que a aproximação aos Estados Unidos enfraquecesse o Brasil em uma conjuntura na qual os atritos com aquele país apenas cresceriam.[11]

Os diplomatas brasileiros também eram céticos em relação à ideia de que bons laços pessoais entre Médici e Nixon aumentariam o poder de barganha do Brasil. Uma política dessa natureza poderia criar expectativa em Washington de que o país fosse sempre leal aos desígnios americanos. Além disso, o modelo personalista depositava muito na mão de poucos: que aconteceria quando Nixon e Kissinger não estivessem mais na Casa Branca? Diante do encontro de cúpula entre os dois presidentes, a diplomacia profissional brasileira preferia manter alguma distância.

Entretanto, Médici já havia tomado a decisão de avançar. Agora caberia ao Itamaraty tentar diluir o conteúdo das conversas com os americanos. O presidente deixara claro que não lidaria com questões delicadas com seus anfitriões. Faltava desviar a atenção dos Estados Unidos. Para isso, na sugestão de pauta que enviou a Kissinger, o Itamaraty escolheu temas de pouca consequência: as situações de China, Vietnã e as relações Estados Unidos-União Soviética. O Itamaraty aceitou deixar na agenda itens em torno dos quais a discordância com os Estados Unidos era moderada, tais como a reforma do Conselho de Segurança da ONU, a política americana de ajuda para o desenvolvimento e a reforma da OEA. O objetivo era apenas registrar que esses problemas existiam, não discuti-los. Em áreas de fricção – como comércio e direito do mar – deveria prevalecer o silêncio. Conta-se que Gibson Barbosa chegou a pedir a Médici que evitasse mencionar a palavra "mar" durante a sua estada nos Estados Unidos: qualquer referência ao assunto, ele temia, abriria o caminho para pressões.

Os diplomatas também queriam aproveitar a oportunidade para sinalizar que, embora o Brasil sempre estivesse com os Estados Unidos na luta contra o comunismo, sua adesão seria decidida caso a caso e com base no "interesse nacional". A lista de tópicos pendentes proposta pelo Itamaraty era oblíqua, mas revelava a natureza das preocupações de Brasília:

> Relações Estado a Estado. A necessidade de um entendimento amplo, no qual diferentes aspectos das relações entre os dois países possam ser inseridos; identidade de posições políticas e ideológicas em relação à situação mundial; políticas convergentes apesar de eventuais não coincidências em algumas posições específicas; a área mais ampla de interesses complementares; pontos conflitivos oriundos de posturas diversas em relação aos problemas do mundo; protecionismo dos Estados Unidos e interesses setoriais. Café solúvel. Têxteis. Calçados; o Brasil de hoje, Desenvolvimento Econômico e Progresso Social; realismo e pragmatismo como novos pontos de partida para as relações Brasil-Estados Unidos; investimentos dos Estados Unidos no Brasil; intensificação da cooperação Brasil-Estados Unidos em todos os setores: político, econômico, comercial, cultural, científico e tecnológico; novos pontos de partida.[12]

A mensagem do Itamaraty era a de que seria possível Brasil e Estados Unidos viverem com mais cooperação e mais atrito ao mesmo tempo. Não à toa, sempre que a documentação mencionava as palavras "identidade", "convergência" e "complementar", em seguida apareciam "conflito" e "diversidade". Na concepção brasileira, esse estado de coisas era apenas o resultado natural da crescente sofisticação do perfil internacional do Brasil. Foi nesse momento que a diplomacia brasileira começou a utilizar a metáfora do "fim da juventude", tão comum até hoje. O Brasil agora era um "membro maduro da comunidade das nações" e usava "calças compridas". Na maneira como era utilizada em Brasília, essa imagem sugeria que os dois países deviam lidar com as diferenças de modo natural, sem o tom independentista que precedera o golpe de 1964 e sem a subserviência que a ele se seguira.

Assim, apesar de suas diferenças, Planalto e Itamaraty acabaram acordando uma resposta comum para o convite americano: o Brasil aceitaria a oferta de Nixon para uma política de reaproximação bilateral, mas o faria com ceticismo e uma boa dose de desconfiança. Brasília rejeitaria de imediato qualquer sugestão de parceria profunda.

A reação brasileira também provocou dúvida no lado americano. À medida que as negociações avançavam, Kissinger e sua equipe começaram a suspeitar de que o projeto de envolvimento estreito com o Brasil poderia fracassar. Como delegar poder e influência a um parceiro que não podia ser facilmente controlado e que tinha suspeitas arraigadas sobre a validade do próprio projeto?

A solução americana para esses problemas foi pragmática. Washington manifestou sua amizade pelo Brasil efusivamente, mas foi tímido ao propor algum tipo de coordenação diplomática mais ambiciosa. Não procurou estabelecer atividades conjuntas nem planos comuns. A ênfase da Casa Branca recaiu sobre a construção de laços pessoais entre os presidentes. Como disse Kissinger a seu chefe:

> A finalidade [da visita] é dar reconhecimento às aspirações do Brasil por maior status de poder, mostrando que Vossa Excelência considera Médici um valioso aliado a quem deseja consultar ... obter [dele] uma avaliação dos desenvolvimentos hemisféricos ... e ... estabelecer um sentido de relacionamento especial ... e uma base para comunicação e cooperação contínuas.[13]

Essa redação mostra que, do ponto de vista americano, a aproximação ao Brasil seria conscientemente intangível e, de certa maneira, etérea. Não se tratava tanto de estabelecer uma "relação especial", mas de produzir um "sentido" de relacionamento especial. Nem de reconhecer o país como potência emergente, e sim de reconhecer-lhe as aspirações de poder em um futuro distante e indeterminado. Cientes de que valia a pena fortalecer um regime amigo mesmo que este se recusasse a coordenar a luta anticomunista, os americanos esperavam que gestos mínimos de apoio fossem suficientes para manter o Brasil satisfeito.

O GENERAL MÉDICI chegou à Casa Branca em 7 de dezembro de 1971, sem ter sido recebido por Nixon no aeroporto. No Salão Oval o esperavam o presidente americano, Kissinger e o general Walters. A escolha de participantes diz muito sobre a natureza do processo de reaproximação que o encontro pretendia iniciar, e salta aos olhos o fato de estarem ausentes o Departamento de Estado e o Itamaraty, as duas corporações diplomáticas.

A ausência do Departamento de Estado é de certa forma compreensível, já que se trata de uma enorme estrutura burocrática que, diferentemente do Itamaraty, não domina nem controla a formulação e a execução da política externa. Seus funcionários competem com um amplo número de agências que também têm interesse e poder para definir a agenda internacional americana. Sobretudo competem com a própria Casa Branca. Nixon havia decidido desde o início de seu mandato que a política externa seria conduzida por ele e Kissinger, seu assessor de Segurança Nacional. O Departamento de Estado seria propositadamente isolado, cedendo espaço para Kissinger, cuja equipe e influência haviam crescido significativamente desde o início do governo, em 1969.

A ausência do Itamaraty durante o primeiro encontro presidencial, entretanto, é mais difícil de compreender. Tratava-se de uma instituição que tinha rédeas firmes sobre a política externa, mesmo durante o período ditatorial. Além disso, sem Gibson Barbosa nem Araujo Castro, o general Médici entrara sozinho para uma reunião com outro presidente que trouxera dois importantes assessores para auxiliá-lo na conversa. O fato é particularmente curioso quando se tem em mente que nem Médici falava inglês, nem Nixon e Kissinger falavam português. Dessa maneira, Médici dependeria exclusivamente dos serviços de tradução do general Walters.[14]

De onde veio a decisão de deixar Médici sozinho na presença de Nixon, Kissinger e Walters? Qual era a natureza da conversa, que justificava deixar de fora os assessores diplomáticos do presidente brasileiro?

O documento que poderia ajudar a responder a essas perguntas ainda não foi encontrado. Mas há indicações significativas de que a conversa no Salão Oval girou em torno do combate ao comunismo no Uruguai e na Bolívia. Não era para menos. Poucos dias antes de Médici chegar a Washington, os uruguaios haviam ido às urnas. A contenda era importante devido à Frente Amplia – uma coalizão do Partido Comunista uruguaio com ativistas de esquerda e movimentos marxistas. Pesquisas de opinião mostravam que o candidato da Frente poderia abocanhar 25% dos votos. Mais importante: a Frente estava indo muito bem na competição pela prefeitura de Montevidéu, o cargo mais visível do país depois da Presidência. A Frente levaria mais 30 anos até eleger um presidente, mas a possibilidade da vitória em 1971 terminou polarizando a política uruguaia dramaticamente. À medida que a campanha avançava, forças do governo e paramilitares (de esquerda e direita) terminaram absorvidas em uma espiral de violência e brutalidade.[15]

Médici via a situação com apreensão. Afinal de contas, seu próprio governo tentava eliminar uma guerrilha urbana de esquerda. Uma vitória da Frente no Uruguai poderia complicar o ambiente dentro do Brasil e gerar enormes implicações geopolíticas na região: desde seu nascimento como nação independente, o Uruguai fora algodão entre os cristais – um Estado-tampão entre as duas principais potências sul-americanas, Brasil e Argentina. Para Brasília e Buenos Aires, os desdobramentos em Montevidéu eram uma questão de segurança nacional que facilmente poderia levá-los a ter que intervir no país vizinho. Era justamente isso que o Departamento de Estado temia:

> O maior perigo para os interesses dos Estados Unidos na área pode não ser o resultado da eleição uruguaia, mas sim o perigo latente que uma continuada deterioração social/econômica [no Uruguai] possa ter no curso das relações entre essas duas potências da América Latina.[16]

A Casa Branca também se preocupava, mas por razões diferentes. Lá, o resultado da eleição uruguaia era temido não pelas implicações para Brasil e Argentina, mas porque significaria uma derrota de Nixon no esforço de contenção do comunismo em escala mundial. Desse ponto de vista, vitórias eleitorais da esquerda na América Latina eram vistas como ameaça à posição americana no equilíbrio de poder global. Se o Uruguai pendesse para a esquerda, seria mais um numa lista que já incluía Cuba, Chile e Peru.

Um fator importante da reunião talvez ajude a explicar o porquê da ausência do Itamaraty no Salão Oval. Durante a campanha presidencial uruguaia, lideranças políticas da Frente acusaram o serviço secreto brasileiro de repetidamente conspirar contra eles e de cometer atos terroristas com algum tipo de apoio da CIA. Caso fosse verdadeira, a acusação representaria uma ingerência direta em assuntos internos uruguaios. Mais que isso, durante o encontro, Médici relatou a Nixon detalhes sobre a interferência brasileira no processo eleitoral uruguaio, como veremos adiante. Melhor seria, talvez, que uma conversa dessa natureza entre dois presidentes ficasse longe do registro diplomático oficial.

De fato, os militares brasileiros haviam desenvolvido planos de intervenção, caso a Frente saísse vitoriosa. Em círculos castrenses chegou-se a considerar até mesmo uma ocupação militar, embora o próprio Médici tivesse vetado a iniciativa com contundência.[17] Esse tipo de descompasso entre o presidente e outras facções militares gerava um grande temor no Itamaraty, cujos diplomatas tinham adotado uma postura de distanciamento em relação a políticas ativas do regime na região. Ao fazê-lo, eles também pretendiam evitar que os Estados Unidos desenvolvessem expectativas desmesuradas. Afinal de contas, se o Brasil fosse visto como xerife do subcontinente, haveria cobranças americanas no futuro. Nisso eles tinham razão. Apenas uma semana depois de sua reunião com Médici, Nixon confidenciou sua enorme expectativa ao primeiro-ministro britânico, Edward Heath:

> A nossa posição [na América Latina] é apoiada pelo Brasil, que é a chave do futuro. Os brasileiros ajudaram a forjar os resultados da eleição uruguaia. Chile é outro caso – a esquerda está em apuros. Há forças em andamento que nós não estamos desencorajando.[18]

A Bolívia também figurou no encontro entre Nixon e Médici, ocupando um terço do tempo da conversa. Em agosto de 1971, o coronel boliviano Hugo Banzer derrubara um governo que havia nacionalizado companhias americanas com apoio de estudantes e trabalhadores. No processo, enviara muitos para a prisão e o exílio (principalmente no Chile). Os Estados Unidos responderam reconhecendo seu governo e enviando US$2 milhões de ajuda financeira, seguidos de mais duas parcelas de US$20 milhões e US$25 milhões. Entretanto, no início de 1972, algumas semanas depois do encontro entre Nixon e Médici, Banzer começou a enfrentar problemas em várias áreas – a economia parou de crescer, os principais partidos e as Forças Armadas não conseguiram produzir nenhuma coesão e a oposição nas ruas cresceu. Banzer temia que uma conspiração de bolivianos exilados no Chile, com apoio do governo Allende, tentasse derrubá-lo.

Suas preocupações não eram vãs. Como apontava um documento do NSC, "... as forças de segurança bolivianas provavelmente poderiam reprimir uma operação de guerrilha isolada ... mas, para elas, seria árduo lidar com uma campanha de guerrilha bem planejada e executada". Para fortalecer Banzer, em 1971 os Estados Unidos aprovaram um programa de ajuda militar, com concessões de US$7 milhões, caminhões blindados de transporte pessoal, um avião C-57 e, possivelmente, seis jatos A-37B, dois transportadores C-130 e equipamentos para cinco batalhões móveis de infantaria.[19] Quatro meses após o encontro, Médici escreveu a seu colega americano pedindo mais ajuda para o país vizinho:

> A subversão e o caos na Bolívia sem dúvida colocariam em perigo a segurança [do Brasil] ... O caos político ou o estabelecimento de um regime marxista-leninista na Bolívia implicaria – eu não hesitaria em dizer – para a América do Sul como um todo consequências muito mais graves, perigosas e explosivas do que o problema cubano, devido à posição geoestratégica do país.[20]

Com efeito, os serviços de inteligência americanos haviam alertado a Casa Branca sobre o aumento da presença soviética na Bolívia. "As perspectivas de proteção dos interesses dos Estados Unidos e de perpetuação de nossa influência na Bolívia não são boas, não importa o que façamos." Foi essa ansiedade que Médici procurou explorar. Ele pediu a Nixon que apoiasse Banzer com investimentos e ajuda financeira. Nisso Médici não estava só. Sua voz somava-se à do próprio secretário de Estado, William Rogers, que havia protestado contra a decisão da Casa Branca de recusar uma visita de Estado de Banzer a Washington por causa de problemas na agenda de Nixon. Em suas mensagens à Casa Branca, Médici pedia ajuda para conter as atividades dos exilados bolivianos no Chile, vistas como principais fontes de perigo para o governo Banzer. Nixon respondeu: "Eu garanto a Vossa Excelência que estamos acompanhando a situação com cuidado", mas não há indícios de maior cooperação.[21]

Também é plausível supor que parte da conversa presidencial no Salão Oval tenha sido ocupada com o tema de compras de material bélico. O *US Foreign Military Sales Act* de 1968 restringira vendas, garantias e créditos para a compra de armamentos americanos por parte de ditaduras militares. Apesar disso, Kissinger convencera o Congresso a aumentar o limite máximo de vendas e créditos para a América Latina. E pouco tempo depois da reunião entre Nixon e Médici, o governo americano venderia ao Brasil 42 aviões F-5-B/E, sete contratorpedeiros usados e sete submarinos.[22]

De modo geral, o encontro presidencial deixou os americanos satisfeitos. Os anfitriões indicaram que gostariam de estabelecer um relacionamento especial com o Brasil e o convidado aceitou a sugestão sem pedir maiores esclarecimentos sobre a natureza e o escopo do projeto. Nixon e Kissinger conversaram ao telefone nos seguintes termos:

> NIXON: Você gosta do [Médici]?
>
> KISSINGER: Acho que ele causa boa impressão.
>
> NIXON: Ele está contente com a visita?
>
> KISSINGER: Nelson [Rockefeller] me disse, e ele confirmou, que estava realmente muito impressionado com a reunião com o senhor. Até onde eu entendo, ele está realmente animado para estabelecer nosso arranjo especial.
>
> NIXON: Vai ser feito. Essa é a tecla em que vou bater amanhã.[23]

Não foi possível achar a documentação referente ao segundo encontro de Médici com Nixon, mas há material sobre a conversa do presidente brasileiro com Kissinger. Dessa vez, o general fez-se acompanhar por seu chanceler e seu embaixador. Tratava-se de uma reunião privada e com agenda aberta, mas o general limitou-se a ouvir. O mesmo fez o chanceler Gibson Barbosa: quando teve a oportunidade de indagar Kissinger sobre a natureza do projeto de reaproximação que os Estados Unidos tinham em mente, desconversou fazendo uma pergunta sobre o futuro de Taiwan.[24]

O embaixador Araujo Castro aproveitou a ocasião. Ele desenvolvera uma relação pessoal com Kissinger desde o início da década de 60, quando o convidara a visitar o Brasil pela primeira vez. Durante sua gestão à frente da embaixada brasileira em Washington tivera a oportunidade de encontrar Kissinger com alguma regularidade, e talvez por isso não se sentisse intimidado pela presença do assessor de Segurança Nacional. De que maneira, ele perguntou, Kissinger concebia o lugar do Brasil na grande estratégia americana?

Kissinger iniciou sua resposta de modo indireto e com um toque de ironia: o embaixador, disse, era um homem interessado em filosofia que já o havia repreendido pela falta de densidade conceitual. O general Médici, que provavelmente não entendeu o teor jocoso do comentário, apressou-se a dizer que "qualquer desentendimento entre os Estados Unidos e o Brasil deve ser considerado uma briga de amantes". A reação revela a insegurança de Médici, talvez aguçada por sua parca experiência com temas internacionais. Mas Kissinger continuou. Os Estados Unidos, explicou, precisavam de

> aconselhamento e cooperação da maior e mais importante nação da América do Sul. Em áreas de mútuo interesse, tais como a situação no Uruguai e na Bolívia, uma cooperação mais estreita e abordagem paralela podem ser muito úteis para nossos objetivos comuns ... é importante que Estados Unidos e Brasil se coordenem para que o Brasil faça algumas coisas e nós façamos outras para o bem comum.

Médici não hesitou em explicitar seu desejo de que o general Walters fosse elevado ao posto de embaixador americano no Brasil, demanda que ficou sem resposta.[25]

A natureza do encontro revela o descompasso entre as expectativas de ambos os lados em relação à reaproximação. Kissinger estava disposto a avançar com um programa de divisão do trabalho para manter a ordem na América do Sul. Sua visão ia além da mera troca de informações secretas e a reaproximação era concebida como uma ferramenta a serviço das prioridades anticomunistas de ambos os países, abrindo caminho para algum tipo de coordenação política. Mas a assertiva de Kissinger ficou sem resposta. Dividir o trabalho com um parceiro incrivelmente mais poderoso não era uma proposição atrativa para os brasileiros. Trinta e cinco anos mais tarde, Kissinger ainda lembraria: "A visita de Médici não foi bem-sucedida."[26]

Quando brindou ao Brasil no jantar de gala oferecido a Médici na Casa Branca, Nixon referiu-se ao Brasil como um "gigante [que] está despertando". De fato, o Brasil havia começado a expandir seus interesses no exterior como nunca antes. Mas o que o gigante faria ao despertar continuava sendo um mistério. Para o observador externo era difícil entender o que o país faria com seus novos recursos de poder. Para muitos em Brasília, também. O dado certo era que o governo brasileiro não estava disposto a estruturar um relacionamento com os Estados Unidos que o compelisse a dividir os custos de enfrentar a Guerra Fria na região. Por isso, era enganosa a assertiva de Médici, proferida no mesmo jantar, segundo a qual "o Brasil não pode ser indiferente e apático frente aos novos fatos e circunstâncias". Sua visita a Washington mostra justamente que o projeto "Brasil potência" nada tinha a ver com um novo entusiasmo ou preocupação em deixar uma marca no curso das relações internacionais.[27]

Depois da cúpula presidencial, o governo Nixon tentou abrir diálogo com o governo brasileiro a respeito de temas variados da agenda internacional – das relações entre os Estados Unidos e a União Soviética ao Oriente Médio, de Cuba à Argentina. Mas, desde o primeiro dia, a resposta brasileira foi reticente. Quando Nixon enviou o secretário do Tesouro, John Connally, a Brasília para consultas de alto nível com Médici, o general deu ao visitante novas informações sobre as atividades brasileiras na Bolívia e no Uruguai. Mas quando o enviado pediu comentários sobre a visão brasileira da situação no Oriente Médio, a resposta presidencial foi evasiva: "Não tenho nenhuma solução para dar, mas estou disposto a fazer o possível para ajudar", e guardou silêncio. Connally insistiu pedindo a visão brasileira sobre a América do Sul, e dessa vez Médici foi mais contundente: "Se eu tivesse as respostas para os problemas do Oriente Médio e do Chile e da Argentina eu poderia ser presidente dos Estados Unidos e da União Soviética."[28] E não disse mais.

A posição do Itamaraty era ainda mais restritiva. Quando Connally perguntou a Médici o que os Estados Unidos deveriam fazer em relação ao Chile de Allende, antes mesmo que o presidente pudesse reagir seu chanceler rapidamente pediu a palavra. Era importante, disse Gibson Barbosa, que os americanos não interviessem diretamente no Chile porque isso apenas reforçaria a posição de Allende. O chanceler estava sendo fiel à percepção segundo a qual uma das maiores ameaças ao interesse regional do Brasil era a presença ostensiva dos Estados Unidos na vizinhança. Os serviços de inteligência brasileiros, relatou o diplomata, indicavam que a situação chilena estava em franca deterioração e que era mister deixar que "a decadência seguisse seu curso natural".

Mas não era isso que Médici pensava. Ao tomar a palavra, apontou em uma direção alternativa, se não oposta: "É necessário fazer alguma coisa, mas é muito importante que seja feito muito discreta e cuidadosamente." O general estava disposto a tolerar a ingerência americana na região se isso assegurasse o fim do experimento de Allende de maneira encoberta. Hoje é sabido que o embaixador de Médici em Santiago, Antônio Cândido da Câmara Canto, esforçou-se para apoiar o grupo que derrubaria Allende e consagraria Augusto Pinochet no poder.[29]

A disposição de Médici tinha limites bastante precisos. Quando Nixon lhe pediu que o Brasil ocupasse a vaga do Canadá na Comissão para Controle e Supervisão do Vietnã, fornecendo tropas junto com Hungria e Polônia (pelo bloco socialista) e Indonésia (pelo bloco capitalista) durante um período de transição, o general rejeitou a solicitação. Até mesmo os funcionários americanos da embaixada em Brasília surpreenderam-se. Diante da negativa brasileira, Nixon voltou-se para outro "país-chave": o Irã.[30]

Assim como não mudou a disposição geral do Brasil, o encontro presidencial de 1971 tampouco mudou a opinião do Departamento de Estado. Dois anos mais tarde, diplomatas americanos ainda criticavam a Casa Branca por insistir na política de *delegação* para o Brasil. Não surpreende que Kissinger evitasse canais regulares e preferisse utilizar seu assistente no NSC, William J. Jorden, como enviado secreto. Lamentavelmente, não há documentos disponíveis para pesquisa sobre as conversas de Jorden com Médici. Kissinger também tinha dificuldades em convencer sua própria equipe no NSC da validade da política de aproximação com o Brasil. Para a equipe, os laços com Brasília não pareciam ter um papel significativo. Quando escreveram um documento básico sobre as atividades americanas na América Latina, descartaram o encontro presidencial com o Brasil em apenas duas linhas. Kissinger deu-lhes uma bronca.[31]

Diante do marasmo de ambas as partes, Kissinger não conseguia dar ao Brasil a atenção que pretendia. Se o processo de reaproximação requeria aumentar a visibilidade e exposição do Brasil na máquina burocrática em

Washington, tudo indicava que o governo perderia a iniciativa. Mas havia outros problemas também.

Toda parceria entre países, para sair do papel, precisa responder a algumas perguntas básicas como: quem representa cada uma das partes? Os representantes têm autonomia para atuar e apoio político nos respectivos países? Quais são os novos arranjos governamentais necessários para levar a parceria adiante? De que maneira os parceiros lidam com a assimetria de poder entre eles? Que mecanismos são acionados para aumentar a confiança mútua? E de que maneira a nova parceria afeta as relações existentes de cada parceiro com terceiros países?

O desenho da reaproximação entre Brasil e Estados Unidos concentrou responsabilidades na Casa Branca e no palácio do Planalto. Do lado americano, havia insistência em manter "comunicação direta entre os presidentes" por canais informais e enviados secretos, contornando assim as resistências do Departamento de Estado e do Itamaraty. Essa escolha era inovadora. Afinal de contas, durante boa parte da história as relações com o Brasil haviam sido responsabilidade conjunta dos departamentos de Estado, Defesa e Tesouro, com pouca ou nenhuma interferência direta da Casa Branca. Além disso, boa parte da responsabilidade havia recaído tradicionalmente sobre a embaixada americana no Brasil. Agora, o projeto ficaria localizado no NSC. No Departamento de Estado, por exemplo, o *desk* responsável pelo Brasil não ganhou nova proeminência ou responsabilidades.

O arranjo administrativo de uma parceria é crucial. Para que um projeto conjunto entre dois países possa decolar, faz-se necessário adequar planos, orçamentos e práticas burocráticas arraigadas com a finalidade de incluir o parceiro. Nada disso ocorreu durante os primeiros anos da reaproximação. As prioridades programáticas de cada lado não mudaram, nem o Departamento de Estado ou o Itamaraty institucionalizaram novas formas de planejamento ou diálogo conjunto.

Do lado brasileiro, o projeto ficou sob a responsabilidade do presidente. Os avanços e recuos dependiam primariamente de Médici, sem que a política para os Estados Unidos criasse raízes firmes no dia a dia dos diplomatas brasileiros. Dentro do Ministério das Relações Exteriores, por exemplo, não havia nenhuma unidade dedicada exclusivamente a coordenar as relações com os Estados Unidos. O diplomata responsável dedicava-se, basicamente, a arquivar a correspondência relevante, selecionar recortes de jornais e guardar relatórios e discursos. Sua inovação principal foi a de passar a comentar sistematicamente os telegramas de análise de conjuntura oriundos da embaixada em Washington: sempre que o embaixador Araujo Castro fizesse uma observação, o chefe da Divisão das Américas proporcionaria um comentário e, às vezes, uma visão alternativa. Essa iniciativa também buscou coletar dados de outros postos a respeito das percepções de terceiros países sobre os Estados Unidos. Mas a iniciativa foi pessoal e durou o tempo que o responsável por implementá-la permaneceu no cargo.[32]

Talvez o maior problema fosse a enorme desigualdade de poder entre os dois países. Para Nixon e Kissinger era difícil reconciliar uma política de *delegação* para o Brasil com a baixíssima relevância desse país no horizonte estratégico americano. Manter uma política séria exigiria uma atenção que dificilmente eles poderiam dar ao Brasil. Havia outras áreas no mundo mais perigosas, tensas e complexas. Havia outros parceiros que precisavam de apoio e uma política de atração.

Para Médici e os diplomatas brasileiros, a desigualdade de poder entre os dois países traduziu-se em um posicionamento defensivo. Daí a preferência por manter uma distância respeitosa em relação à maior potência mundial, em vez de associar-se a ela. O mantra, repetido à exaustão, era o de que "nossa posição não pode ser a mesma [daquela dos Estados Unidos] em todas as questões internacionais ... façamos um esforço para que nossas políticas sejam convergentes, sem esperar coincidência em todos os casos". É surpreendente ver o número de vezes que, nesse período, a documentação oficial brasileira utilizava expressões como "respeito" e "igualdade".[33]

Os gestos de reaproximação também tiveram impacto na América Latina. Ao brindar em homenagem a Médici na Casa Branca, Nixon disse que todos sabiam que "para onde for o Brasil, também irá o resto do continente latino-americano". A frase espalhou-se por todo o hemisfério como um rastilho de pólvora. Anos mais tarde, Kissinger brincaria dizendo que ele nunca vira os países do hemisfério tão unidos – contra a aproximação entre Brasil e Estados Unidos. O presidente venezuelano manifestou "surpresa" e um deputado de seu partido pediu um debate parlamentar sobre o tema. Um editorial no jornal peruano *Expreso* discorreu contra a "hegemonia" brasileira. Um político uruguaio disse que Nixon certamente não havia aprendido nada sobre a América Latina e um sindicalista em Montevidéu argumentou que ninguém precisava da liderança brasileira. Para um jornal chileno, "ontem [o Brasil] serviu a Portugal, hoje aos Estados Unidos".[34]

Kissinger havia previsto que a reação regional seria negativa. Em um encontro com seus interlocutores brasileiros, dissera que "à medida que o Brasil tiver um papel de liderança mais forte, poderá se ver em uma posição similar à dos Estados Unidos – respeitado e admirado, mas não querido". Mas não se tratava apenas de uma questão de gosto. Os argentinos estavam dispostos a aumentar o nível da aposta. Como apontara um jornal argentino que expressava a opinião oficial, "a relação de forças na América Latina hoje não autoriza o uso anacrônico do modelo de 'país-chave'". A embaixada argentina em Washington mobilizou-se para deixar saber à Casa Branca que Buenos Aires esperava receber uma carta pessoal de Nixon para o presidente Lanusse declarando que os Estados Unidos não iriam seguir uma política de *delegação* no hemisfério. O Departamento de Estado, desde a primeira hora contrário à escolha do Brasil como parceiro preferencial, levou as ansiedades argentinas a Kissinger.[35]

Essa reação encontrou eco em Brasília. O Itamaraty apressou-se a esclarecer à imprensa que não buscava uma política sub-hegemônica nem seria representante dos Estados Unidos na região. A reação era compreensível: durante mais de um século, gerações de diplomatas brasileiros haviam temido que qualquer comportamento assertivo por parte do Brasil terminasse levando a Argentina a formar uma coalizão antibrasileira.

Entretanto, a decisão da ditadura de ir a Washington em busca dos símbolos de uma parceria – mesmo que isso pudesse irritar os vizinhos e criar empecilhos para o Brasil em sua própria região – revela a mudança de percepção em Brasília a respeito do equilíbrio de forças na América do Sul. Os brasileiros pareciam não mais se preocupar com a possível reação da Argentina, afinal de contas o país vizinho tinha uma trajetória declinante. Tal postura, em 1971, mostra o grau de autoconfiança renovada com que o Brasil via as relações internacionais em seu entorno. Quase toda a América do Sul estaria sob governos autoritários, criando um ambiente fundamentalmente benigno para a ditadura brasileira.

A CÚPULA PRESIDENCIAL DE 1971 elevou as relações entre Brasil e Estados Unidos a níveis nunca vistos. Nixon e Médici deram sinais de reaproximação, compartilharam informações secretas e iniciaram o uso de expressões diplomáticas para sinalizar que a ascensão internacional do Brasil seria reconhecida e premiada pelos Estados Unidos. Mas o modelo deles era minimalista. Nenhum dos dois lados tentou usar a ideia de parceria para implementar uma agenda conjunta ou superar problemas práticos. Limitaram-se a fazer do novo laço um instrumento para agregar valor às políticas de cada lado para a América Latina.

Do ponto de vista americano, não havia nenhum motivo para insistir em um modelo mais denso de aproximação com o Brasil. Quando o governo de Salvador Allende foi derrubado por um golpe militar no começo de setembro de 1973, Kissinger recebeu a notícia com alívio. Dez dias mais tarde foi alçado à posição de secretário de Estado, acumulando o posto de assessor de Segurança Nacional. Nunca um único indivíduo tivera tanta influência simultânea sobre a formulação e implementação da política externa americana. Uma semana mais tarde, Kissinger voltava a encontrar-se com Gibson Barbosa e Araujo Castro. Indicou a eles que, em sua visão, o Brasil viraria uma grande potência até o fim do século, e por isso eles deviam contar com ele para tentar contornar qualquer obstáculo no relacionamento Brasil-Estados Unidos. Os dois países poderiam ajudar-se mutuamente.[36]

Essa formulação é crucial. Ao definir a parceria como "agregação de valor", a iniciativa podia ter baixa institucionalização e depender do vínculo pessoal entre indivíduos. Uma definição de parceria como "esforço conjunto" demandaria mais: uma negociação clara sobre divisão do trabalho, adaptação de estruturas administrativas e planejamento conjunto.

Durante esse período, a reaproximação permaneceu incerta. Em parte, porque o Departamento de Estado e o Itamaraty não compraram totalmente as ideias da Casa Branca e do palácio do Planalto; em parte, porque havia arraigada desconfiança de ambos os lados e porque o próprio Médici não estava convencido da utilidade de avançar. A existência de conflitos de interesse reais não basta para explicar a relativa distância entre os dois países; afinal de contas, os Estados Unidos mantinham relações profícuas com outros países que possuíam interesses diversos dos seus. Uma parceria de fato, para acontecer, demandaria o aparecimento de uma nova liderança do lado brasileiro. Foi precisamente o que aconteceu na virada do ano de 1974.

3 O experimento de Silveira

"Se atirarem pedras no seu telhado, eu estarei a seu lado para recebê-las." Foi assim que o general Ernesto Geisel, eleito por seus colegas de farda para presidir o Brasil a partir de 1974, encerrou a conversa com Antônio Francisco Azeredo da Silveira. O futuro presidente acabava de oferecer a Silveira o Ministério das Relações Exteriores. Juntos o presidente e o chanceler iriam patrocinar a reviravolta diplomática que representaria o pico histórico do ativismo brasileiro no mundo. Durante os cinco anos em que permaneceram no poder, as ambições internacionais do Brasil cresceram mais que em qualquer período anterior.[1]

A decisão de usar a diplomacia para chacoalhar o regime foi de Geisel. Ele queria surpreender seus opositores à esquerda e à direita, pôr os elementos mais conservadores na defensiva e ganhar autoridade sobre os outros chefes militares. Por isso, boa parte de sua agenda pessoal era conscientemente provocativa. Recém-indicado para presidir uma ditadura de direita claramente pró-Israel, pró-Portugal (na questão colonial) e pró-África do Sul (na questão racial), ele resolvera dar uma guinada veloz em direção oposta. Antes mesmo de ser empossado, havia decidido reconhecer regimes de inspiração marxista na África, começar a normalizar as relações com 13 países do Oriente Médio e estudar formas de aproximar o Brasil da China comunista.

As preocupações de Silveira eram diferentes, mas convergiam com as de seu novo chefe. Durante anos, o embaixador tentara convencer seus superiores no Itamaraty a redefinirem em novos moldes os dois eixos centrais da política externa brasileira à época – as relações com a Argentina e com os Estados Unidos. Silveira acreditava que somente uma mudança de postura com Buenos Aires poderia destravar as relações do país na América do Sul, e somente uma inflexão diante de Washington seria capaz de fazer o mesmo com o perfil internacional do Brasil.

Geisel pensava a política externa como um instrumento a mais no jogo político interno. Silveira a concebia como uma alavanca para projetar o Brasil para cima na hierarquia internacional. Apesar dessa diferença, os dois concordavam que havia uma conjuntura global benéfica que não devia ser desperdiçada. Para eles, o ambiente internacional em 1974 era uma janela de oportunidades.

Em um país onde mudanças na política externa são particularmente lentas, essa nova percepção não poderia ter sido mais consequente. Pela primeira vez em muito tempo, presidente e chanceler estavam dispostos a investir recursos significativos, materiais e simbólicos, em uma ofensiva diplomática consciente. Sua chegada em cena representa a confluência de alguns dos elementos fundamentais para que um país ganhe força no mundo: uma economia aquecida, um projeto explícito de ascensão política e líderes dispostos a pagar os custos para implementar a nova agenda.

Geisel e Silveira sabiam que uma operação dessa natureza estaria crivada de dificuldades e risco. Novos países teriam de ser visitados e cortejados. O Brasil precisaria conquistar novos parceiros, antes distantes ou até mesmo hostis. Velhos parceiros seriam abandonados. No gabinete do chanceler, questões tradicionalmente tangenciais agora ganhariam importância. Crises em terras longínquas passariam a fazer parte do dia a dia do ministro e de sua equipe. Os diplomatas brasileiros necessitariam formar opiniões e tomar decisões sobre tópicos que até então podiam ser ignorados sem grande ônus. As arraigadas ideias isolacionistas que dominavam a caserna e o Itamaraty teriam de ser progressivamente substituídas por outras mais arriscadas, e o governo se veria pressionado a achar soluções para equipar a chancelaria com recursos financeiros. A Geisel caberia tranquilizar os militares; a Silveira, neutralizar e conseguir o apoio de seus colegas de carreira. Juntos eles teriam de convencer a opinião pública de que a guinada que estavam dispostos a dar era legítima e benéfica para o país.

O presidente e o chanceler planejaram os primeiros passos como se fossem embarcar para uma verdadeira batalha. Entre o Natal e o Ano Novo de 1974, três meses antes da posse, os dois se encontraram no Rio de Janeiro para definir alvos e munições. Algumas das medidas eram pontuais. Geisel decidiu que o novo governo, ainda no primeiro dia, emitiria uma circular anunciando o abandono da postura pró-Israel em favor de uma aproximação com os países árabes. O presidente também decidiu afastar-se da ditadura fragilizada de Portugal e aproximar-se da África negra, além de abandonar Taiwan em prol da abertura de canais com a China comunista. Geisel queria uma mudança clara e rápida, um fato consumado que se impusesse diante do regime. Durante essas semanas preparatórias, Silveira tentou refinar a estratégia que o governo adotaria, trabalhando em casa com dois assistentes, Dário Castro Alves e Luiz Felipe Lampreia. Este último lembraria que, "para um homem com a visão e o gosto pela luta de Silveira, [as orientações de Geisel] soaram como a Marselhesa".[2]

Para entender as escolhas de Geisel e Silveira, é preciso compreender seu pensamento às vésperas da chegada ao poder. Foi durante as conversas preliminares no Rio de Janeiro que eles traçaram os objetivos fundamentais da política externa que estava por vir. Isso não quer dizer que tudo fosse claro: como será visto ao longo deste livro, havia inúmeros silêncios sobre temas importantes, contradições e problemas conceituais. Mas o ponto central é que, antes mesmo de assumir seu posto, o futuro chanceler apresentou ao futuro presidente uma leitura pouco usual sobre o funcionamento do poder nas relações internacionais. Foi essa leitura – aquilo que Silveira chamava de "modelos estratégicos" – que serviu de base para o projeto de ascensão que eles tentaram implementar durante seus cinco anos no governo.

As ideias básicas em relação à vizinhança já estavam consolidadas na cabeça de Silveira. Desde que assumira a pasta de embaixador em Buenos Aires, havia quatro anos, ele vinha advogando uma reavaliação conceitual. O problema central, dizia ele, era o lugar da Argentina no horizonte estratégico do Brasil. Tradicionalmente, a política brasileira no Prata estivera assentada sobre a premissa básica de que o mecanismo dominante nas relações internacionais é o equilíbrio de poder. Segundo essa visão, um grupo de países fracos, diante de um mais forte, tende a unir suas forças em uma coalizão anti-hegemônica. Essa teoria, aplicada ao caso brasileiro, previa que qualquer política ativista por parte do Brasil apenas levaria os países sul-americanos a unirem-se contra os desígnios brasileiros. E a expectativa era que a coalizão fosse liderada pelo único país que podia ombrear com o Brasil na região – a Argentina.[3]

Esse modelo fora dominante durante gerações. Estava presente nas atas do Conselho de Estado do Império, nos escritos do visconde do Rio Branco e nos de seu filho, o barão do Rio Branco. Cem anos mais tarde continuava vivo, como revelam os telegramas do embaixador Pio Penna, representante brasileiro que precedeu Silveira na embaixada em Buenos Aires até 1969.

Ao chegar à Argentina como embaixador, Silveira começara a desenvolver uma leitura alternativa. Para ele, somente haveria equilíbrio de poder em uma situação na qual houvesse um país capaz de aglutinar o apoio dos mais fracos e liderar a coalizão anti-hegemônica. Era plausível que a Argentina houvesse cumprido essa função no passado. Mas, na conjuntura dos anos 70, o vizinho perdera poder, prestígio e influência. Na leitura de Silveira, a Argentina vivia em franca decadência econômica e "falta de vigor social". Nessa situação, não teria condições de estabelecer equilíbrio de poder. Sua fraqueza abriria caminho para o mecanismo oposto: os países mais fracos não tentariam resistir ao mais forte; iriam a reboque dele. Essa visão sugeria que países relativamente fracos, diante da força, nem sempre a temem e buscam opor-se a ela; podem, às vezes, segui-la. Essa era a teoria implícita nos despachos que Silveira enviava de Buenos Aires. E foram justamente essas ideias que despertaram a curiosidade de Geisel por seu trabalho.

Agora, em 1974, as implicações práticas dessa leitura davam forma à estratégia do novo governo. O Brasil abandonaria sua postura preventiva em relação à América do Sul. Não temeria a reação argentina e, se fosse necessário, a testaria. Para isso, desde meados da década de 60 havia um campo de batalha ideal: o embate diplomático pela utilização das águas internacionais da bacia do Prata para a construção da usina de Itaipu, por Brasil e Paraguai. A Argentina se opunha ao projeto; o Brasil estava disposto a implementá-lo, apesar disso. Do ponto de vista de Brasília, a contenda pelo uso das águas ganhava enorme importância geoestratégica.

A orientação de Silveira – desde seu tempo como embaixador em Buenos Aires – era clara. Onde antes o Brasil tivera uma atitude paciente em relação aos reclamos argentinos, agora seria assertivo. Onde antes o Brasil buscara compartimentar a agenda diplomática com Buenos Aires para diluir a importância das áreas de atrito, agora condicionaria o tratamento de cada um dos temas da agenda à aceitação de Itaipu pela Argentina. Onde antes o Brasil chamara a Argentina para participar de todas as suas iniciativas regionais com o intuito de moderar-lhe o comportamento, agora a isolaria. O isolamento argentino ocorreria mediante acordos diplomáticos e concessões econômicas para atrair os outros países da América do Sul. Assim, ao justificar a abertura de créditos e projetos de integração regional com Uruguai, Paraguai e Bolívia, Silveira estava de olho no isolamento argentino. O mesmo ocorreu em 1977, quando Brasília criou o Tratado de Cooperação Amazônica – a primeira iniciativa regional da história da diplomacia brasileira a, conscientemente, excluir a Argentina.

Durante os encontros no Rio de Janeiro, Geisel e Silveira também discutiram a melhor maneira de lidar com os Estados Unidos. Não chegaram a um projeto definido, mas decidiram abandonar os dois "modelos" tradicionais do Brasil: o alinhamento e o distanciamento.

O alinhamento havia sido a opção mais influente durante a primeira metade do século. Reaparecera brevemente após o golpe de 1964, mas já havia perdido a força que tivera no passado. Segundo essa fórmula, o Brasil ganharia ao seguir Washington de perto. Em troca, receberia concessões para o projeto de modernização econômica e algum reconhecimento simbólico do status especial do Brasil no mundo. Nessa visão, o interesse nacional residia em aderir aos desígnios americanos, promovendo-os, e não em resistir a eles. Geisel, de origem alemã, vivera o nacionalismo desde moço e sempre tivera grande resistência à ideia de alinhamento. Não chegava a ser antiamericano, mas desconfiava enormemente das intenções e dos métodos de trabalho da potência hegemônica. O mesmo ocorria com seu chanceler.

Mas nem um nem outro estava plenamente satisfeito com uma política de distanciamento em relação aos Estados Unidos. Esse modelo ganhara adeptos e popularidade a partir da década de 40 e baseava-se na premissa de que os custos do alinhamento eram mais altos que seus benefícios. O diagnóstico identificava vários problemas. O primeiro residia na natureza da política de Washington: o sistema era tão complexo, que nenhum governo americano tinha a capacidade de comprometer-se decididamente com as aspirações brasileiras. Outro entrave era a estrutura do sistema capitalista: os

Estados Unidos apenas ganhavam se o Brasil continuasse dependente, por isso uma política de apoio em troca de concessões nunca seria sustentável.

A política de distanciamento pregava que seria melhor evitar contato próximo com os Estados Unidos. Nessa concepção, o poder hegemônico americano seria, por si só, um dos maiores, se não o maior obstáculo à modernização do país e à sua projeção internacional. Desse modo, a diplomacia brasileira deveria buscar uma *autonomia* dos Estados Unidos, evitando compromissos e resistindo ao crescimento da interdependência entre as duas economias e sociedades.

Em 1974, enquanto Geisel e Silveira se preparavam para assumir o poder, a política de alinhamento estava claramente fora do menu. Mas Silveira tampouco queria adotar o distanciamento de forma automática, e tentaria convencer Geisel a aceitar um experimento. Se o governo Nixon oferecera ao Brasil a possibilidade de aproximação, por que não tentar desenhar um "modelo" que permitisse ao Brasil tirar proveito disso? Afinal de contas, os Estados Unidos poderiam ser de alguma ajuda no projeto de expansão das ambições internacionais do país.

SILVEIRA NASCEU EM 22 DE SETEMBRO DE 1917 e respirou política desde cedo. Seu bisavô havia sido ministro das Relações Exteriores na década de 1870. Seu avô fora senador e seu pai, parlamentar. Até a revolução que derrubou a Primeira República, em 1930, Silveira estudara no colégio Anglo-Americano do Rio de Janeiro e vivera a vida protegida típica das elites locais. A chegada de Getulio Vargas ao poder levara seu pai à prisão e mudara-lhe a sorte. "Meu pai era um Dom Quixote neste mundo. Minha mãe era nervosa, intranquila, frustrada, e levou a família para a frente." A situação não era fácil com sete filhos. Aos 14 anos, Silveira largou o Anglo-Americano, começou a trabalhar em um banco durante o dia e passou a frequentar uma escola para adultos à noite. Aos 20 anos, decepcionado com suas perspectivas no país, tentou a sorte nos Estados Unidos. Sozinho e insatisfeito, voltou quatro anos mais tarde para fazer concurso para a carreira diplomática.[4]

Recém-ingressado ao Itamaraty nos anos 40, Silveira aderira ao autodenominado Novos Turcos, um grupo informal de colegas de baixo escalão críticos da política oficial. Suas nomeações iniciais no exterior incluíram missões a Cuba, Argentina, Espanha, Itália e França. Em 1959, tornara-se chefe do Departamento Administrativo do Itamaraty, a poderosa divisão responsável por alocar cargos, aprovar orçamentos e controlar as finanças do ministério. Em 1964, durante os primeiros meses do novo regime, tentara limitar a intromissão militar na diplomacia profissional, o que terminou desagradando a alguns oficiais de alta patente do Exército e da Marinha. Não sofrera maiores problemas porque contava com o apoio velado do então presidente, o general Costa e Silva, que o conhecia devido a laços de família.

Em meados da década de 60, o embaixador começara a ganhar projeção, com nomeações para o cargo de embaixador em Genebra (1966) e Buenos Aires (1969). Quando foi elevado a chanceler, em 1974, Silveira tinha 56 anos. Tratava-se de um candidato improvável para o posto. Seu estilo podia ser vivaz e encantador ou estridente e combativo. O general Geisel o escolhera depois de ler seus telegramas, que hoje, 40 anos mais tarde, ainda revelam boa dose de excentricidade e inovação. A reação inicial entre militares e diplomatas foi negativa e Geisel teve que impor sua decisão contra as vozes dissidentes.[5]

É impossível entender esse período sem levar em conta a personalidade de Silveira. Ele era prolixo e obcecado pelos detalhes minuciosos de cada negociação. Não era um pensador, mas um operador diplomático. A maior parte de seu raciocínio era tácita e vaga, em vez de explícita e direta. Tinha dificuldade de manter conversas que passassem longe da política internacional e tendia a julgar seus interlocutores por seu estilo e sagacidade. Gostava de fazer da intuição um elemento central da tomada de decisões. Como diria um de seus principais assessores, anos mais tarde, "se tivesse nascido na Idade Média, Silveira teria sido queimado como bruxo".[6]

Esses elementos intangíveis mais tarde facilitariam uma relação fluida com Kissinger. Assim como seu colega americano, Silveira tinha ojeriza à burocracia. Acreditava que o lugar de um país no mundo dependia menos de seus recursos materiais do que da habilidade de seus diplomatas em manipular o sistema internacional em causa própria. "O papel de uma chancelaria é pôr o país à frente de seu tempo." Cabia a ele, o chanceler, destravar o processo.[7]

No início da gestão, Silveira definiu sua tarefa em termos ativistas, alargando o número e o escopo das iniciativas que o Brasil realizava fora de suas fronteiras. Essa agenda é típica de potências emergentes, mas não era óbvia no caso do Brasil. Afinal de contas, o país havia seguido uma rota curiosa de política externa. Apesar de haver experimentado enorme crescimento econômico no século XX, não havia se transformado em uma potência regional típica, ditando regras na vizinhança ou tomando para si a responsabilidade por manter a ordem na região. Ao contrário, as doutrinas de política externa do Brasil eram todas voltadas para dentro. Enfatizavam a modernização industrializante por meio de uma economia planificada pelo Estado, cuja produção visava ao mercado interno, não à exportação. Esse arcabouço buscava aumentar a suposta autonomia do Brasil diante do sistema capitalista global.

Os conceitos, entretanto, apresentavam enormes problemas. Afinal de contas, foi durante o auge do projeto autonomista da década de 70 que o Brasil se viu regularmente dependente dos destinos do sistema econômico internacional: as contas públicas e o crédito dependiam de recursos externos, a industrialização funcionava melhor quando nacionais se associavam a grandes conglomerados multinacionais e o crescimento dependia da estabilidade financeira fora das fronteiras. Durante todo esse período o país esteve atrelado ao Fundo Monetário Internacional, ao Clube de Paris e ao ritmo do consumo das economias centrais. Nesse sentido, o projeto nacional-desenvolvimentista produziu a industrialização e o enriquecimento do Brasil, mas não sua autonomia do sistema internacional.

Esse padrão de inserção no mundo forçava os diplomatas a tentarem manter um equilíbrio frágil. Mesmo que precisasse de recursos externos, o país não deveria engajar-se muito intimamente com as normas e instituições centrais do capitalismo global. Melhor seria manter alguma distância, na expectativa de neutralizar regras e pressões que pudessem retardar ou reverter o modelo de modernização. A premissa básica pregava que a finalidade da diplomacia era conseguir fora das fronteiras os insumos para o projeto de desenvolvimento interno. Não se tratava nem de aumentar os recursos de poder do país, nem de modificar o equilíbrio de poder regional, nem de assumir um papel mais ativo nas várias instâncias da governança global.

A ascensão do Brasil na hierarquia mundial, quando pensada de Brasília, era vista como um instrumento para ganhar prestígio. Esse valor simbólico era central para o sucesso da estratégia brasileira: na concepção dominante, a única maneira de conciliar a busca por mercados, tecnologia e crédito no Ocidente industrializado, sem submeter-se totalmente às normas e regras do jogo capitalista, era ganhar status especial. Daí a ênfase que os diplomatas brasileiros davam à linguagem dos protocolos assinados com terceiros países.

Para eles, era importante que esses documentos se referissem ao Brasil em termos de status especial, explicitassem condições de igualdade com grandes potências e oferecessem concessões exclusivas em comércio e transferência tecnológica. Silveira não era uma exceção à regra. Também via o lugar do Brasil no mundo dessa maneira e sua atuação foi pautada pela busca desses pequenos espaços de "autonomia" nas margens do Ocidente liberal.

Em 1974, ele estava disposto a acelerar o processo de ascensão, embora não fosse claro que essa era uma alternativa plausível. Ao contrário, a conjuntura econômica apontava na direção oposta. Durante os cinco anos em que Silveira foi chanceler, o déficit da balança comercial saltou de US$4 bilhões para US$14 bilhões (contra uma tendência de 100 anos de superávits sucessivos). O crescimento despencou de 11% para 6,8% ao ano, enquanto a dívida externa subiu de US$12,5 bilhões para US$49 bilhões.[8]

Há um argumento comum na literatura especializada segundo o qual Geisel e Silveira teriam se voltado com mais ânsia para o exterior justamente devido à crise financeira que se aproximava. Conforme essa argumentação, os diplomatas correram atrás de novos credores e fontes de energia diante da queda nos níveis de crédito internacional e do fornecimento de petróleo após a crise energética de 1973. Lidando com uma balança comercial afetada pelas despesas com a importação de petróleo, eles também teriam buscado freneticamente novos mercados para exportação. Desse ponto de vista, o choque do petróleo de 1973 teria acendido o pavio do barril de pólvora do ativismo diplomático. Essa interpretação faz sentido, mas, sem descartar o lugar da crise de 1973 como motor da política externa do governo Geisel, é necessário incorporar a ela outros fatores cruciais.[9]

O principal talvez seja o passado e sua sombra. O ideário do ativismo não apareceu do nada em 1974. A diplomacia apresentara ideias ativistas durante 20 anos, embora o fizesse em roupagens não expansionistas. As expressões comuns que mais refletiam a noção de ativismo eram "universalização", "ecumenismo", "diversificação das parcerias", ou simplesmente "inovação". As imagens que elas evocavam sugeriam a ampliação do leque de atividades brasileiras no exterior. "Alargamento" e "multiplicação de contatos internacionais" eram mais raras, mas também apareciam no léxico do discurso oficial. Todas elas transmitiam um modo de operação ativista, embora implícitamente. Não havia nenhum grupo coeso de diplomatas ou estadistas que pudesse ser associado inquestionavelmente a esse projeto. Em fins da década de 50 e começo da de 60, havia importantes vozes ativistas dentro do Itamaraty e na política, mas os reformistas não tinham uma agenda comum, nem havia manifestos ou grupos de trabalho dedicados a esboçar novas iniciativas.[10]

O embaixador Araujo Castro destacava-se como um dos principais defensores do ativismo. Em 1958 ele escrevera contra a "psicologia da pequena potência" que ainda impregnava o pensamento da política externa. Para ele, os principais empecilhos para a política externa não vinham da fraqueza do Brasil nem do excessivo poder das grandes potências. Ao contrário, o problema era de caráter intelectual. O Brasil, argumentava o embaixador, ainda era presa de "ideias e atitudes semicoloniais" que o impediam de desenvolver seu potencial. Havia uma espécie de "ruralismo político e social" que lhe criava obstáculos na hora de traduzir sua economia crescente em maior dinamismo diplomático. O país perdia oportunidades e encontrava-se estagnado, o que terminava reforçando o status periférico do Brasil na ordem internacional.[11]

Pelo menos desde o começo da década de 60, Araujo Castro e Silveira conversavam entre si em termos conscientemente expansionistas. Em sua correspondência pessoal, revelavam desânimo. O Itamaraty recusava-se "a pensar sobre política externa e a participar do que ocorre no mundo". Era necessário, dizia Silveira, "ensinar os diplomatas brasileiros a fazer política externa". Para ele, "a carreira é muito ornamental ... os diplomatas se confundem".[12] Araujo Castro utilizava argumentos similares: "Soluções medíocres e mesquinhas não são de interesse do Brasil. Nós devemos pensar grande e planejar em grande escala, com audácia." O deles era um compromisso anti-isolacionista. Araujo Castro expressava a ideia assim:

> Um país com as dimensões e com as responsabilidades do Brasil não pode viver à margem do mundo ou à margem da história ... O Brasil crescerá em sentido ascendente irreversível, mas não crescerá dentro de um esquema de isolamento, de alheamento e de egoísmo ... O Brasil se tornará maior, mais forte e mais atuante na medida exata em que passe a identificar-se como parte integrante da grande comunidade humana. O nacionalismo não deve ser para nós um movimento em direção ao isolamento, mas, ao contrário, um grande e forte impulso para uma presença e para uma afirmação brasileira dentro da comunidade das

> nações ... algo que projete o Brasil ... não algo que o isole e o aprisione dentro de suas próprias fronteiras e dentro de suas próprias ideias ... O Brasil é um país condenado à grandeza e condenado a um grande envolvimento nas coisas do nosso mundo e nas coisas do nosso tempo.[13]

Seria tolo insistir em manter um perfil diplomático discreto quando o país enriquecia e o sistema internacional – e, em particular, os Estados Unidos – parecia abrir-se a novos experimentos. Um bom exemplo desse pensamento é a carta pessoal enviada a Silveira em seguida ao anúncio da nomeação deste como chanceler. Segundo Araujo Castro, havia uma oportunidade histórica para o Brasil deixar de vez

> a atual síndrome de Greta Garbo: "*I want to be left alone ...*". Precisamos de "diplomacia", numa fase essencialmente diplomática. Todo mundo está negociando e os americanos negociam com gregos e troianos. Kissinger negocia com todo mundo.[14]

Era fundamental, ele concluía na missiva a seu velho amigo e novo chefe, aumentar o escopo e a profundidade das atividades brasileiras no mundo. O Brasil precisava de uma "restauração diplomática".[15]

Silveira concordava com o diagnóstico. Ele também lutara contra a retração e a introspecção da diplomacia tradicional e se irritava facilmente com a falta de curiosidade de seus colegas sobre política internacional. Assim como Araujo Castro, acreditava que o Brasil podia gozar de um ambiente externo melhor do que tinha se os diplomatas saíssem de sua pachorra. Para ele, o Brasil não ascenderia nas relações internacionais apenas mediante crescimento econômico. Sem um novo desenho conceitual para a diplomacia, o descompasso entre o tamanho da economia e a influência do país no mundo apenas tendia a crescer.[16]

Nessa concepção, o maior obstáculo à ascensão era de caráter intangível: os conceitos estratégicos por trás da política externa eram vetustos, as atitudes da classe política eram pouco ambiciosas e as habilidades do corpo diplomático eram excessivamente limitadas. Em outras palavras, a chave para destravar o potencial diplomático do país agora dependia menos do parque industrial e mais das ideias e da organização do Estado.[17]

Silveira discordava de Araujo Castro, contudo, na direção da mudança. Este último pensava em termos de "restauração", retornando ao espírito que imbuíra a diplomacia no início dos anos 60. O novo chanceler pensava que voltar àquelas ideias não bastaria – a política externa precisava de uma reforma mais ampla. Data desse momento o acirramento da competição entre eles, dois dos mais influentes diplomatas de sua geração. Essa competição ajuda a explicar por que Silveira concentrou a política para os Estados Unidos em seu gabinete em Brasília, ao invés de recorrer a seu embaixador em Washington. Também ajuda a explicar por que, após a morte súbita de Araujo Castro, em 1975, Silveira escolheu um substituto relativamente apagado e tímido, o embaixador João Baptista Pinheiro.[18]

Em boa medida, Silveira definia a transformação em termos de reforma organizacional no Itamaraty. Seis anos antes de chegar ao poder ele já começara a desenhar os detalhes dessa mudança. Em 1968, ainda embaixador em Genebra, recebera um convite para ocupar a Secretaria Geral do Itamaraty. O convite depois foi retirado por problemas políticos, mas, durante três meses, Silveira discutira os conteúdos das mudanças com jovens assistentes em um grupo de trabalho por ele criado e autodenominado Brasil Ano 2000.[19]

Em geral, Brasil Ano 2000 lidou com os mecanismos administrativos do Itamaraty. O grupo preparou uma série de recomendações sobre procedimentos burocráticos. O planejamento ministerial e a coordenação existentes, concluiu, eram "insuficientes e inadequados". Os telegramas redigidos por embaixadores em vários postos no exterior eram excessivamente administrativos, continham pouca análise política e terminavam dando poucos insumos a Brasília para a tomada de decisões. Dentro do ministério, a divisão de trabalho era ultrapassada. Seria necessário desenvolver um novo sistema para distribuir e adjudicar competências. Além disso, o sistema de valores da academia diplomática, o Instituto Rio Branco, conservava um caráter de escola: o treinamento era fraco e o programa acadêmico enfatizava a memorização em vez do pensamento. Como o instituto não concedia bolsas de estudo, o leque de candidatos era limitado a uns poucos privilegiados. Faltava gente boa.[20]

Esse diagnóstico é fundamental para entender o pensamento de Silveira. Implicitamente, ele dizia que a posição internacional do Brasil estava aquém de suas possibilidades – havia um excedente de poder que não era canalizado em ações de política externa que projetassem o país para cima. E se os diplomatas não conseguiam conquistar uma cota maior de prestígio, poder, influência e mercados em meio a circunstâncias tão favoráveis, então o problema não residia na estrutura do sistema internacional, mas em casa: os conceitos estratégicos do Brasil haviam ficado arcaicos. Nessa concepção, o país podia permanecer estagnado nas relações internacionais durante longos períodos, apesar do enriquecimento nacional. A tradução de novas riquezas em maior influência no mundo não era um processo automático e sim resultado de uma operação diplomática. O poder nas relações internacionais era um atributo essencialmente social. Nas palavras de Silveira, e lembrando Kissinger, tratava-se de "um ato de criação".[21]

Esse entendimento representava uma mudança conceitual importante em relação à década de 60. Lá atrás, Araujo Castro havia enunciado a visão comum entre diplomatas brasileiros segundo a qual o elemento mais prejudicial à ascensão internacional era o concerto entre as grandes potências, que, em conluio, fossilizavam a estrutura do poder mundial. Nessa perspectiva, a aliança tácita entre o Ocidente industrializado e o bloco soviético mantinha um sistema de dominação sobre o Terceiro Mundo, congelando a distribuição internacional de poder em benefício dos mais fortes. Daí a visão brasileira de que o Tratado de Não Proliferação Nuclear era uma ameaça à autonomia do país. Nessa perspectiva, a *détente* – o processo de aproximação negociada entre Estados Unidos e União Soviética para reduzir as tensões inerentes à Guerra Fria – era uma forma de neocolonialismo camuflado: as potências estavam, na realidade, aceitando tacitamente a existência de zonas de influência. Nesse contexto, o Brasil estaria enquistado na periferia do sistema internacional, sem envolvimento real na política mundial.[22]

Em 1974, Silveira oferecia uma nova avaliação. O sistema internacional não era mais um ambiente de limitações intransponíveis; havia oportunidades – limitadas, mas reais. Caso a diplomacia brasileira realizasse algumas operações conscientes para "furar as cascas" do sistema internacional, então este cederia às pressões brasileiras. Em um de seus primeiros memorandos a Geisel, ele explicou o raciocínio assim:

> [As nações do Terceiro Mundo] são países incaracterísticos que, possivelmente, em sua maioria, jamais poderão emergir da condição de objetos da história. Alguns países, entretanto, têm condições, por sua extensão territorial, importância demográfica e vocação histórica, para progredir em direção a etapas superiores de autonomia e autodeterminação. Tais países poderão aceder à condição de sujeitos e escapar à fatalidade de meros espectadores passivos, manipulados de acordo com as conveniências da Grande Aliança [ocidental] ... A existência das clivagens, entre os países da aliança e dentro de cada país do mundo industrial, poderá ser utilizada, com grande margem de autonomia, pelos países-chave do mundo em desenvolvimento, com o objetivo de conduzir uma política externa baseada nas estruturas de seus interesses nacionais. O Brasil é o país-tipo da categoria dos países insatelitizáveis.[23]

Diferentemente da opinião dominante em Brasília à época, na visão de Silveira o sistema internacional era bastante manipulável. Parte dessa maleabilidade vinha das divergências que começavam a dividir o Ocidente industrializado. De fato, à medida que Japão e Europa cresciam, suas prioridades divergiriam das dos Estados Unidos. Caberia a países como o Brasil tirar proveito dessas divergências, aumentando seu próprio espaço para manobras a fim de ascender na hierarquia mundial. A "margem de autonomia" aumentara.

> Os interesses fundamentais da aliança imporão determinados limites à diplomacia brasileira: mas a grande mobilidade e a fluidez no interior da aliança permitirão uma política externa soberana, autêntica e imaginativa.[24]

Nos primeiros meses de 1974, Geisel e Silveira começaram a planejar o que o presidente chamaria de uma política externa de "pragmatismo ecumênico e responsável". A expressão fora cuidadosamente costurada para impedir a oposição de três grupos principais, todos internos: a linha dura à direita; os opositores do regime, à esquerda; e os diplomatas de carreira no Itamaraty.

O adjetivo "pragmático" era um dispositivo para dotar as escolhas controversas do novo governo de alguma legitimidade. O argumento implícito era o de que as prioridades internacionais do país, em seguida ao golpe de 1964, eram excessivamente estreitas para o mundo de 1974 e chegara a hora de guiar-se mais firmemente pelo "interesse nacional". O anticomunismo não mais podia servir de guia para a diplomacia brasileira; em seu lugar, deviam entrar outros interesses estratégicos e econômicos. Segundo essa argumentação, seria necessário resgatar as preocupações mais antigas, profundas e adequadas com o desenvolvimento nacional – elas, e não a natureza do regime, definiriam as amizades e as associações do país. Chamando essas opções de "pragmáticas", o governo estava tentando tornar palatáveis algumas medidas que poderiam ser vistas como repulsivas por influentes vozes de 1964.

"Ecumênico" significava que o Brasil expandiria seus laços independentemente de credo, filiação ideológica ou etnia. Regimes marxistas, países árabes, África negra e China comunista entrariam no novo arcabouço diplomático. A expressão deve ser vista como uma medida preventiva para conter a reação de grupos de pressão e a opinião pública. Por fim, a noção de "responsabilidade" cumpria a função de tranquilizar a linha dura: haveria mudanças apenas em áreas que não ameaçassem a continuidade do regime. O governo reconheceria a China comunista, por exemplo, mas não abriria nenhum canal com Cuba. O ritmo da mudança respeitaria os tempos do processo político doméstico. O árbitro que decidiria os ritmos desse tempo seria Geisel.

As palavras "ecumenismo", "responsabilidade" e "pragmatismo" buscavam apresentar políticas inesperadas, arriscadas – e, para muitos, questionáveis –, sob uma luz positiva. A política externa era mais uma das peças que Geisel estava disposto a utilizar para avançar seu projeto político interno.

O novo presidente deixou clara a conexão entre política externa e política interna desde o começo. Em 19 de março de 1974, realizou sua primeira reunião ministerial para anunciar que abrandaria as regras do regime autoritário imposto dez anos antes. Durante o encontro, prometeu dar início a uma liberalização política "lenta, gradual e segura". O processo de *abertura* era uma tentativa de Geisel e seu grupo de afrouxar as amarras sem perder o controle do ritmo e o alcance das mudanças. Para isso, a facção governante usaria incentivos e punições seletivas à direita e à esquerda.

A preocupação dominante do novo governo não era tanto restabelecer um regime civil, mas restaurar a hierarquia na caserna enquanto se organizava a retirada militar do poder sem rupturas abruptas. Olhando para aquele momento do ponto de vista de hoje, a melhor analogia histórica para a *abertura* parece ser a perestroica, processo de liberalização do regime soviético na década de 80. Geisel, assim como Gorbachov, falava em uma transição de um regime autoritário para uma nova situação não especificada, sem nunca mencionar a democracia como objetivo final.[25]

A *abertura* compreendeu medidas tais como o fim da censura à imprensa, a imposição de limites à poderosa e crescentemente autônoma comunidade de inteligência, o reforço da hierarquia militar, a suspensão da prática de detenção política e a aprovação de uma lei de anistia para exilados políticos. Mas também incluiu intervenção presidencial nos sindicatos e no Congresso, o uso de poderes extraconstitucionais, a aplicação da tortura e o terrorismo de Estado. Apesar da decisão de iniciar a transição, sempre que pôde Geisel protelou o aparecimento de eleições competitivas. No fim das contas, a estratégia funcionou bem para o grupo que estava no poder: o regime, que levou dez anos para consolidar seu controle político (1964-74), levou outros 15 para convocar eleições presidenciais livres, competitivas e universais (1974-89). Não houve rupturas violentas, nem os expurgos e as prisões que marcaram o reaparecimento da democracia em outros países sul-americanos.

Está claro que a lógica da *abertura* de 1974 foi eminentemente interna. Não resultou de pressões das grandes potências, de uma mudança no ambiente regional ou de movimentos espontâneos transnacionais. O processo foi provocado e conduzido claramente dentro do país. Mas é importante identificar os componentes de política externa por trás do processo de *abertura*.[26]

Um dos mecanismos que Geisel utilizou para impor sua autoridade sobre as várias facções concorrentes dentro do regime foi a tomada de decisões diplomáticas controversas. Começou pela escolha de Silveira como chanceler: ao testar o nome do embaixador como possível candidato, recebera um veto inicial da comunidade de segurança. Em suas memórias, Sylvio Frota, um dos principais representantes da linha dura no governo Geisel, lembraria que Silveira era "apontado à socapa nos corredores no Ministério do Exército como homem de predileções esquerdistas". Essa resistência convenceu Geisel a impor o nome de Silveira em uma das primeiras quedas de braço que iria travar com seus colegas de farda.[27]

Em seguida, o presidente teve a ideia de reconhecer os regimes marxistas na África. O mesmo ocorreu com a China comunista. Diante de resistências militares ao projeto de reconhecimento do governo de Pequim, o presidente forçou um consenso positivo e formalizado. Os militares obedeceram.[28]

Outro mecanismo usado por Geisel no jogo interno foi a nova atitude brasileira diante da Guerra Fria. O argumento era que, se a Guerra Fria dava sinais de arrefecimento no mundo todo, não devia ser diferente no Brasil. Aqui o problema não era ideológico, mas prático: Geisel e seu grupo acreditavam que sob a desculpa da caça global ao comunismo, a linha dura havia justificado sua permanência e o uso arbitrário do poder, maculando as Forças Armadas e ameaçando-lhe a unidade. Boa parte da operação de *abertura* tinha por fim limitar o poder daqueles grupos do regime que, ao longo de uma década, haviam ganhado vida própria. Ao restabelecer laços com países socialistas, cujos chefes voltavam a visitar Brasília, o gesto era calculado para minar a legitimidade desses grupos internos. A política externa, nesse sentido, era vista por ele como um instrumento para reforçar o programa de liberalização política.

Não surpreende que a linha dura tentasse resistir às mudanças também sob a máscara da política externa. O caso mais patente foi a exoneração, em 12 de outubro de 1977, do ministro Sylvio Frota. O general comandava o Exército e não estava disposto a ceder poder e autoridade a Geisel nem a avançar decididamente com a *abertura*. Quando tentou unir os militares sob seu comando para uma demonstração de força, foi sumariamente exonerado. Ao justificar suas desavenças com o presidente publicamente o fez sem referência à política interna, centrando fogo na política externa. Sem atacar o regime nem o presidente, condenou a decisão de reconhecer a China comunista. O governo, acusou Frota, estava infiltrado por supostos comunistas: segundo ele, Silveira "não escondia a sua idiossincrasia desfavorável àquelas nações que não exalavam odores socialistas". Dessa maneira, uma vez mais a política externa de Geisel deve ser vista como parte do xadrez político da *abertura*.[29]

É claro que o regime continuava sendo uma ditadura conservadora, nacionalista, anticomunista e antiliberal. As escolhas de Geisel em diplomacia nada revelam de suas convicções ideológicas mais profundas – apenas mostram de que maneira ele buscou instrumentalizar a política externa em causa própria. Nunca deixou de acreditar no valor intrínseco de eliminar a esquerda do cenário político nacional. Geisel lutou a Guerra Fria tanto quanto seus antecessores. Apesar de comandar o processo de liberalização política, era parte da engrenagem de autoritarismo, assassinatos, torturas e desaparecimentos que marcou a passagem dos militares pelo governo.[30]

Diante das incertezas e da fragilidade de seu poder, Geisel adotou um estilo particular para confundir seus interlocutores com sinais ambíguos. Sua personalidade introspectiva e taciturna ajudava a fomentar uma mística quase imperial. O silêncio e a distância da imprensa contribuíam para consolidar a imagem de um governante solitário, mas sempre no comando. Também aqui havia uma conexão entre *abertura* e política externa.

Fiel a seu estilo, o presidente anunciara que apenas falaria à imprensa quando estivesse no exterior. A partir daí, suas viagens internacionais transformaram-se em objeto de interesse público como poucas vezes na história do país, criando novos problemas para Silveira. Os diplomatas brasileiros não estavam acostumados a trabalhar com muita interferência da opinião pública. Agora, pela primeira vez, os jornais não hesitavam em chamar algumas decisões de política externa de "perigosas", "infantis" e "irresponsáveis". E, pela primeira vez, o Itamaraty precisou instituir uma assessoria de imprensa para lidar com jornalistas e crises de imagem.[31]

Geisel também usou a política externa para manter o controle sobre as pressões crescentes em relação aos direitos humanos. Desde o governo de seu antecessor, o Brasil virara objeto de críticas de grupos de exilados, organismos internacionais e do próprio governo americano. Isso, acreditava o presidente, limitava a sua capacidade de manipular o jogo interno, porque terminava acirrando a divisão entre linha dura e oposição. Por isso, o Itamaraty de Silveira dedicou boa dose de energia para tentar barrar o crescimento exponencial de normas internacionais de direitos humanos e democracia. O ativismo diplomático era, portanto, um componente da operação política do novo governo. Tinha por objetivo fortalecer o presidente em um contexto de progressivo declínio do regime militar.

Nesse ambiente, coube a Silveira abrir espaço para influenciar seu chefe e tentar manter algum controle sobre a política externa. Também coube a ele achar uma fórmula para convencer o Itamaraty a seguir a nova orientação. De fato, Geisel confiava em Silveira plenamente e concedeu-lhe poder. Como as atitudes do chanceler agora eram uma expressão do poder executivo do presidente, ele podia aspirar a uma posição de influência em Brasília da qual Gibson Barbosa não gozara. Relativamente seguro em seu lugar, Silveira apostou desde cedo na tentativa de convencer Geisel a alargar o escopo dos compromissos brasileiros no mundo. A operação não era fácil, porque Geisel era relutante, obstinado e logo aprendeu a conter os arrebatamentos expansionistas de Silveira.

A relação entre presidente e chanceler não era espontânea nem natural. Eles não haviam tido contato pessoal antes e o sentimento que um nutria pelo outro era de respeito mais que de amizade. Desde o início do governo eles seguiram alguns procedimentos básicos que estabeleceriam a intensidade e os limites de sua associação.

Parte da relação ocorreu mediante uma vasta coleção de memorandos intitulada "Informações ao senhor presidente da República". Tratava-se de documentos curtos que tinham por objetivo educar o presidente sobre temas centrais de política externa e oferecer-lhe opções. Silveira sabia que seu chefe preferia decidir com caneta e papel na mão a ter que lidar pessoalmente com seus ministros. Um bom relatório tinha mais chances de receber a aprovação presidencial, sem mudanças substanciais, do que uma conversa.[32]

Apesar disso, grande parte da política externa foi conduzida em conversas pessoais. Em seus cinco anos no poder, eles perfizeram 230 horas de despachos oficiais, superando em muito o número de horas que Geisel passava com qualquer outro ministro (fora os instalados no próprio palácio presidencial e o ministro da Justiça, amigo pessoal). Além disso, houve inúmeras ocasiões em que as conversas não foram computadas no cálculo oficial, tendo em vista que Silveira era um dos poucos ministros que ousava perturbar Geisel por telefone fora do expediente e nos finais de semana. Para isso, o gabinete de Silveira no prédio do Itamaraty, assim como sua residência oficial, era conectado a um telefone secreto que lhes permitia conversar sem o risco dos grampos, que eram comuns.[33]

Apesar de seu prestígio com Geisel, Silveira precisava competir pelos ouvidos presidenciais com outras vozes. Em questões internacionais que tinham forte componente econômico, Geisel dava prioridade a Mário Henrique Simonsen, seu ministro da Fazenda; fazia o mesmo com o de Minas e Energia, Shigeaki Ueki, que terminaria dando o tom de boa parte das negociações com países vizinhos e do Oriente Médio, para frustração e angústia de Silveira. Para questões delicadas, Geisel sistematicamente recorria a seu conselheiro e mentor, Golbery do Couto e Silva. Golbery, que era a eminência parda do regime, construíra uma carreira própria na década de 50 com publicações sobre geopolítica e relações internacionais. Mas, curiosamente, em temas diplomáticos sua atuação era limitada. Os documentos oficiais mostram que, ao chegar ao poder com Geisel, em 1974, sua agenda era predominantemente interna, deixando nas mãos do chanceler a condução diária da diplomacia – e mesmo os debates conceituais mais amplos sobre grande estratégia internacional.[34]

Conseguir e manter o acesso a Geisel era apenas parte do problema de Silveira. Era no Itamaraty que suas diretrizes deviam ser executadas e implementadas diariamente, e era lá que ele enfrentaria algumas de suas maiores dificuldades. Assim, embora Silveira passasse um bom tempo rodando o mundo e aconselhando o presidente, ele implementou um plano consciente para controlar seu próprio ministério. De novas regras para a redação de telegramas ao treinamento das gerações mais jovens, Silveira buscou microgerenciar o ministério. Para isso, avançou em quatro frentes. Primeiro, trocou quase todas as chefias das divisões regionais por indivíduos que nunca haviam tido autoridade executiva antes. Depois, transformou seu gabinete no centro de comando da casa mediante um esforço de centralização pouco comum. A Secretaria Geral, a instância técnica tradicionalmente responsável por assegurar o funcionamento da máquina, foi esvaziada. O problema de Silveira com a Secretaria Geral era que, responsável pela administração, orçamentos, postos e aspectos substanciais da política, constituía um centro de poder paralelo ao gabinete do ministro. Para assessorá-lo, Silveira atraiu um grupo de assistentes jovens. Aqueles que selecionou eram, a seus olhos, "brilhantes" – os "Silveira boys". Anos mais tarde ele descreveria as funções desse grupo assim: "Eu precisava ter olhos e mãos que funcionassem para mim, que pudessem ter diálogo conceitual comigo."[35]

O rejuvenescimento da burocracia foi além do gabinete. Sempre que pôde, o chanceler indicou o pessoal mais novo da carreira para os postos-chave. Em seus cinco anos como ministro, renovou dois terços de todos os cargos em Brasília e no exterior. Pela primeira vez o Brasil teve embaixadores de 50 anos e ministros conselheiros entre 28 e 45 anos. Para isso, Silveira não hesitou em aposentar uma geração inteira. A mudança geracional tinha o objetivo de abrir caminho para a mudança doutrinária que pretendia implementar. Para ele, os colegas de sua própria geração não eram capazes de acompanhar o ritmo da transformação. Silveira ficava simplesmente consternado com a frivolidade geral que dava a tônica do ambiente profissional no Itamaraty. A falta de paixão pela profissão que via em muitos de seus colegas o frustrava, para não falar da pouca inteligência de alguns de seus pares. Preferia jovens porque eram mais flexíveis e enérgicos para implementar uma política externa ativista. Também eram menos avessos ao risco e fariam oposição menor à guinada diplomática que o governo havia planejado.[36]

Junto com a renovação de postos vieram novas instruções práticas. O objetivo era superar a "estagnação intelectual" na casa. Os telegramas passariam a ser baseados na "criatividade, modernidade, não na rotina". Eles deviam evitar o "enciclopedismo que, lamentavelmente, ainda é moeda corrente nas atividades de informação das legações diplomáticas". Para ascender na carreira, agora os diplomatas teriam de apresentar, em dois pontos diferentes de sua trajetória, peças analíticas que se assemelhavam a dissertações acadêmicas.[37]

Uma mudança dessa envergadura era enormemente difícil devido à peculiar estrutura administrativa do Itamaraty. Diferentemente do que ocorria na maioria das chancelarias do mundo, o Itamaraty não contava com entradas laterais na carreira. Com exceção de um número restrito de embaixadas (geralmente Paris, Lisboa e Roma), as nomeações para postos-chave eram exclusivamente reservadas ao pessoal da casa. Dessa maneira, o poder dentro da chancelaria estava firmemente concentrado na mão de *insiders*. Isso significava que um novo ministro, quando tinha ambições inovadoras, não podia atrair talentos de fora da carreira – precisava fazê-lo com os funcionários existentes. Se eles se negassem a isso, a política poderia nunca sair do papel.

Outro problema era a ausência de mecanismos de *fast-track* para promover funcionários hábeis aos postos mais importantes. No Itamaraty, o ritmo de ascensão era baseado em anos de serviço e associações políticas, mais do que em mérito e competências específicas. Antiguidade, não expertise, definia quem tinha voz no processo decisório, e a implementação da política seguia uma cadeia de comando estreita sobre a qual os mais jovens tinham pouca ou nenhuma ingerência. Dessa maneira, a estrutura organizacional do Itamaraty produzia um ambiente semelhante ao das Forças Armadas modernas: não apenas os mais antigos esperavam a deferência dos mais jovens, como a importância que todos atribuíam a questões de escalão e protocolo era surpreendente para observadores externos. Esse tipo de ambiente produzia profissionais avessos ao risco e resistentes a guinadas significativas de orientação política. Claro que esse sistema também trazia vantagens. Assegurava alta coesão interna, o que por si só podia constituir um instrumento de poder em negociações internacionais. Como o próprio Silveira reconhecia, diplomatas que arriscam menos podem perder oportunidades conjunturais, mas também cometer menos equívocos irreparáveis.[38]

No ministério de 1974 era difícil encontrar ideias que fossem além do cânone tradicional. Devido ao seu modo de organização, os funcionários recebiam incentivos enormes para nunca colidirem frontalmente uns com os outros. Eles sabiam que os postos-chave seriam sempre revezados entre o mesmo grupo de colegas. Também sabiam que iriam conviver durante décadas com aqueles que um dia poderiam ser seus superiores ou seus subordinados. Reforçava essa dinâmica o fato de muitos chanceleres, curiosamente, não deixarem o ministério após cumprirem sua função: como ocorrera com Gibson Barbosa – e como ocorreria com Silveira –, muitos continuavam servindo sob uma nova chefia, agora como embaixadores em postos no exterior. O resultado era um ambiente de relativa proteção mútua, onde a ênfase não estava na avaliação de argumentos e concepções alternativas, mas na produção de consensos. Isso ajuda a explicar por que os documentos oficiais mais importantes geralmente levavam as assinaturas dos vários chefes de divisão responsáveis por um determinado assunto: as assinaturas conjuntas diluíam a responsabilidade individual de cada diplomata. Claro que o aspecto positivo disso era que eles investiam algum tempo em tentar chegar a um acordo sobre a melhor maneira de proceder diante dos principais temas da agenda. O negativo era que, em um ambiente onde o confronto é malvisto, o aparecimento de novas ideias é sempre raro e lento.

Por isso, não surpreende que Silveira tenha apresentado as mudanças do governo a seus colegas de maneira a fazê-las mais palatáveis. A imagem que tentava evocar era a de uma mera adaptação dentro da tradição herdada. Como disse em seu discurso inaugural:

> O Brasil não se contém apenas no inventário de suas dimensões presentes, mas antes se completa na perspectiva fecunda da superação do que é hoje ... Por isso, [o Itamaraty] tem feito e continuará a fazer ajustes sistemáticos na sua capacidade de atuar ... A melhor tradição do Itamaraty é saber renovar-se.[39]

Dois anos mais tarde diria:

> A percepção que tem um país de sua posição no mundo é, em si mesma, um fenômeno histórico e cultural. Não é justo, pois, esperar que haja coerência no tempo entre as várias visões históricas que o país tem de si mesmo.[40]

E, falando diante de uma plateia de militares, o chanceler situou as mudanças administrativas em termos da grande estratégia internacional do país.

> O Brasil, em razão de fatores objetivos, tem um destino de grandeza, ainda relativa em nossos dias, ao qual não terá como se furtar, e isso lhe impõe a obrigação de encarar o seu papel no mundo em termos prospectivos fundamentalmente ambiciosos. Digo ambição no sentido de vastidão de interesses e escopo de atuação, e não no desejo de hegemonia ou de preponderância ... A diplomacia ... tem, como uma de suas metas primordiais, a de assegurar para o país o maior número possível de opções internacionais (o que é a mesma coisa que dizer maior autonomia de ação).[41]

Durante os primeiros meses de governo, o presidente e o chanceler lançaram as bases do ativismo internacional do país. Para isso, introduziram novas ideias expansionistas sobre as ambições do Brasil no mundo. Eles precisariam agora ter força suficiente para fazer tais ideias decolarem. Esse era o mundo de Silveira em abril de 1974, quando viajou aos Estados Unidos para encontrar Henry Kissinger pela primeira vez.

4 QUEBRANDO O MOLDE

KISSINGER E SILVEIRA NÃO SE CONHECIAM pessoalmente e suas trajetórias nada tinham em comum. Kissinger estava no auge de sua influência. A capa do semanário *Newsweek* brincava: "É um pássaro, é um avião, é Super K." Durante os seis meses que precederam seu primeiro encontro com Silveira, em abril de 1974, ele havia costurado uma rede de acordos para estabilizar o Oriente Médio após a Guerra do Yom Kippur. No processo, havia transformado os Estados Unidos no pivô central da região. Também havia conseguido acabar com o embargo árabe às exportações de petróleo, que provocara a maior crise energética de todos os tempos.

Silveira vinha de uma trajetória muito diferente. Chegara ao poder havia apenas um mês como chanceler novato de um país pouco influente. Para ele, o primeiro encontro pessoal com Kissinger representava o auge de uma carreira traçada sempre dentro da burocracia do Itamaraty. Mas também representava um teste: tratava-se de seu début como chefe da diplomacia de seu país. Se o encontro fosse visto como um sucesso pela opinião pública brasileira, então sua posição no jogo político da Esplanada dos Ministérios em Brasília sairia fortalecida. Um fracasso, entretanto, poderia comprometer-lhe a gestão.

Diferentes um do outro, Kissinger e Silveira eram, no entanto, indiscutivelmente compatíveis. Ambos acreditavam serem detentores da missão histórica de revolucionar a política externa de seus países. Para ambos, o papel dos estadistas era educar os respectivos povos. Silveira repetia com ironia que, se Kissinger pudesse, ensinaria o povo americano a "escovar os dentes". Mas ele não era muito diferente em relação ao povo brasileiro. O papel do Itamaraty, dizia, era "pôr o país à frente de seu tempo". Ambos compartilhavam o gosto obsessivo por temas de política internacional, o fascínio pelo exercício do poder, o humor sardônico e a crença nos respectivos poderes intelectuais e de sedução. Kissinger brincava com o colega: "Você tem uma inteligência intuitiva de primeira classe. Eu tenho uma inteligência analítica de primeira classe e uma inteligência intuitiva de terceira." A compatibilidade das duas personalidades terminou sendo um ímã de atração mútua.[1]

A atração, contudo, não ocorreria sem fricções. Foi isso que aconteceu quando se conheceram, em 16 de abril de 1974, no contexto de uma reunião hemisférica. Kissinger esperava um encontro sem surpresas. A CIA avisara que "os líderes latino-americanos estão competindo uns contra os outros pela atenção do secretário de Estado. Eles estão surpresos com o vigor e a flexibilidade da diplomacia dos Estados Unidos e [querem] melhorar as relações [conosco]". Silveira esperava uma conversa com algumas dificuldades e estava determinado a inaugurar o relacionamento com um dos homens mais poderosos do mundo mostrando firmeza.[2]

Enquanto trocavam amenidades antes de a reunião começar, Kissinger testou seu novo colega com um misto de ironia e intimidação, que era sua marca registrada: "Eu tive dificuldades com seu predecessor porque ele sempre falava de Cuba comigo. Qual é a sua opinião?" Para Silveira, a ironia revelava uma postura imperial típica de quem queria estabelecer uma hierarquia na conversa. Por cálculo ou instinto, sua resposta foi brusca: "O senhor vai ter uma surpresa ... Cuba ... é um problema de segurança dos Estados Unidos. É uma ponta de lança contra vocês ... Nunca mais vou falar de Cuba com o senhor, é o senhor quem vai querer falar de Cuba comigo." Trinta anos mais tarde, Kissinger ainda repetia que naquele dia Silveira fora "incrivelmente brilhante". Nascia um vínculo pessoal que teria enorme importância estratégica para as relações Brasil-Estados Unidos.[3]

O tema de Cuba havia voltado à cena regional com força. Nos primeiros meses de 1974, um grupo de países latino-americanos tentava articular o retorno da ilha à Organização dos Estados Americanos (OEA), tornando o embargo americano inócuo. Quando a CIA alertou que não havia muito a fazer para evitar esse desfecho, o humor de Nixon e de Kissinger foi de mal a pior. Naturalmente eles se voltaram para o Brasil. Em seu cálculo, o recém-inaugurado governo Geisel faria de tudo para evitar uma vitória diplomática de Fidel Castro.[4]

Mas a cooperação entre Brasília e Washington não era óbvia nem natural. O tema de Cuba provocava enormes desconfianças de ambos os lados. Silveira recebera a informação de um suposto acordo secreto que os Estados Unidos estariam negociando com o regime cubano para o restabelecimento de laços diplomáticos formais. O chanceler temia ser pego de surpresa por uma guinada americana e acabar sendo o Brasil o único país da região a opor-se à ilha com alguma veemência. Meses mais tarde, diante da contínua reticência e desconfiança brasileira, Kissinger despachou um enviado pessoal ao Brasil para assegurar a Silveira que os Estados Unidos não avançariam no quesito Cuba sem antes consultar Brasília. O problema, entretanto, era que Kissinger também era cético quanto ao Brasil. Ele temia uma guinada brasileira de última hora em direção aos latino-americanos que terminaria isolando a posição americana na OEA. Além disso, assim como ocorrera durante o governo Médici, o secretário de Estado não tinha certeza de quem era seu interlocutor mais válido no Brasil. Relatórios provenientes da embaixada em Brasília sugeriam que Silveira apenas desempenhava um papel secundário em relação à assessoria militar direta do presidente Geisel.[5]

O primeiro encontro permitiu a ambos sentirem o terreno e mitigarem a desconfiança, mas não eliminá-la. Silveira relatou os planos ativistas de Geisel e disse que o Brasil seria menos rígido em relação a Cuba e à China comunista, mas não reataria relações de imediato com esses países. Afirmou que o novo governo brasileiro esperava manter "relações especiais" com os Estados Unidos, mas gostaria de fazer isso sem grandes demonstrações públicas. O risco, dizia Silveira, era que uma política americana de *delegação* impusesse novas responsabilidades ao Brasil sem trazer benefícios palpáveis em troca. Kissinger respondeu que o Brasil continuava sendo o país-chave na América Latina e acrescentou estar consciente de que, para ser aceito na região, o Brasil teria de expressar sua independência dos Estados Unidos. Diante da mensagem de Silveira, ele perguntou ainda como fazer para dar conteúdo prático ao relacionamento.[6]

Silveira sugeriu que eles, os dois diplomatas-chefe, se encontrassem para consultas informais a cada seis meses em localidades alternadas. Kissinger não entendeu direito: ao estabelecer encontros rotineiros, eles sinalizariam publicamente a *delegação* que o Brasil dizia querer apenas em privado. Como equacionar a vontade de laços estreitos com distância de uma política de *delegação*? Em sua resposta, Silveira revelou a ambiguidade essencial do cálculo brasileiro: o governo Geisel poderia manter encontros regulares com os Estados Unidos, mas apenas quando eles resultassem em "atos, não meras palavras". A mensagem de Silveira era a de que o Brasil seria simpático a algum tipo de *delegação* – cujos termos ainda deviam ser negociados – se houvesse concessões e benefícios pontuais para isso. Kissinger aceitou, e foi além. Sugeriu ampliar o leque de discussões para temas que começavam a ganhar relevância na agenda internacional, tais como crescimento populacional e direito do mar. Mais tarde, Kissinger incluiria energia, meio ambiente e comércio internacional. Por isso, ele dizia, era importante que houvesse algum tipo de diálogo estruturado entre as várias pastas ministeriais. Silveira pareceu concordar com o tom geral da proposta, mas esquivou-se de firmar compromissos em relação a temas de ordem global. Sua preferência clara era por conseguir concessões comerciais em termos estritamente bilaterais.[7]

Apesar das diferenças, eles haviam começado a relação com o pé direito. Pela primeira vez na história, um secretário de Estado americano e um ministro das Relações Exteriores brasileiro concederam juntos uma entrevista coletiva televisionada. Também pela primeira vez, ambos os lados acreditavam que uma aproximação íntima poderia render poder, prestígio e influência não apenas para um, mas para os dois.

Sem perceber, Kissinger e Silveira estavam quebrando os moldes originais da política de *delegação*. Do ponto de vista americano, no ano de 1969 o Brasil fora um parceiro potencial na luta anticomunista. Em 1974, a agenda era diferente. A mudança não dizia respeito ao Brasil, mas à conjuntura global. Na perspectiva de Washington, o sistema internacional estava em mutação porque em apenas poucos anos o Terceiro Mundo virara uma força importante nas relações internacionais. No Vietnã, os Estados Unidos perdiam a guerra contra um exército de camponeses. No Oriente Médio, uma coalizão de países árabes havia conseguido embargar as vendas de petróleo ao Ocidente, quadruplicando o preço do barril. Os países industrializados viviam a inédita combinação entre inflação de preços e estagnação econômica – o fenômeno da estagflação. A Índia acabara de realizar sua primeira explosão nuclear, revelando a fraqueza do regime de não proliferação nuclear. O dólar implodira em 1971, levando a uma nova arquitetura financeira global em que os Estados Unidos eram centrais, mas não mais dominantes. Em todo o mundo, o incipiente movimento ambientalista começava a impor limites à latitude dos governos nacionais. Na ONU, onde o Terceiro Mundo detinha maioria inconteste, as demandas por uma nova ordem econômica internacional paralisavam a agenda e transformavam a organização criada pelos Estados Unidos em um dos principais obstáculos aos desígnios de Washington. A Guerra Fria não era mais a principal linha política a dividir o planeta; tratava-se da era do embate "Norte-Sul". O crescente poder dos países periféricos agora dificultava a sempre árdua tarefa de produzir consenso nas relações internacionais sobre as melhores fórmulas para gerenciar o planeta.[8]

Tratava-se de uma mudança nas placas tectônicas da política internacional. Enquanto as tradicionais potências estavam em crise, os países periféricos viviam um processo de expansão. Esse "mundo emergente" era composto por alguns países em desenvolvimento que haviam conseguido deixar a pobreza para trás e, no processo, adquirir parcelas crescentes de poder. Os exemplos mais claros eram Argentina, Austrália, Brasil, Chile, Egito, Etiópia, Índia, Indonésia, Irã, Israel, México, Nigéria, Paquistão, África do Sul e Turquia. Em 1960, esse grupo de países detinha mais ou menos 9% da riqueza e do poder militar do mundo. Em 1970, sua posição relativa havia aumentado na ordem de 25%. No processo, esses países passaram a implementar políticas externas mais assertivas e ativistas. A América Latina refletia bem as mudanças. Depois de amargar anos de baixo crescimento, em 1974 o aumento do preço de *commodities* valorizou as exportações regionais em 70% em relação ao ano anterior. Países exportadores de petróleo, como Venezuela e México, chegaram a ver aumentos de 200%. Em 1973, a região teve superávit comercial de US$3 bilhões e, em 1974, de US$4,8 bilhões.[9]

Nesse ambiente, a importância do Brasil ficava evidente. Para Kissinger, mesmo sendo fraco e sem influência nas relações internacionais, o país poderia agregar valor à política externa americana mediante o diálogo sistemático. Como o ambiente internacional tornara-se mais complexo e menos previsível, os Estados Unidos precisavam entender a mudança e, no limite, tentar moderá-la. Kissinger acreditava que o Brasil podia ajudar nessa tarefa. Embora ele nunca tenha definido com precisão qual seria o papel do Brasil na arquitetura estratégica americana, havia uma intenção nítida de explorar o diálogo com Brasília como uma maneira de começar a lidar com um mundo transformado. A agenda era extensa: energia e petróleo, comércio, preço de *commodities*, corporações multinacionais, transferência de tecnologia, construção de um regime de direito do mar, segurança econômica coletiva, direito de propriedade e remessa de lucros. Como disse Albert Fishlow, então enviado de Kissinger para o Brasil, a essa altura o interesse do secretário pelo Brasil concentrava-se no papel potencial do país não na região, mas globalmente.[10]

O objetivo de Kissinger não era controlar, conter ou coagir o Brasil a abandonar seu moderado revisionismo terceiro-mundista. Tratava-se de uma operação de *rapprochement* que poderia ajudar os Estados Unidos de forma tácita e indireta, apesar de a CIA avisar que "o sentimento de que o Brasil emergiu o levará a divergir dos Estados Unidos com mais frequência e em mais questões". O embaixador John Crimmins, de Brasília, também alertava que o Brasil cada vez mais atuaria contra interesses americanos. Ele acreditava, por exemplo, que o primeiro teste nuclear indiano de 1974 poderia acirrar as ambições nucleares do Brasil. Mesmo assim, concordava com o secretário de Estado que o Brasil poderia ter um papel moderador em foros multilaterais, mitigando aquilo que os americanos viam como uma perturbadora e talvez perigosa estridência terceiro-mundista.[11]

Essa transformação global não era tão clara do ponto de vista brasileiro. O Brasil reconhecia apenas parcialmente que algo estava em fluxo. De fato, em seu discurso de posse no Itamaraty, Silveira descrevera uma ordem internacional em que havia novos polos de poder emergente que demandariam novas formas de cooperação entre o mundo desenvolvido e os países mais pujantes do Terceiro Mundo. Mas o governo brasileiro não estava convencido nem disposto a estruturar sua relação com Washington sobre uma agenda de governança global. Seus interesses eram definidos em termos predominantemente bilaterais.[12]

Um lado pensava a relação como parte de um sistema global de alianças em mutação. O outro pensava a relação como uma fonte de benefícios de país a país. Essas prioridades díspares explicam a preferência administrativa de cada um. Nixon e Kissinger reafirmavam o desejo do governo americano de manter relações "especialmente próximas" com o Brasil, mas insistiam num arranjo *de facto*, sem publicidade e sem manifestações públicas de alto perfil. Esse era um modelo de cooperação de baixo custo, como diria Albert Fishlow, então vice-secretário assistente para o hemisfério ocidental.[13] Foi isso que Kissinger enfatizou, após o encontro, em sua primeira carta a Silveira. Chamando o chanceler pelo primeiro nome para dar um toque pessoal, Kissinger escrevia:

> Caro Antônio ... Quero dizer-lhe quanto apreciei encontrá-lo e manter nossas valiosas conversas ... Tenho firme convicção de que devemos manter estreito contato em toda a gama de assuntos de relevância para nós dois. Valorizo, mais do que sou capaz de demonstrar, a franqueza com a qual você discutiu vários problemas comigo, incluindo a questão cubana, e você pode contar com igual franqueza de minha parte ... Escreverei para você novamente, de tempos em tempos, e anseio por dar continuidade à nossa estreita relação pessoal e cooperação, que teve início tão auspiciosamente na semana passada. Saudações afetuosas, Henry.[14]

Do ponto de vista brasileiro, entretanto, uma parceria nesses moldes era excessivamente arriscada. Para os diplomatas brasileiros, uma aproximação não institucionalizada era perigosa porque aumentaria as expectativas dos americanos em relação ao Brasil e, em caso de atrito, a corda arrebentaria do lado mais fraco. Em Brasília, o sentimento de insegurança era constante e gerava toda sorte de gestos de autoestima, mesmo que fossem contraproducentes.

Esse sentimento deve ter crescido durante meados de 1974, quando ruiu todo o prestígio político de Nixon, o presidente que havia patrocinado o apoio ao regime militar. Desde meados de 1972, Nixon vinha enfrentando acusações crescentes por uma trama de intrigas e crimes que ficaria conhecida como "os escândalos de Watergate". Durante esse período, o público americano descobriu que o presidente e alguns de seus assistentes mais próximos haviam estado pessoalmente envolvidos em escutas ilegais, lavagem de dinheiro, fraude, espionagem, sabotagem e auditorias fiscais irregulares. Diante do risco de sofrer um *impeachment*, Nixon preferiu renunciar. Kissinger, curiosamente, saía fortalecido de um dos períodos mais turbulentos da história recente dos Estados Unidos.

Apesar disso, o regime em Brasília continuava inseguro, como ilustra a visita de Silveira ao recém-empossado presidente Gerald R. Ford em setembro de 1974, dias após a renúncia de Nixon. No Salão Oval da Casa Branca, Silveira disse ao novo presidente que o brasileiro era um povo esperançoso. Disse, sobretudo, que o Brasil era grande e relativamente forte e não devia ser relegado a segundo plano pelos Estados Unidos. "Vivemos em um país onde podemos sonhar. [O Brasil] não é como Honduras." Essa estranha analogia revela as incertezas brasileiras quanto ao compromisso americano com a ideia de o Brasil ser o país-chave na América Latina.[15]

Se esse era o temor de Silveira, então estava justificado. O presidente Ford pouco sabia e pouco se importava pelo que acontecia com o Brasil. Em sua escala de prioridades, o Brasil, apesar de ser o país mais poderoso da região, tinha um peso relativo, similar ao da pequena Honduras. Diferentemente de seu chefe, Kissinger sabia e se importava, mas tampouco via Silveira como um aliado de primeira linha, e muito menos como um parceiro que devesse ser tratado em pé de igualdade. Apenas minutos antes de encontrar Silveira, o presidente e seu secretário de Estado travaram o seguinte diálogo:

> KISSINGER: Sobre Cuba, nossa política é ceder a contragosto na OEA e enviar uma mensagem a [Fidel] Castro para ver o que podemos obter bilateralmente ... Ontem, Castro fez um forte ataque. Não podemos deixar aquele falastrão nos dirigir. Eu diria aos brasileiros que nós não seremos dirigidos e que podemos até votar contra eles na OEA ... Diga a Silveira que nós não seremos empurrados e que exigiremos garantias de Castro antes de agirmos e que vamos cooperar com [o Brasil]. Os brasileiros são bem-comportados. Eles estão mostrando suas garras um pouco, mas são bons amigos. Diga-lhe que o Brasil é um país-chave e que vamos coordenar nossa política com eles.
>
> PRESIDENTE: Deixei meu papel na residência...
>
> KISSINGER: Geisel é o presidente, Silveira é o ministro das Relações Exteriores.[16]

Apesar da assimetria de poder e da recusa americana de institucionalizar o *rapprochement*, Geisel apostou na empreitada. A proximidade com Kissinger traria prestígio e poderia ser útil para acuar a linha dura. O apoio dos Estados Unidos ao governo sinalizaria ao establishment conservador brasileiro que a guinada diplomática do governo, embora contenciosa, tinha luz verde da maior potência mundial. Ao estabelecer um relacionamento especial não alinhado, o regime poderia satisfazer o sentimento nacionalista à direita e à esquerda. Nesse sentido, Kissinger poderia virar uma peça útil no processo de *abertura*.

Mas Silveira começou mal. Inundou a mesa de Kissinger com pedidos de concessões preferenciais sobre calçados, café e carvão. Oriundo de uma cultura diplomática em que fluxos de comércio são vistos como produtos de decisões políticas mais do que de forças de mercado, Silveira esperava que a parceria resultasse em acesso privilegiado ao mercado americano. Para ele, Kissinger tinha a capacidade de definir – ou ao menos influenciar – a política comercial americana. Nisso Silveira estava errado: havia muito pouco que o secretário de Estado pudesse fazer. Quando Kissinger tentou convencer o secretário do Tesouro a abrir exceções para o Brasil, por exemplo, teve o pedido imediatamente negado. É curioso notar que, apesar de sua crença profunda no nexo entre comércio e geopolítica, Silveira nunca chegou a pensar na possibilidade de a parceria ser traduzida em um acordo amplo de comércio com os Estados Unidos. Esse era justamente o tipo de iniciativa na qual Kissinger poderia ter ajudado o Brasil. Tampouco houve uma tentativa brasileira de capacitar empresários brasileiros para entrar no jogo de *lobbies* parlamentares e grupos de pressão de Washington, quesito no qual países pequenos e fracos da América Central tinham acumulada destreza.[17]

Ao fazer demandas que Kissinger não podia satisfazer, Silveira acirrava as divisões dentro do governo em Brasília. Isso se dava porque o comércio internacional também era responsabilidade institucional do ministro da Fazenda, Mário Henrique Simonsen, o czar da economia brasileira. Simonsen não compartilhava dos conceitos do Itamaraty. Treinado no mundo dos negócios, ele acreditava que insistir em concessões pontuais era contraproducente, pois havia pouco que as autoridades americanas pudessem fazer contra poderosos *lobbies* privados que já haviam recorrido aos tribunais para obrigar o Poder Executivo a tomar medidas contra as exportações brasileiras. Além disso, o Tesouro americano não faria grandes gestos a favor do Brasil porque estava sendo monitorado de perto pelo Congresso. Para Simonsen, a insistência brasileira somente serviria para fortalecer a resistência em Washington contra os interesses exportadores do Brasil. As divisões entre o chanceler e o ministro da Fazenda eram objeto de discussão entre autoridades americanas.

Diante desse quadro, John Crimmins sugeriu a Kissinger fazer de Simonsen seu principal interlocutor no Brasil. Afinal de contas, argumentava o embaixador, fora Simonsen quem havia impedido Silveira de "soar ainda mais os tambores da indignação" contra os Estados Unidos.[18]

Enquanto a frente comercial travava, desfechos inesperados na área política terminaram abrindo o caminho. Ao chegar ao poder no começo do ano, Geisel e Silveira haviam proposto mecanismos de consulta diplomática de alto nível ao Japão, à Grã-Bretanha, à França e à Itália. O objetivo era fixar a ideia na comunidade internacional de que o Brasil era digno de tratamento especial, aproveitando para isso as divisões crescentes entre países desenvolvidos. Inicialmente a operação fracassou. Londres, por exemplo, manifestou que suas relações com o Brasil não justificavam um arranjo especial. Poucos meses depois, contudo, a maré virou. Quando os franceses aceitaram a proposta brasileira, os britânicos voltaram atrás. Ao saber que Paris estava disposta a estabelecer uma Grand Commission com Brasília, o secretário de Relações Exteriores britânico, James Callaghan, pediu a Silveira que voasse até Londres para elaborar um protocolo de intenções, além de estender ao presidente Geisel um convite para uma visita oficial à rainha Elizabeth II. Em reação à proposta britânica, o governo francês também propôs uma visita oficial, com a condição de que Geisel visitasse Paris *antes* de voar para Londres. Em seguida, chegaram convites similares de Tóquio e de Bonn. Até mesmo o embaixador Crimmins passou a defender um esquema similar junto ao Departamento de Estado. Por isso, Silveira diria que foi a partir da operação europeia que "os Estados Unidos começaram a nos procurar ... foi então que Kissinger começou a entender". A aproximação brasileira com a Europa não tinha por objetivo mitigar a influência americana, mas assegurar tratamento preferencial por parte de Kissinger. Nas palavras do presidente Geisel, "nossa política deve ser com os americanos ... mas para tornar essa associação mais frutuosa, é preciso tratar com os outros".[19]

Foi isso que veio em seguida. Em novembro de 1974 o Departamento de Estado e o Itamaraty reuniram-se pela primeira vez em Brasília para dar conteúdo ao projeto de Kissinger e Silveira. As duas diplomacias conheciam uma à outra apenas vagamente e sempre mediante as lentes da suspeita mútua.

A relação entre os dois países nunca havia sido fácil e durante os últimos anos tinha ficado particularmente difícil. O objetivo da reunião era mapear as posições de cada parte. Depois de boa dose de negociação sobre os pontos da agenda – Kissinger queria uma panorâmica geral e conceitual, enquanto Silveira esperava concessões concretas –, as delegações combinaram um encontro de baixíssimo perfil: as conversações *não* refletiriam as posições dos dois governos, mas exclusivamente as opiniões "pessoais" comunicadas por Kissinger e Silveira às respectivas equipes. O objetivo do diálogo seria apenas o de "arejar o tratamento intelectual dessas questões". O grupo americano misturava diplomatas de carreira e acadêmicos cedidos ao Departamento de Estado. Havia um único especialista em América Latina, mas nenhum representava o Pentágono ou o Tesouro. O grupo brasileiro era composto somente por diplomatas de carreira lotados no gabinete de Silveira.[20]

Duas ausências eram notórias: o embaixador americano em Brasília e o embaixador brasileiro em Washington. Silveira achava o embaixador John Crimmins obstrutor e um problema. Silveira dizia que Crimmins tinha uma postura imperial: "Tratava [o Brasil] com presunção ... falava muito ... era uma espécie de touro que eu recebia no gabinete e puxava pela argola ... os militares o detestavam." É essa última frase que encapsula a natureza do problema. Crimmins era um homem experiente. Antes de ser enviado ao Brasil como embaixador em 1973, fora representante na República Dominicana após a intervenção americana de 1965 e dirigira a Divisão para a América Latina do Departamento de Estado. Assim como Kissinger, estudara na Universidade de Harvard e trabalhara como agente de inteligência durante a Segunda Guerra Mundial. Entretanto, ele fazia parte da ala liberal do Departamento de Estado. Seu perfil era similar ao dos embaixadores Lincoln Gordon (1961-66), John Tuthill (1966-69) e Charles Elbrick (1969-70). Crimmins ficou no Brasil de 1973 a 1978. Durante sua gestão, procurou quebrar os entendimentos tácitos costurados por seu antecessor, o embaixador William Rountree (1970-73), com a ditadura brasileira. Rountree estava no extremo oposto do espectro ideológico de Crimmins. Fora oficial de gabinete de John Foster Dulles, o mais anticomunista dos secretários de Estado. Em sua embaixada, conseguira estabelecer conexões militares mais operativas do que aquelas articuladas pelo general Vernon Walters em 1964. A operação era comandada pelo adido militar da embaixada, o coronel Arthur Moura.

O general Emílio Garrastazu Médici e o presidente Richard Nixon na Casa Branca, em 7 de dezembro de 1971. Nixon esperava lançar um "arranjo especial" de delegação de responsabilidades para o Brasil. "Para onde for o Brasil", disse, "também irá o resto do continente latino-americano." Médici desconversou.

Quatro ditadores sul-americanos: Hugo Banzer, da Bolívia, Juan Maria Bordaberry, do Uruguai, Ernesto Geisel, do Brasil, e Augusto Pinochet, do Chile, durante a posse de Geisel, em 15 de março de 1974. Nixon estava certo: uma onda de autoritarismo espalhava-se pela América do Sul.

Generais Augusto Pinochet e Ernesto Geisel. Apesar de chefiarem ditaduras militares conservadoras e repressivas, suas personalidades e objetivos os distanciavam.

Antônio Azeredo da Silveira e Henry Kissinger no Departamento de Estado, em Washington, saindo de seu primeiro encontro, em abril de 1974. Apesar de muito diferentes, ambos eram sardônicos, obcecados por política internacional e pelo exercício do poder.

Geisel em seu périplo por Japão, França, Inglaterra e Alemanha. O objetivo era assegurar reconhecimento formal de que o Brasil era um país em ascensão. Anos depois Silveira diria: "Foi então que Kissinger começou a entender."

Silveira e o ministro das Relações Exteriores da Alemanha, Hans-Dietrich Genscher, assinam o Acordo Nuclear em junho de 1975. Em tempo recorde e estrito sigilo, eles negociaram o mais ambicioso acordo nuclear até então selado entre dois países, que incluía transferência de tecnologia e construção de oito usinas nucleares.

A parceria entre Kissinger e Silveira ficou comprometida por falta de apoio interno. O embaixador John Crimmins (à esq.) buscava miná-la, enquanto o ministro das Minas e Energia, Shigeaki Ueki (à dir.), competia com Silveira pelos ouvidos do presidente Geisel.

Após a profunda crise provocada pelo episódio de Angola, Kissinger finalmente visitou o Brasil em fevereiro de 1976. Acima, sua chegada ao país, entre Silveira e a esposa, Nancy Kissinger.

Silveira entrega premiação do Unicef a Pelé na sede da ONU, em Nova York (1977). Quando Pelé recusou um convite para jogar no Cosmos de Nova York, Kissinger entrou em ação: disse a Silveira que a presença do jogador seria um ganho importante para as relações com o Brasil. Ao chegar aos Estados Unidos, Pelé anunciou: "O futebol chegou aos Estados Unidos." Ele estava certo.

Uma das dificuldades de implementação da parceria entre Kissinger (à dir.) e Silveira (ao centro) foi a decisão deste de não delegar autoridade a seu embaixador em Washington, Araujo Castro (à esq.).

Sucessor de Kissinger, Cyrus Vance (à esq.) enfrentaria enormes dificuldades para lidar com o Brasil. A lacuna que o separava de Silveira piorava a situação.

O ex-secretário de Estado Henry Kissinger e o presidente João Baptista Figueiredo, em Brasília. Na década de 80, as relações entre Brasil e Estados Unidos ficaram frias e distantes.

Agora Crimmins tentava virar o jogo. Para isso, a embaixada contava com os serviços do cônsul-geral em São Paulo, Frederic Chapin, que rapidamente azeitou as relações com os setores antiditatoriais da elite paulista.[21]

Já em seu terceiro encontro com Kissinger, Silveira pedira que a comunicação bilateral passasse longe de Crimmins. Kissinger tampouco tinha muito apreço por seu próprio embaixador. Por que, então, ele o manteve em um posto que era relevante? "Porque quando você é secretário de Estado, tem um número limitado de pessoas que pode demitir", respondeu. Araujo Castro, o embaixador brasileiro em Washington que tinha uma relação própria com Kissinger, tampouco fora convidado para a reunião entre o Itamaraty e o Departamento de Estado. Silveira não estava disposto a compartilhar os holofotes com o colega.[22]

Durante dois dias consecutivos, as delegações trocaram opiniões sobre política internacional como nunca antes: Guerra Fria, Oriente Médio, China, proliferação nuclear, comércio internacional, diálogo Norte-Sul, crise energética internacional e papel da OEA. Não houve acordo ou coincidência de perspectivas em nenhum ponto da agenda. Não se tratava apenas de interesses divergentes – eram duas formas muito diferentes de conceber os problemas internacionais. Assim, enquanto a delegação americana apontava que o processo da *détente* era benéfico, porque reduzia tensões entre as grandes potências e abria espaço na agenda global para temas de interesse do mundo em desenvolvimento, a delegação brasileira denunciava que o efeito perverso da *détente* era justamente congelar as estruturas mundiais de poder, mantendo o status quo da Guerra Fria.

Ao discutir o Oriente Médio, os americanos abordavam o tema como uma questão de ordem global: como estabilizar os preços do petróleo? Como assegurar a sobrevivência do Estado de Israel? Enquanto isso, os brasileiros lidavam com o problema em termos de justiça: como chegar a um acordo de paz suficientemente justo para assegurar a estabilidade da região e do preço do petróleo? No quesito Norte-Sul, Washington discutia quais concessões poderiam ser dadas a nações pobres. Enquanto isso, Brasília acreditava que apenas a fixação de preços de *commodities* poderia evitar a crescente depreciação dos termos de troca.

Quando o tema foi a América Latina, ambos os lados mantiveram silêncio. Como esse era o assunto que poderia gerar atritos verdadeiros entre as duas delegações, eles preferiram ignorá-lo. Nem sequer mencionaram itens nos quais seus interesses eram convergentes, como a fricção crescente entre Chile e Peru, ou a evolução dos movimentos de independência na Guiana e no Suriname.

Durante o encontro também ficou clara a divergência fundamental de ambos os lados sobre os propósitos da parceria. Silveira fez questão de reunir-se com os participantes para dizer-lhes que o Brasil se sentia lisonjeado por ser chamado a discutir temas globais, mas o que realmente importava nas relações Brasil-Estados Unidos eram questões bilaterais. Para ele, a aproximação não devia ser concebida como instrumento para facilitar o gerenciamento do mundo, mas sim como uma janela de oportunidades para o Brasil ganhar concessões. Insistiu que o Brasil não era um país desenvolvido e, portanto, devia ter acesso preferencial ao mercado americano.

A conclusão da delegação americana foi de moderada frustração: os brasileiros não quiseram discutir a questão nuclear, a conversa sobre Portugal e África foi "estranhamente geral" e a atitude dos anfitriões na sessão dedicada ao Oriente Médio fora "insincera".[23]

A conclusão de Silveira também foi negativa, mas por outros motivos. Para ele, os Estados Unidos simplesmente não entendiam as aspirações brasileiras nem sabiam lidar com elas de maneira apropriada. Em relato a Geisel, concluiu: "É essencial que se mantenha aberto o diálogo bilateral, mas não se deve esperar que no futuro previsível venha a ser possível um estreito e, de parte dos Estados Unidos, especial relacionamento mútuo."[24] Em nenhum momento ele considerou a possibilidade de a dificuldade do diálogo estar não apenas do lado americano, mas também do brasileiro. Daí concluiu que o melhor seria prevenir Kissinger contra potenciais atritos entre os dois países.

> [Durante o encontro das duas delegações] foram frequentes ... as ocasiões em que se tornaram aparentes divergências conceituais ... a nítida compreensão de que essas divergências existem e a aceitação mútua de que sejam válidas é importante para que possamos manter o entendimento e a cooperação ... Estou certo de que as conversações havidas em Brasília poderão se mostrar positivas também para a preparação de sua viagem ao Brasil, proximamente. Elas terão servido para preparar o terreno.[25]

Apesar dos resultados pífios do encontro, nem o secretário nem o ministro estavam prontos para abandonar sua política de aproximação de imediato. Poucos dias depois da reunião em Brasília, Kissinger relatou a Silveira as visitas do presidente Ford ao Japão, à Coreia e à União Soviética e a sua própria diplomacia frenética no Oriente Médio. Silveira respondeu com um relato breve de sua visita ao Senegal. Ao fazê-lo, o chanceler não sabia que estava abrindo uma nova oportunidade de aproximação a Kissinger.[26]

O Brasil vinha desenvolvendo uma política africana própria. Brasília, que antes se aliara a Portugal em questões coloniais, mudava de orientação à medida que o império português na África implodia. A mudança datava dos anos 60, quando diplomatas do Itamaraty ofereceram-se para mediar as relações entre os recém-independentes países africanos e as potências do Ocidente. No Ministério das Relações Exteriores criou-se uma Divisão de África e abriram-se as primeiras embaixadas na região. O Brasil ainda hesitava em apoiar a soberania completa dos novos países que estavam nascendo das antigas "províncias ultramarinas" de Portugal. Em 1962, o ministro brasileiro das Relações Exteriores aventou a ideia, com seu colega português, de que talvez fosse útil estabelecer uma Comunidade Luso-Brasileira nos moldes da British Commonwealth. Ele estava convencido de que, se houvesse referendos nas colônias, a opinião pública lá votaria em massa a favor de tal organismo. As colônias seriam encorajadas a ter representantes no secretariado da Comunidade e a influenciar suas decisões em troca da suspensão, ao menos temporária, de sua demanda por soberania completa. A mudança de postura brasileira movia-se em ritmo glacial. Em 1971, o predecessor de Silveira, Gibson Barbosa, visitou nove Estados africanos, mas nenhuma de suas escalas incluiu qualquer das possessões portuguesas. Dois anos depois, ele organizou uma visita presidencial a Portugal.[27]

Assim que tomou posse, em março de 1974, Geisel anunciou que o Brasil apoiaria a independência das colônias portuguesas. A Revolução dos Cravos de 25 de abril de 1974 o pegou de surpresa e, em menos de um ano, Guiné-Bissau, Cabo Verde e Moçambique conquistaram a independência, logo seguidos pelos territórios restantes na África e por Timor-Leste na Ásia. Enquanto a revolução avançava em Portugal, o Itamaraty estabeleceria uma rede de contatos com várias facções anticoloniais na África, assegurando a seus líderes que o Brasil estaria na dianteira do reconhecimento diplomático quando esses novos países declarassem a independência formalmente. Antes de fazer isso, o Itamaraty consultou os Estados Unidos, a Alemanha Ocidental, a França e a Grã-Bretanha. Graças às mudanças que ocorriam em Lisboa, a nova política do Brasil não ofuscou as relações com Portugal. Ao contrário, quando Mário Soares tornou-se primeiro-ministro, em dezembro de 1976, anunciou que sua primeira visita oficial ao exterior seria ao Brasil. O presidente português falou dos "laços indissolúveis de amizade" unindo Portugal e Brasil. Esse gesto era significativo porque Soares, socialista e com diversas passagens pela prisão, aproximava-se da ditadura de direita dos generais brasileiros.[28]

Kissinger tinha enorme interesse por Portugal porque via no país um germe de mudança em toda a Europa. De fato, com o fim do regime autoritário português, terminaram a censura à imprensa e a atuação das forças paramilitares e da polícia secreta. Em questão de meses, o Partido Comunista e grupos marxista-leninistas haviam tomado o controle de posições-chave no governo e na imprensa. O grupo conservador, que havia tentado uma contrarrevolução, fracassou. Em 1975, por exemplo, protestos sociais em Lisboa renderam cerca de 30 mortes e greves gerais tornaram-se uma característica comum da nova paisagem política. Com a independência das colônias, quase um milhão de portugueses voltaram a Portugal, engrossando o caldo de instabilidade. O novo governo português nacionalizou o sistema bancário, o sistema de transporte, as indústrias pesadas e os meios de comunicação, enquanto trabalhadores rurais expropriavam terras privadas para instalar fazendas comunitárias. No poder instalou-se uma coalizão de esquerda bastante fracionada. Para Kissinger, o problema era geopolítico. Em sua visão, as mudanças dramáticas vividas em Portugal representavam uma tendência mais ampla de movimentos populares de inspiração comunista no coração da Europa: a junta militar de direita na Grécia entrara em colapso e o Partido Comunista italiano mostrara força nas eleições parlamentares de junho de 1975. Cinco meses mais tarde, a morte de Franco consagraria a influência do socialismo na Espanha.

Mas a leitura de Kissinger não era a dominante. Seu embaixador em Lisboa argumentava que Portugal era um quebra-cabeça complicado demais para uma leitura simplista. Já em 1974 o embaixador havia recebido de Kissinger a ordem para endurecer o diálogo com figuras-chave da cena política portuguesa. O embaixador resistiu e respondeu a Kissinger que os comunistas portugueses não eram uma ameaça tão grande. Era interesse dos Estados Unidos estarem do lado dos socialistas moderados em vez de se ligarem a figuras remanescentes do regime anterior. Ao apostar em forças moderadas, os Estados Unidos não perderiam influência em Lisboa e ainda poderiam ajudar a amainar os gestos do novo regime. Kissinger ficou enfurecido com seu subordinado e o demitiu do posto sumariamente.[29]

Silveira discordava da postura americana. Para o chanceler, a avaliação do embaixador americano em Lisboa estava correta: não havia grande ameaça de uma tomada de poder pelos comunistas portugueses e os outros partidos de esquerda gostavam de mudanças lentas. Para levar esse argumento ao secretário de Estado, Silveira utilizou como exemplo o fato de que o novo regime português estava mudando sua política externa muito suavemente. A melhor evidência, argumentou, era o fato de Lisboa tê-lo convidado, como representante de um regime ditatorial de direita, para uma visita oficial. Isso, Silveira deixou implícito, deveria servir de evidência do valor, para os Estados Unidos, de manter uma parceria estreita com o Brasil.

> Minha ida a Lisboa poderia trazer como resultado uma certa influência no sentido de definição de rumos [em Portugal]. Pelo menos, poderia dar ensejo a que se esclarecesse o interesse de Portugal em estreitar relações com o Brasil, o que equivaleria, implicitamente, a uma definição também quanto a rumos internos da política portuguesa. As demonstrações públicas de apreço ao governo brasileiro e a insistência com que foi pedida a normalização das relações institucionais entre Portugal e o Brasil me permitem concluir que prevalece no governo português a influência dos setores moderados, que, embora de inspiração socialista, não optaram por caminhos que possam levar à radicalização da virada portuguesa para a esquerda.[30]

De novo, não se sabe quanto as opiniões de Silveira influenciaram as de Kissinger. Mas foi nesse momento que Silveira começou a sugerir que o Brasil tinha capacidade de agregar valor à política externa americana em quesitos globais. Não se tratava de uma ação específica, mas, por sua maneira de entender e lidar com os problemas da agenda mundial, o Brasil poderia ajudar a matizar as posições dos Estados Unidos.

Um dos problemas centrais para avançar essa agenda era de comunicação. Nunca antes um ministro das Relações Exteriores brasileiro tivera de emitir opiniões com periodicidade a seu colega americano. Para manter o diálogo com Kissinger, ele precisava de insumos, de análises atualizadas sobre o estado geral do mundo e de recomendações. As sugestões que fizesse, por sua vez, tinham de estar envoltas em uma linguagem que Kissinger pudesse compreender e aceitar. Em outras palavras, a fim de sustentar o novo arranjo, o Itamaraty tinha de adquirir novas capacidades. No final de 1974, tais capacidades simplesmente não existiam.

Nos Estados Unidos havia um problema similar. Simplesmente faltavam análises confiáveis sobre o Brasil. Em fevereiro de 1975, por exemplo, o Joint Chiefs of Staff (JCS) quis montar um Grupo de Estudos sobre o Brasil. O alto-comando militar desistiu do empreendimento porque não fora possível encontrar consultores qualificados para preparar o relatório. A solução foi convidar o general Vernon Walters, agora diretor-adjunto da CIA, para uma rodada de conversas informais. O fato de Walters, arquiteto da aproximação com o Brasil desde o começo dos anos 60, permanecer a principal fonte de *insight* até 1975 ilustra a dificuldade que os Estados Unidos tinham de institucionalizar a parceria.[31]

Kissinger também enfrentava outros problemas internos. Havia a questão de sua própria posição no novo governo. Ao longo dos últimos meses, ele se tornara um estorvo para o presidente Ford, que estava em vias de embarcar em um ano eleitoral. Nas primárias republicanas de 1976, o candidato Ronald Reagan repetiria que "a gestão de Henry Kissinger coincidiu precisamente com a perda de supremacia militar dos Estados Unidos". Jimmy Carter, por sua vez, alegaria que o secretário era "obcecado com blocos de poder, com esferas de influência ... Nossas políticas são as ideias e prioridades de Kissinger, as quais são frequentemente concebidas em segredo". Pela primeira vez, a autoridade de Kissinger não estava mais assegurada e muitos suspeitavam que o presidente Ford poderia trocar de secretário de Estado. Uma vez que a oposição ao presidente Ford usava a política externa como cavalo de batalha, as iniciativas de Kissinger como um todo ficaram sob ameaça – inclusive a aproximação ao Brasil.[32]

Além desses problemas, Kissinger ainda precisava lidar com o Congresso americano. Em anos recentes, os parlamentares haviam expandido sua influência em política externa de modo inédito. Isso acrescentou novos fardos à política de parceria com o Brasil. Se, no início de 1973, Nixon havia contrariado o Congresso para vender armas ao governo Médici, sob as condições mais rigorosas do novo Foreign Military Sales Act (Decreto sobre Vendas Militares ao Estrangeiro), agora as coisas pareciam mais difíceis ainda. O ataque também vinha da sociedade civil. O Relatório Linowitz sobre as relações internacionais da América Latina, patrocinado pelo influente Council on Foreign Relations em 1974, chegou à conclusão de que já era hora de os Estados Unidos abandonarem seu apoio às forças conservadoras da região e aliarem-se a causas progressistas, como os direitos humanos. Os resultados do relatório levaram o Congresso a impor rapidamente novas restrições às vendas de armamento para a América Latina e a estabelecer relatórios sobre a situação dos direitos humanos em cada país. O Brasil da ditadura militar era o alvo preferencial: em 1973 e 1974, comprara 28 aviões americanos (F-5E-Tigre II), representando 60% de todas as vendas americanas para o hemisfério.

Apesar da progressiva virada de maré na opinião pública americana e no establishment de política externa a respeito do apoio a ditaduras militares, Kissinger continuou defendendo exceções para o Brasil e mobilizou o Departamento de Estado para isso.

> Relatos de violações de direitos humanos no Brasil têm chamado considerável atenção do Congresso dos Estados Unidos e de outras instâncias ... Embora não seja possível esperar que a provisão da ajuda militar aqui proposta vá contribuir para uma melhora na situação dos direitos humanos no Brasil, tampouco pode ser vista como instrumento para aumentar a capacidade do governo do Brasil de implementar medidas internas repressivas. Tampouco deve ser vista como uma aprovação dos Estados Unidos de tais medidas. Por outro lado, acreditamos que negar essa assistência como meio de censurar os brasileiros iria provocar uma reação que enfraqueceria Geisel e poderia ferir seriamente nossa relação bilateral sem ter nenhum efeito positivo para a proteção de direitos humanos.[33]

Apesar do compromisso do secretário, os funcionários do Departamento de Estado responsáveis por conduzir as relações diplomáticas no dia a dia permaneceram hostis à política de parceria com o Brasil. Em muitas ocasiões Silveira não conseguia dar prosseguimento a decisões tomadas em encontros pessoais com Kissinger porque a burocracia americana simplesmente empacava.[34]

Diante das dificuldades, Kissinger e Silveira chegaram a conclusões opostas sobre como proceder. O primeiro procurou avançar com a parceria, enquanto o segundo preferiu recuar. Desde 1974, Kissinger deu sinal verde para as preparações de sua viagem a Brasília, mas, por três vezes, ele a adiou. Depois de postergar sua visita mais uma vez em abril de 1975, tentou aplacar a frustração de Silveira ao oferecer a criação de um "grupo de consulta comercial". A ideia era institucionalizar a discussão entre ambas as partes sobre o tema que era mais caro ao Brasil. Os custos disso eram negligenciáveis quando comparados aos benefícios que advinham de manter vivo o espírito de parceria com o Brasil.[35]

Silveira via as coisas de um ângulo muito diferente. O chanceler achou que o cancelamento sucessivo de quatro tentativas para uma visita ao Brasil diziam muito sobre a falta de compromisso americano com o país. Além disso, para Silveira, as missões preparatórias para esses encontros tinham sido decepcionantes porque os enviados de Kissinger – Luigi Einaudi, Samuel Lewis e William Rogers, respectivamente – haviam demonstrado relutância para "enfrentar questões específicas". Na frente comercial o progresso era nulo. Nas organizações internacionais, o registro de cooperação informal era fraco. Para piorar as coisas, a influência de Kissinger em Washington minguava. Aos olhos do chanceler brasileiro isso não era exatamente uma parceria.[36]

A percepção de descompromisso era mútua. Em suas visitas ao Brasil, os enviados de Kissinger achavam que era Silveira quem estava sendo obstrucionista. Relembrando esses encontros, Luigi Einaudi diria que Silveira preferia manter-se longe de uma parceria com os Estados Unidos porque a cooperação levaria a muitos "acidentes de estrada". Segundo essa visão, a proximidade de Washington traria mais problemas do que soluções. Melhor seria manter relações cordiais, mas distantes. A essa altura, lembra Einaudi, Kissinger havia perdido as esperanças na parceria. Entretanto, como Silveira insistia – e a direção geral de suas pressões era mais ou menos coerente com a visão de mundo de Kissinger –, o secretário aceitou continuar o diálogo.[37]

O que os americanos não percebiam era que a postura brasileira estava dando uma guinada. Lentamente, Silveira começara a redesenhar a parceria no intuito de torná-la um instrumento para moderar e embotar o poder americano.

> Os Estados Unidos continuam a tratar o Brasil com certo paternalismo – desconfiado, é verdade – numa atitude que lembra a condescendência ... É preciso [que eles aceitem] que nos desviemos dos cenários para nós imaginados ... À medida que o Brasil assume uma política madura ... multiplicam-se os exemplos de divergências de interesses com os Estados Unidos. Muitas dessas divergências ocorrem em assuntos negociáveis e é possível prever e esperar que, com diligente esforço, as duas partes encontrem solução satisfatória para elas. Outras, porém, ocorrem em áreas mais fundamentais e seria ilusório querer menosprezar o seu significado. Os dois países devem estar preparados para aceitar conviver com tais divergências e procurar fórmulas de cooperação que reduzam seu impacto.[38]

Afastando-se de sua ênfase inicial na expectativa de estabelecer uma comissão bilateral entre o Itamaraty e o Departamento de Estado, o chanceler agora queria sugerir aos americanos uma parceria, dessa vez em base estritamente pessoal e não institucionalizada. O plano brasileiro baseava-se em cooperação discreta e uma atitude de esperar para ver. Em sua exposição a Geisel, Silveira explicou que:

> Melhor seria, talvez, por enquanto, manter a prática dos entendimentos informais, em alto nível, paralelos aos institucionais. Da mesma forma, seria inoportuno estimular a prática de entendimentos prévios às reuniões, nos organismos internacionais, em nível de delegações. A curto prazo, os entendimentos de política entre os dois governos deveriam ser o mais possível centralizados ... no mais alto nível, para evitar que surjam ou se agravem questões bilaterais e permitir que se encaminhem, da forma mais construtiva possível, as relações entre os dois países.[39]

Em Brasília, o tom que Silveira procurou dar à questão foi de decepção com os Estados Unidos. O presidente Geisel gostou. Em nota manuscrita enviada a Silveira pelo secretário particular do presidente, a mensagem era clara: "O presidente da República achou excelente o papel sobre as relações com os Estados Unidos. A conclusão é melancólica, o que não é culpa nossa."[40]

Silveira passou a adotar a linguagem de Kissinger, segundo a qual a parceria devia servir ao propósito de um "diálogo conceitual" que discutisse problemas globais nos níveis mais elevados. Silveira expressou-o em uma carta a Kissinger nestes termos:

> Lamento ... o adiamento de sua viagem ... [Eu] não lhe estaria transmitindo, possivelmente, conceitos novos ... Mas estaria lhe dando, talvez, a contribuição de nossos matizes e ênfases ... Considero cada vez mais importantes as consultas que nos possamos fazer não só quanto às relações bilaterais entre os nossos países, senão também pela contribuição que possa o Brasil prestar, através desse diálogo, ao encaminhamento de alguns problemas globais ... [Não cabe ao Brasil] o papel de conciliador, mas, pelo menos, o de intérprete de alguns dos legítimos sentimentos do vasto mundo em desenvolvimento ... que frequentemente são incompreendidos por se apresentarem, muitas vezes, envoltos em emocionalismos ou de forma irracional.[41]

Essa carta mostra a longa distância entre as expectativas originais de Silveira havia apenas um ano. Implícita nessa nova visão estava a noção de que o pilar da parceria Brasil-Estados Unidos seriam as confidências pessoais trocadas entre o chanceler e o secretário de Estado, em oposição a encontros estruturados entre o Itamaraty e o Departamento de Estado.

Kissinger estava satisfeito. Quando ambos se encontraram um mês depois, falou de um "desejo de consulta pelo menos em assuntos principais, apesar da inabilidade mútua para concordar em todas as questões". Essa ressalva era positiva para Silveira, uma vez que representava o fim das expectativas americanas de alinhamento brasileiro. Kissinger ainda deu instruções ao Departamento de Estado para consultar Brasília mais sistematicamente. Isso, entretanto, era precisamente o que Silveira temia. Tentar cooperar em termos concretos poderia prejudicar o relacionamento com Washington, fosse por causa do ruído entre as duas partes ou pela divergência real de seus interesses. Então, sua resposta imediata foi dizer que as consultas deveriam concentrar-se em problemas globais gerais e não concretos, para evitar "excesso de pequenos acidentes ao longo da estrada das boas relações".[42]

Foi isso o que ocorreu. Os Estados Unidos queriam "provocar uma redução de preços de petróleo ao minar o poder da Opep ... tornou-se parte da nossa estratégia ... separar os países em desenvolvimento não produtores de petróleo de seus irmãos da Opep". Isso criou oportunidades para países periféricos como o Brasil. Não mais direcionado apenas à luta contra o comunismo, o modelo de *delegação* agora objetivava, em parte, diluir e domar o poder recém-descoberto dos países exportadores de petróleo. O interesse não era apenas americano. O choque do petróleo de 1973 também prejudicara o Brasil ao interromper o *boom* econômico. Embora não fosse membro da Opep, nem um significativo produtor de petróleo, o Brasil era tido como um país que fazia diferença em mesas de negociação fundamentais. Quando Kissinger estabeleceu uma rede de comissões bilaterais sobre ciência, tecnologia e comércio, com o fito de "parecer solícito [aos países em desenvolvimento], de forma a não ficar fora do processo", escolheu países ricos em petróleo como a Arábia Saudita, o Irã e a Venezuela, mas também o Brasil. Quando o governo dos Estados Unidos procurou instalar um Instituto Internacional para a Industrialização, o Brasil estava no rol de participantes. E, nas conferências econômicas, era convidado a sentar-se com os países em desenvolvimento, alguns dos quais tinham muito mais importância no contexto da crise energética – Venezuela, México, Argélia, Zaire, Egito, Nigéria, Índia, Irã, Arábia Saudita, Indonésia, Iraque, Iugoslávia.[43]

Silveira percebeu a oportunidade e começou a enviar sugestões para o colega americano. O Departamento de Estado achou as várias propostas que Silveira enviou a Kissinger sobre a questão das *commodities* "claramente criativas" e estava disposto a apoiar algumas. O próprio secretário abraçou a noção, que Silveira havia desenvolvido por vários meses, de que a regulação do mercado de petróleo deveria estar associada a debates mais amplos sobre *commodities* em geral. Ele também confiava no chanceler brasileiro para defender posições americanas em fóruns internacionais.[44]

A busca do secretário pelo apoio brasileiro não era fantasiosa. Há indicações de que Kissinger levou o Brasil relativamente a sério a esse respeito. Quando Silveira proferiu um conjunto de comentários sobre uma proposta dos Estados Unidos, o secretário respondeu detalhadamente ponto por ponto e solicitou mais insumos; também enviou um emissário a Brasília em busca de consultas detalhadas. A natureza da análise de Silveira era altamente crítica em relação à política americana. Os planos desenhados em Washington ainda eram vagos demais para atrair o apoio de países em desenvolvimento. Os objetivos da conferência Norte-Sul, que Kissinger propôs, estavam destinados a chocar-se com o de organizações já existentes, nas quais países em desenvolvimento estavam bem representados. E a atenção desproporcional que os planos da conferência dedicavam ao petróleo poderia muito bem alienar os países mais fracos. Embora não haja indicações de que Kissinger alterou suas posições em função dos insumos de Silveira, é significativo, no entanto, que ele tenha se preocupado em sustentar o intercâmbio.[45]

Em maio de 1975, Kissinger buscou apoio brasileiro, mas dessa vez informalmente. O time de futebol New York Cosmos fora criado em 1971 na tentativa de despertar interesse pelo esporte nos Estados Unidos, onde a paixão popular ainda era o beisebol. Para isso, o Cosmos estava disposto a atrair grandes estrelas do futebol internacional, contando com o apoio da empresa de entretenimento Warner Bros. A direção do Cosmos fez uma proposta a Pelé, que já se recusara a jogar na Seleção brasileira de 1974. Diante do convite americano, Pelé respondeu negativamente: em parte porque a proposta financeira original de US$4 milhões não lhe parecia suficiente; em parte porque temia uma reação popular negativa no Brasil. Há indícios de que o governo Geisel não teria visto a ida de Pelé a Nova York com bons olhos. Foi nesse momento que Kissinger entrou em ação. Disse a Silveira que a presença de Pelé no Cosmos seria um ganho importante para a relação diplomática e um ativo enorme para o Brasil. Silveira teria repetido a mensagem ao jogador, que aceitou a proposta. Em Brasília, o embaixador Crimmins temia uma onda de ressentimento antiamericano. Mas seus medos nunca se materializaram. Ao chegar aos Estados Unidos, onde permaneceria até 1977, Pelé anunciou: "O futebol chegou aos Estados Unidos." Ele estava correto.[46]

O novo raciocínio que se desenvolvia por trás da parceria era útil para o Brasil porque lhe permitia achar uma solução para seu problema estratégico fundamental: por um lado, a desconfiança e a falta de entusiasmo para agir em conjunto com os Estados Unidos, e, por outro, o anseio de reconhecimento americano como um país em ascensão. Ao contribuir com visões do Sul para Washington, os diplomatas brasileiros poderiam engajar-se em um empreendimento sofisticado, mas politicamente seguro. Ao buscar reduzir a distância entre o Norte industrializado e o Sul em desenvolvimento, o país poderia agir não como procurador dos mais fracos, mas como um país autônomo e com status especial. Anos mais tarde, Kissinger resumiria a política brasileira assim: "O Brasil usou suas ligações no Terceiro Mundo não para enfraquecer os Estados Unidos, mas para conquistar status de grande potência para si mesmo."[47]

Mas, nos primeiros meses de 1975, Silveira buscava distanciar-se de Washington calculadamente. Durante seu encontro com Kissinger em maio, ele estava ocultando uma notícia que muitos de sua geração viam como o maior segredo brasileiro de todos os tempos.

Como outros países em desenvolvimento, desde meados da década de 50 o Brasil buscava adquirir tecnologia nuclear. Esforços nesse sentido foram frustrados pelos Estados Unidos a partir de 1954, quando Washington interditou três centrífugas alemãs no porto de Antuérpia. Mas em 1973, Brasília firmou um contrato com a Westinghouse para construir uma usina nuclear no Rio de Janeiro que seria dirigida por operadores locais, os quais, no entanto, não teriam acesso à tecnologia de enriquecimento de urânio. Ainda no final de 1973, os primeiros problemas começaram a emergir entre o governo brasileiro e a Comissão de Energia Atômica dos Estados Unidos, quando esta decidiu suspender todos os fornecimentos para o Brasil até segunda ordem, ao mesmo tempo em que elevava o status dos compradores árabes. Isso levou os brasileiros a buscarem parceiros nucleares alternativos. Silveira negociou um acordo com os franceses e foi a Paris para firmá-lo, embora os franceses o tenham cancelado na última hora devido à pressão americana.

Diante disso, em tempo recorde e estrito sigilo, Silveira costurou um acordo com a Alemanha Ocidental que garantiria ao Brasil o ciclo nuclear completo. Esse foi o mais ambicioso acordo nuclear até então selado entre dois países, incluindo a exploração de urânio e mineração, enriquecimento, fabricação de combustível, reprocessamento do combustível usado e construção de oito usinas nucleares. Quando Silveira e o ministro das Relações Exteriores da Alemanha, Hans-Dietrich Genscher, anunciaram o acordo, em junho de 1975, a surpresa chocou a todos, inclusive o próprio Kissinger. Genscher, que fora ministro do Interior de 1969 a 1974, quando assumiu a pasta das Relações

Exteriores, era um hábil manipulador da cena política alemã. Ficou nesse cargo durante 18 anos consecutivos, com uma pausa de apenas duas semanas.

A motivação do Brasil por trás das ambições nucleares era atender à crescente demanda interna de energia e participar de um lucrativo mercado de exportações de urânio enriquecido. Mas havia preocupações dos Estados Unidos sobre a possibilidade de o Brasil buscar desenvolver um artefato nuclear próprio. Esse medo não era totalmente injustificado. Afinal de contas, tratava-se de um regime militar autoritário com crescentes aspirações de poder internacional. Os generais que governavam o país desde 1964 haviam se recusado a assinar o Tratado de Não Proliferação Nuclear (TNP). O documento, que assegurava o direito à aquisição de tecnologia nuclear para fins pacíficos, proibia os países que não detinham armas nucleares de desenvolvê-las, recebê-las ou adquiri-las. Rapidamente o Brasil transformou-se em uma das principais vozes a denunciar o tratado como um instrumento a serviço das grandes potências. O desgosto brasileiro era genuíno: o regime ofendeu-se tanto com o TNP que abdicou de candidatar-se a cadeiras rotativas no Conselho de Segurança das Nações Unidas durante os 20 anos seguintes.

Mas havia outros fatores do programa nuclear brasileiro que assustavam os Estados Unidos. Oficiais brasileiros afirmavam terem o direito inalienável de conduzir testes nucleares pacíficos se necessário. Somava-se a isso o fato de o principal rival do Brasil, a Argentina, também desenvolver um ambicioso programa nuclear. Não era de todo absurdo temer que a histórica competição por influência na América do Sul entre os dois poderia agora tornar-se nuclear. Na perspectiva de Washington também havia alguns problemas específicos no texto do acordo Brasil-Alemanha. O programa de transferência de tecnologia repousava sobre tecnologia não comprovada. Também não estava claro se a Kraftwerk Union (a provedora) seria capaz de manter estreito controle financeiro e administrativo sobre a Nuclebrás (a receptora). Além disso, apenas um pequeno número de oficiais no palácio presidencial, o Ministério das Relações Exteriores e o Ministério das Minas e Energia foram envolvidos na concepção e nas negociações do projeto. A comunidade científica local ficou à margem do processo. Pouco enraizado na sociedade brasileira e nas mãos de uma ditadura, poderia facilmente ser desviado para uso militar.

Essa percepção americana não era infundada. A oposição dentro do Brasil ao programa era tão intensa que o Congresso Nacional, mesmo dominado pela base de apoio do regime, forçou a instalação, em 1978, de uma Comissão de Inquérito no Senado. Poucos anos mais tarde, as pressões da opinião pública brasileira e os resultados magros do acordo levariam o regime a instaurar atividades nucleares paralelas e completamente secretas. Dessa vez a Marinha (utilizando o método de ultracentrifugação) e a Aeronáutica (recorrendo à técnica de desenvolvimento de laser) tentariam adquirir o ciclo nuclear. Tais ambições permaneceram em cena, mas subfinanciadas, até a década de 90, quando o Brasil finalmente aderiu às normas internacionais de não proliferação.

Quando confrontado com o fato consumado do novo acordo entre Brasília e Bonn, em 1975, a primeira reação americana foi tentar aumentar as salvaguardas alemãs. Ciente de estar repassando ao Brasil a tecnologia necessária para construir uma bomba atômica, a própria Alemanha levara o tema aos Estados Unidos. Progressivamente, o futuro do programa nuclear brasileiro seria decidido entre Henry Kissinger, que perdera parte de sua família nos campos de concentração alemães, e o ministro alemão das Relações Exteriores, Hans-Dietrich Genscher, que fora membro da Juventude Hitlerista e do Partido Nazista.[48]

Quando soube, Silveira ficou lívido: um entendimento entre Washington e Bonn atropelava Brasília. Baixou uma ordem no Itamaraty de manter silêncio sempre que alguém levantasse a questão nuclear. A instrução a seus diplomatas era "não dar a ideia de que estamos procurando explicar algo que consideramos absolutamente legítimo". O Brasil se fechava e recusava o diálogo com os Estados Unidos na questão nuclear.[49]

Em público e em seus documentos oficiais, Silveira argumentava que as motivações dos Estados Unidos eram, sobretudo, comerciais. Para ele, os fornecedores americanos poderiam perder seu virtual monopólio no fornecimento de urânio enriquecido. Em boa parte ele acreditava nisso. Numa tentativa de prevenir efeitos negativos em Washington do acordo Brasil-Alemanha, por exemplo, ele havia defendido uma visita aos Estados Unidos do ministro brasileiro das Minas e Energia para "convencer os americanos de que não estamos apostando tudo em um parceiro só e que há possibilidades de muitas iniciativas [comerciais] com eles".[50]

Sentindo que estava diante de uma das maiores ameaças que o Brasil já vivera, Silveira foi à imprensa para denunciar as tentativas dos Estados Unidos de negociar salvaguardas com a Alemanha em segredo, à custa dos interesses brasileiros. O embaixador Crimmins simplesmente não conseguia acreditar na verve e na acrimônia de Silveira.

> Existe a ideia padrão de que, se realmente quiséssemos, poderíamos evitar essas ações, particularmente no caso do Brasil, e que, portanto, quando tomamos medidas, é um ato egoísta, deliberado, com motivos ocultos. O fator da desconfiança em nossas ações e propósitos reais está sempre presente.[51]

Apesar do burburinho em torno do acordo nuclear do Brasil com a Alemanha, Kissinger e Silveira fizeram todos os esforços para manter intacta a relação entre eles. Não houve repreensões mútuas, mas, ao contrário, silêncio de ambos os lados. Quando as conversas entre americanos e alemães vazaram para a imprensa, Kissinger repreendeu sua equipe:

> É um procedimento chocante – ir aos alemães, vazar isso para os jornais, e não dizer uma palavra aos brasileiros ... Quem diabos é o culpado? ... Qualquer um que conhece os brasileiros sabe que no minuto em que essa coisa chega ao público, quando nós estamos tentando negociar salvaguardas com eles, que isso vai explodir.

As transcrições das conversas entre Kissinger e sua equipe sobre esse tema revelam o grau de discordância que havia com o secretário. Ele era a principal voz a advogar uma abordagem sigilosa com os brasileiros, mesmo ciente de que as chances de sucesso eram mínimas. O tema era tão delicado para ele que, quando o reportou a Silveira, foi por meio de Crimmins e por carta.[52]

> Caro Antônio:
>
> O embaixador Crimmins contou-me sobre a conversa que teve com você ... Fiquei animado com sua declaração de que não se deve permitir que o debate público dessa questão afete o atual relacionamento cordial e construtivo entre nossos países. Embora estejamos preocupados com o acordo, do ponto de vista da proliferação compartilho inteiramente esse ponto básico. Não promovemos, e na verdade lamentamos, o debate público. Preferiríamos muito mais que a questão permanecesse em canais diplomáticos ... Compreendemos e apoiamos o desejo do Brasil de expandir seu uso de energia nuclear como um instru-

> mento para o desenvolvimento. Conte com nossa cooperação e assistência em seu esforço onde o Brasil as considerar úteis, dentro dos limites permitidos por nossa política nuclear como um todo ... Como sempre, espero ansiosamente por suas opiniões.[53]

O fato é que a preocupação de Kissinger com o programa nuclear brasileiro manteve-se tangencial durante todo o período. Em seus escritos, desde a década de 50, ele se mostrara aberto à possibilidade de um mundo com várias potências nucleares. Mais que isso, apesar de todas as resistências internacionais ao projeto brasileiro, o tema estava longe de criar um impasse entre as grandes potências. Em sua brevíssima discussão sobre o assunto, Kissinger e Andrei Gromyko, ministro das Relações Exteriores da União Soviética, mantiveram a seguinte conversa:

> Gromyko: Nossa atenção tem sido chamada a um fato, e a avaliação de seu significado não nos permite chegar a nenhuma conclusão otimista – trata-se do acordo entre a Alemanha Ocidental e o Brasil para prover reatores nucleares e equipamentos. Nossa avaliação é como a de outros – que o Brasil está a caminho da produção de armas nucleares e quer ajuda da Alemanha Ocidental. Estou certo de que esse não é um problema teórico, mas um problema prático? Diz respeito a nossos dois países como partes do Tratado de Não Proliferação Nuclear. Incidentalmente, a Alemanha é signatária do tratado, mas o Brasil não. Vocês estão mais perto do Brasil geográfica e politicamente. E nós acreditamos que vocês sabem melhor para que lado pende a Alemanha Ocidental.
>
> Kissinger: Nós não acreditamos que o Brasil tenha decidido construir armas nucleares, mas esse acordo cria a possibilidade e nós estamos preocupados com o futuro ... Estamos preocupados e já expressamos nossa preocupação publicamente. [Se a conferência de provedores de materiais nucleares não chegar a um acordo sobre salvaguardas], nós estaremos preparados para trocar opiniões bilateralmente com vocês porque se trata de um desenvolvimento perigoso.
>
> Gromyko: Nós estaremos preparados para uma troca de opiniões.
>
> Kissinger: Tudo bem. Vamos almoçar?[54]

Essa era a situação entre ambas as partes quando mais uma crise estourou.

5 Crise e retomada

Geisel estava ficando impaciente e preocupado. Quando Silveira lhe apresentou planos para desempenhar um papel ativo e próximo a Kissinger nas sessões preparatórias da conferência mundial sobre energia, o presidente deu-lhe um banho de água fria. O pensamento de Geisel era simples: uma vez que o Brasil dependia de importações de petróleo, qualquer "posição militante" em foros internacionais seria arriscada demais, pois os países árabes poderiam considerar o movimento do Brasil hostil e decidir retaliar mediante uma suspensão de contratos. O país, disse o presidente, era fraco demais para enredar-se em situação tão delicada. A melhor política era a discrição ao invés da asserção, concluiu. Ao tomar essa decisão, Geisel não estava só. Pelos mesmos motivos, o presidente francês Georges Pompidou também se recusara a participar de uma coalizão de consumidores de petróleo nos moldes propostos por Kissinger.[1]

Nada expressa mais claramente a fratura no cerne da estratégia brasileira em meados dos anos 70 do que essa divisão entre o presidente e seu ministro. De um lado, um general cauteloso diante do fim do *boom* econômico e de uma transição política intrincada. De outro, um diplomata hiperativo que rejeitava a proposição de que somente após angariar recursos internos um país deveria ampliar suas ambições internacionais. Onde Geisel via riscos e custos, Silveira via oportunidade para ganhar influência no mundo.

No entanto, não havia dúvidas sobre quem ditava as regras, e coube a Silveira divisar uma maneira de afastar-se dos compromissos tácitos que já havia assumido com Kissinger. Ele devia agir com cautela, porque recuar de compromissos diplomáticos previamente acertados é sempre uma operação difícil. Uma admissão de impotência em uma área prejudica a posição do país em outras negociações. Por isso, recuos geralmente precisam ser efetuados indiretamente e por meios sutis. Foi possivelmente com isso em mente que, ao encontrar-se com um emissário de Kissinger, Silveira transmitiu um conjunto de argumentos que, independentemente de sua validade intrínseca, interrompeu a cooperação brasileira com os Estados Unidos sobre a questão do petróleo.

O roteiro foi mais ou menos este: como é que o Brasil poderia cooperar com os Estados Unidos se os dois países possuíam visões tão díspares sobre o debate Norte-Sul?[2] A crise do petróleo, acrescentou Silveira, fora resultado da guerra do Yom Kippur e não de desequilíbrios reais de oferta e procura de petróleo. Por isso, concluía, o caminho mais seguro para uma solução era os Estados Unidos suspenderem seu apoio a Israel e estenderem a mão aos árabes. Além disso, acrescentou o chanceler, o Brasil estava, acima de tudo, preocupado com as negociações do café, não com as do petróleo. Silveira afirmou também que tudo o que os Estados Unidos poderiam esperar do Brasil durante a conferência vindoura era que ele fosse "franco em particular e moderado em público [e] apoiar um consenso moderado". Mais não poderia ser feito, insistiu, porque a capacidade de "influência brasileira era limitada".[3]

Silveira estava tentando marcar distância. Ao comentar trechos de um discurso de Kissinger, criticou "a presunção ligeiramente paternalística que parece existir na posição dos países desenvolvidos. Você mesmo se refere à determinação dos Estados Unidos de 'resolverem' os problemas de produtos de base dos países em desenvolvimento". Para o público interno ele aumentou ainda mais o volume da crítica: "Recentemente, o secretário de Estado Kissinger vem repetindo, por exemplo, a expressão 'países democráticos industrializados', que parece explicitar os contornos do que ele considera ser a aliança ocidental", sugerindo que havia ali uma operação para prejudicar países em desenvolvimento como o Brasil. A tática deu resultado e Kissinger foi frio e distante. Nas correspondências que se seguiram, não mencionou a questão do petróleo nem uma vez.[4]

No entanto, como Silveira devia temer, esse recuo significava deixar passar uma oportunidade. O Brasil havia abandonado voluntariamente o campo de batalha quando, a partir de setembro de 1975, o secretário lançou uma ofensiva diplomática para colocar os Estados Unidos na dianteira das iniciativas Norte-Sul. Em apenas seis meses, Kissinger avançou propostas específicas para articular debates mundiais sobre comércio, finanças e tecnologia e para criar um Instituto Internacional para a Industrialização, um Instituto para Energia e um Banco Internacional de Recursos. Os novos organismos seriam autônomos em relação às Nações Unidas e dirigidos por diretorias compostas pelos países fundadores. Nelas, o Brasil não teria voz.[5]

Ainda interessado em uma comissão formal com os Estados Unidos, o governo brasileiro fez novas propostas. Mas Kissinger as rejeitou explicitamente. Quando o chanceler brasileiro insistiu, o secretário retorquiu que as coisas entre os dois países "evoluiriam eventualmente" daquela maneira, só que não agora. Não ficava claro o que ele esperava exatamente. Mas duas crises seriam suficientes para convencê-lo a mudar de ideia.[6]

No começo de 1975, o governo português decidiu entregar o poder em Angola aos três principais movimentos para a libertação do país. Lisboa declarou que baixaria sua bandeira pela última vez em Luanda em 11 de novembro de 1975, independentemente do arranjo que se seguiria. Caberia aos três grupos guerrilheiros – MPLA, FNLA e Unita – encontrarem uma fórmula de coexistência. Cindida por divisões étnicas e ideológicas, a competição entre eles provocou uma guerra civil. Consulados de todo o mundo sediados em Angola fecharam suas portas e o país entrou para a lista de lugares periféricos em que as grandes potências se digladiavam para ganhar a Guerra Fria.*

* O Movimento Popular de Libertação de Angola (MPLA) era baseado na capital, Luanda, e seus líderes falavam português. Agostinho Neto, seu representante, tinha o apoio da URSS, de Cuba, da Alemanha Oriental e da então Iugoslávia. A Frente Nacional de Libertação de Angola (FNLA) concentrava-se ao noroeste do país, na fronteira com o Zaire. Dominado pela tribo bakongo, de língua francesa, mantinha conexões com o presidente do Zaire, Mobutu Sese Seko. Seu líder, Holden Roberto, estava na folha de pagamentos da CIA desde a década de 60. Ele recebia apoio dos Estados Unidos, da China, da Romênia, da Índia e da Argélia. Finalmente, a União Nacional para a Independência Total de Angola (Unita) era composta pela tribo ovibundu, ao sul do país. Recebia apoio de África do Sul, China, Romênia, Estados Unidos, Coreia do Norte e, mais tarde, da própria FNLA. Jonas Savimbi, seu líder, continuou lutando até ser assassinado, em 2002.

Em meio à turbulência, Geisel anunciou que o Brasil seria a primeira entidade soberana a estabelecer-se formalmente no território angolano antes mesmo da declaração de independência, no dia 11 de novembro. O plano incluía o estabelecimento de contatos e projetos de cooperação com o próximo governo angolano, qualquer que fosse a sua liderança. Um regime ditatorial de direita e anticomunista agora reconhecia um movimento de libertação do outro lado do Atlântico, onde a facção que prometia ser vitoriosa, o MPLA, não fazia segredo de suas credenciais marxistas.

A operação brasileira estava crivada de dificuldades. Antes de mais nada, o histórico mais recente do Brasil na África era sofrível: quando um emissário brasileiro tentou estabelecer relações amigáveis com o movimento de independência de Moçambique, em setembro de 1974, suas propostas encontraram o silêncio, como ocorrera em cinco outras ocasiões. E, quando Moçambique celebrou sua própria independência, não enviou nenhum convite ao Brasil. Os líderes da independência moçambicana não haviam esquecido que, em seguida ao golpe brasileiro de 1964, o regime havia invadido seus escritórios no Rio de Janeiro, trancando-os e extraditando seus representantes para a ditadura em Portugal. A CIA estava correta ao apontar que

> devido ao histórico envolvimento brasileiro no comércio de escravos africanos e seu [tradicional] apoio tácito à política portuguesa, [os africanos] ressentem os brasileiros apenas um pouco menos do que ressentem os próprios portugueses.[7]

A outra dificuldade residia no fato de o Brasil ter de atuar durante o processo de independência de Angola como um observador estrangeiro imparcial. O problema era que, no final de 1975, a ex-colônia havia se convertido em palco para agentes da CIA, tropas cubanas e sul-africanas, recursos financeiros dos Estados Unidos, da China e da União Soviética, além de mercenários e serviços secretos de Alemanha Oriental, Grã-Bretanha, França, Romênia, Índia, Israel, Argélia, Zaire, Uganda, Vietnã do Norte e Coreia do Norte. Angola estava agora no centro da Guerra Fria. Nesse contexto, diplomatas brasileiros tinham de estabelecer contato com os três movimentos de independência em contenda, a fim de obterem aceitação para sua "representação especial", e conduzir negócios até 11 de novembro como se Brasília não tivesse favoritos. Claro que havia. Há fortes indícios de que, desde o início, a liderança do Itamaraty preferia claramente o MPLA a qualquer uma das outras facções – essa era a facção das classes médias urbanas, falantes de português, de Luanda, a base do poder nacional, sob a liderança de Agostinho Neto, um homem que tinha o respeito de Silveira e do time de diplomatas brasileiros responsáveis pela África. Essa postura, claro, criaria problemas com os Estados Unidos: afinal de contas, a parceria entre Brasília e Washington tinha por objetivo original ajudar a combater o comunismo, não estimular sua expansão.[8]

Ao decidir abrir uma representação em Luanda, o Brasil teria de conduzir os negócios em uma cidade devastada pela guerra e evacuada por todas as outras representações estrangeiras. Não era apenas difícil encontrar comida e água, mas, em uma manhã de agosto de 1975, não havia nada menos que 3 mil angolanos brancos solicitando vistos para embarcar rumo ao Brasil. Pouco antes da declaração formal de independência, o Brasil concedeu cerca de 5 mil vistos de entrada por mês.[9]

Para Geisel, os eventos em Angola eram de alto risco. Um fiasco poderia jogar os militares brasileiros contra o governo, comprometendo o processo de *abertura*. Para Silveira, o problema era igualmente imediato: um erro poderia tornar sua posição no governo simplesmente insustentável. Em poucos meses, até mesmo os diplomatas brasileiros mais comprometidos com o ativismo ficaram reticentes. A documentação disponível mostra nitidamente a grande insegurança e o temor de Silveira e seu grupo.[10]

O medo paralisou Brasília. Quando as autoridades angolanas demonstraram interesse em acionar o fluxo de comércio e pediram ajuda humanitária, não houve qualquer resposta brasileira. E, embora Geisel houvesse prometido firmar um decreto presidencial abrindo uma embaixada em Luanda nas primeiras horas de 11 de novembro de 1975, ele atrasou a assinatura em um mês. Silveira deixou sem resposta os telegramas enviados por seu representante em Luanda.[11]

Se conduzir uma nova política para a África era um grande desafio em si mesmo, prevenir essa nova política de afetar as relações com os Estados Unidos era um desafio igualmente grande. Desde 1974, Silveira vinha discutindo o tema de Angola com Kissinger. O argumento do chanceler era que o Brasil poderia servir como ponte entre os três movimentos independentistas e o Ocidente. A vantagem do Brasil, dissera Silveira, era sua capacidade de compreender ambas as "mentalidades". Não ficou claro o que Kissinger fez disso àquela altura. Mas ele não via o Brasil como um ator significativo quando a política americana em relação a Angola começou a virar.[12]

Do ponto de vista de Washington, dois fatores conferiam à independência de Angola um alto significado geoestratégico: o fracasso americano no Vietnã e a participação cubana em Angola. Em abril de 1975 as forças comunistas tomaram Saigon, pondo fim ao longo envolvimento americano na Indochina. A percepção em Washington era de impotência diante do expansionismo comunista. Assim, em meados de julho, o presidente Ford aprovou um plano de ação secreta que transferia cerca de US$30 milhões e mais um pacote de armamentos para a FNLA, via Zaire, no intuito de afetar o resultado da independência angolana. A CIA começou a recrutar mercenários de vários países e, de fato, tentou obter permissão do serviço secreto brasileiro para fazer o mesmo no Brasil, mas em vão. Não há indícios de que Kissinger ou Silveira estivessem a par das tentativas da CIA de fazer recrutamentos no Brasil àquela época, mas essa é uma questão que um trabalho histórico futuro terá de esclarecer. A FNLA havia recebido dinheiro dos Estados Unidos, da China e da Coreia do Norte, assim como paramilitares do Zaire.[13]

Em conformidade com os Estados Unidos, em meados de outubro os sul-africanos lançaram a Operação Zulu, pela qual tropas daquele país cooperariam com a Unita para avançar em direção a Luanda a partir do sul. Essa movimentação lançou o curso da independência de Angola numa direção completamente nova, pois Fidel Castro, temendo um fracasso do marxismo em Angola, incrementou seu apoio ao MPLA. Em novembro, o regime em Havana despachou milhares de tropas e ajuda militar adicional, no que ficou conhecido como Operação Carlota. Sem antes consultar Moscou, Cuba aumentara a aposta dramaticamente. Quando Agostinho Neto declarou Angola um Estado soberano, em 11 de novembro, havia cerca de 12 mil membros de forças cubanas ativos no país. O governo Ford, antes decidido a manter um programa secreto relativamente pequeno em Angola, agora era forçado a aumentar o número de mercenários em campo para assegurar a vitória anticomunista. A presença cubana em Angola empurrou os Estados Unidos para o conflito e Kissinger decidiu ir a público. Um dia depois do 11 de Novembro, o secretário disse à imprensa que os Estados Unidos não reconheceriam a existência de Angola até que os cubanos, lá atuantes, voltassem para casa.

Olhando para aquele período da perspectiva de hoje, tem-se a impressão de que, ao entrarem em Angola, nem Kissinger nem Silveira sabiam ao certo onde estavam se metendo.[14]

A situação criou enormes problemas para Silveira. Não era simplesmente que a política brasileira fora cúmplice da política comunista de Cuba: no novo cenário, o chanceler parecia um bobo. Apesar de sua suposta relação especial com Kissinger, ele apenas soubera da presença de forças cubanas em Angola quando já era tarde demais. Kissinger não o havia informado dos eventos e, assim, o Brasil continuara apoiando o MPLA. A decepção de Silveira misturava-se ao sentimento de que uma melhor coordenação talvez levasse a resultados diferentes. Ele disse ao embaixador Crimmins: "Eu gostaria que Kissinger tivesse feito essa declaração quatro meses antes." Em seu relatório para Kissinger, Crimmins afirmou que uma cooperação estreita com Silveira nos meses anteriores ao episódio angolano teria mudado o curso da política brasileira. Os documentos disponíveis hoje revelam que o embaixador estava correto em sua avaliação: o Brasil possivelmente teria deixado Angola de lado.[15]

Por que Kissinger não procurou articular-se com Silveira antes de ir a público na questão angolana? Por que não tentar convencer o Brasil a abrir mão de ser o primeiro país a reconhecer a independência?

Uma possível resposta é que nem Kissinger nem qualquer outra pessoa em Washington achavam a presença brasileira em Angola particularmente relevante no grande quadro estratégico. Tal interpretação, entretanto, é insatisfatória. Na corrida para os festejos da independência, o secretário de Estado havia dado muita ênfase não apenas ao lado militar da equação angolana, mas também a suas implicações diplomáticas. A questão do reconhecimento do novo país importava muito para ele. Basta considerar, por exemplo, sua tentativa, no final de setembro, de convencer os chineses a aumentarem seu envolvimento em Angola pouco antes do 11 de Novembro. Apesar de comunista, o regime chinês estava no ápice de sua rivalidade com o governo de Moscou e sinalizara aos Estados Unidos sua disposição de ajudar a frustrar as ambições soviéticas em Angola. Kissinger foi claro com seu interlocutor chinês:

> Serei preciso. Roberto [da FNLA] e Savimbi [da Unita] precisam ser mais fortes. Recebo relatórios diários de carregamentos militares soviéticos para Luanda.

> É matematicamente certo que Neto [do MPLA] prevalecerá, a menos que Roberto e Savimbi sejam fortalecidos – ou, então, quando os portugueses partirem, Neto tomará o poder. Então, a menos que Roberto e Savimbi sejam fortalecidos, não haverá nenhum acordo entre os três movimentos de libertação e os governos africanos ... Entendo que as armas chinesas estão retidas em algum lugar. É importante que Roberto e Savimbi controlem grande parte de Angola antes da independência. Caso contrário, Neto declarará independência e irá à ONU. Nosso pessoal acha que esse problema é solucionável se agirmos rapidamente.[16]

Esse trecho revela que a política de Brasília em Luanda estava, na prática, funcionando em sentido oposto aos interesses americanos. O que os brasileiros esperavam era precisamente ouvir Agostinho Neto declarar a independência, reconhecê-la e mobilizar apoio para um reconhecimento rápido de terceiros. Por mínimo que fosse do ponto de vista do futuro de Angola, o Brasil era o único país com representação aberta em Luanda antes da independência, prometendo reconhecimento imediato, apoio político e expertise técnica e comercial ao futuro governo. A pergunta persiste: por que Kissinger nem sequer sinalizou sua insatisfação a Silveira?

Parte da resposta tem a ver com a inibição de Kissinger em levantar a questão não apenas com os brasileiros, mas com qualquer interlocutor que fosse. O segredo era essencial por dois motivos. Um fracasso em Angola traria lembranças do desastrado episódio da baía dos Porcos (1961), quando o governo americano apoiou clandestinamente uma tentativa de contragolpe em Cuba. Além disso, se as negociações secretas viessem a público, o mundo conheceria a real extensão da cooperação entre os Estados Unidos e a China comunista para minar a expansão da influência soviética no Terceiro Mundo. Isso seria desastroso para a *détente* tanto quanto seria um grande golpe para Pequim. Não antes de novembro, o secretário levantou a questão de Angola junto aos soviéticos, mas Moscou, por suas próprias razões, recusou-se a discutir. A relutância de Kissinger em falar sobre Angola também tinha uma terceira motivação. Revelações sobre as manipulações secretas americanas em Angola provavelmente enfureceriam o Congresso. De fato, o Congresso mais tarde acabou impondo ao Executivo uma suspensão de todas as transferências monetárias para operações em Angola, a menos que fossem negociadas formalmente no processo orçamentário.

O silêncio de Kissinger custou caro a Silveira porque este ficou sujeito a uma saraivada de críticas internas.[17] Progressivamente, o chanceler começou a responsabilizar Kissinger por não informar o Brasil da presença cubana em Angola e a ver nisso um sinal da falta de disposição americana para uma parceria séria. Crimmins relatou assim:

> Temos tido ... indícios de que Silveira parece considerar a série de declarações do secretário sobre o envolvimento cubano e soviético dirigida ao Brasil especificamente. Esse estado de espírito é absurdamente egocêntrico, é claro, mas os indícios são bastante fortes.[18]

Por motivações de política interna e externa, nesse momento Silveira também começou a argumentar que a política brasileira para a África era, na prática, do interesse dos Estados Unidos. Ao ter um parceiro em Angola e em outros países recém-independentes naquele continente, os Estados Unidos realmente ganhariam, porque o Brasil era uma influência positiva. A diplomacia brasileira poderia "diminuir a excessiva dependência desses Estados de apoios oriundos dos países comunistas e, por conseguinte, ... [exercer] uma influência moderadora na evolução do continente africano".[19]

Foi essa mensagem que ele combinou com Geisel transmitir a Kissinger na véspera da visita do secretário a Brasília, em fevereiro de 1976. Porém, antes disso, mais uma crise eclodiu.

Em 17 de outubro de 1975, o Comitê Social, Humanitário e Cultural da Assembleia Geral da ONU reuniu-se para discutir o esboço de uma resolução que igualava o sionismo a "uma forma de racismo e discriminação racial".[20] A resolução ilustrava uma enorme mudança no sistema da ONU: antes um instrumento a serviço da hegemonia americana, agora o foro era palco do embate entre as maiorias terceiro-mundistas de novos países independentes contra os Estados Unidos. Se aprovada, a peça teria, então, de ser votada na plenária da Assembleia Geral uma semana depois. Não havia dúvidas de que os Estados Unidos rejeitariam categoricamente a proposta. O representante dos Estados Unidos chamou-a de "ato obsceno" e um "supremo ato de engano".

No Brasil, a escolha de Silveira foi pela abstenção. Em uma votação dessa natureza, uma abstenção sinaliza que o país pode concordar com a substância da matéria, mas discordar de sua expressão prática. Trata-se de uma manifestação de meia solidariedade com a tese. Mas Geisel não aceitou abster-se no comitê específico porque tinha aversão ao voto de abstenção em foros multilaterais, mas haveria abstenção na votação final no plenário da Assembleia Geral. Como o embaixador brasileiro na ONU, Sérgio Correa da Costa, havia informado de Nova York que a vasta maioria dos países latino-americanos aprovaria a resolução no comitê, o presidente julgou oportuno seguir a maioria. Na véspera da votação tudo era calmaria. Kissinger, que estava na China, e Silveira, em Londres, não tinham maiores preocupações com o tema.[21]

Mas a votação foi um golpe inesperado. O texto condenando o sionismo venceu a votação por 70 a 29, com 27 abstenções. A delegação americana perante a ONU estava chocada e acusou furiosamente: "Os fascistas no Chile e alguns regimes militares de mentalidade semelhante estão se alinhando com os antissemitas." Em Brasília, Geisel deu-se conta do erro de cálculo: apenas um punhado de países latino-americanos votara a favor da resolução (México, Chile, Guiana, Cuba e Brasil). O Brasil alinhara-se a uma posição minoritária na América Latina. A resposta imediata do presidente foi instruir que, numa nova votação que iria a plenário, o Brasil se abstivesse, tal qual Silveira havia proposto originalmente. No entanto, uma virada inesperada tornou essa opção impossível.[22]

Furioso com o comportamento de alguns países latino-americanos, o Departamento de Estado, sem consultar Kissinger, emitiu protestos formais aos quatro dissidentes latino-americanos (Cuba não recebeu nenhuma nota, pois não mantinha relação formal com os Estados Unidos). Aos olhos latino-americanos, tudo nessa mensagem era ofensivo. Ela pedia aos destinatários que modificassem seus votos, um procedimento diplomático incomum. Além disso, a nota chegou às quatro chancelarias ao mesmo tempo em que chegou à imprensa americana. Crimmins certamente suspeitou que o Brasil reagiria mal à atitude de Washington. Mais tarde disse a Silveira que, se Kissinger estivesse presente em Washington, Brasília jamais teria recebido aquele comunicado.[23]

Poucos gestos poderiam ter ferido mais os sentimentos brasileiros do que um pedido de Washington não negociado, amplamente difundido, que formulava uma expectativa daquela ordem em uma linguagem formal. Visto de Brasília, era um exemplo da mais pura hegemonia, e do tipo que exigia a mais dura reprimenda, pois abria um perigoso precedente. Embora o Itamaraty soubesse que o tom acusatório e recriminatório dos americanos fosse um movimento para as câmeras de TV e para o *lobby* judeu em ano eleitoral, Geisel decidiu reagir com força.[24]

Estivesse Silveira em Brasília, talvez conseguisse argumentar de forma diferente. Mas, quando uma parceria entre dois países recai sobre os ombros de dois indivíduos, a ausência deles de cena pode ser fatal. Assim, Geisel tomou a decisão de manter o voto condenatório contra o sionismo também na sessão plenária, desafiando abertamente o pedido americano.[25]

O que poderia ter sido um incidente menor agora adquiria relevância porque oferecia a Silveira oportunidade singular de ganhar a atenção de Kissinger mais uma vez. Embora o chanceler tivesse preferido não se opor a Washington diretamente com o voto sobre o sionismo, uma vez que o dano já estava feito passou a explorar os dividendos dessa minicrise. A partir daí, onde quer que encontrasse Kissinger, ele lembraria o episódio do voto como uma prova de que as falhas da parceria eram de responsabilidade do Departamento de Estado. Na prática, Silveira estava sugerindo a Kissinger passar ao largo da burocracia e formalizar algum tipo de compromisso com o Brasil. Os sinais do chanceler eram bastante explícitos: Brasília não esperava grandes contribuições materiais em troca de seu apoio aos Estados Unidos. Mas seria simplesmente impossível para qualquer líder brasileiro sustentar uma política de parceria com Washington, a menos que os americanos tivessem o cuidado de demonstrar "respeito" e "igualdade". A capacidade brasileira para aceitar a *delegação* dependia de os Estados Unidos não esperarem deferência brasileira. Apenas se Washington renunciasse a todas as esperanças de que o Brasil agisse como um procurador, o governo em Brasília poderia sustentar uma política de aproximação. Em outras palavras, para atender às exigências de parceria do Brasil, Kissinger teria de pagar um preço simbólico. Muitos anos depois, refletindo sobre o episódio do sionismo, Silveira diria: "Ele nos permitiu pôr as relações com Kissinger no pé em que deviam estar. Se não houvesse correção firme, ele ia querer impor outras coisas."[26]

Os argumentos de Silveira funcionaram. Kissinger tomou a decisão de visitar Brasília com vistas a assinar algum tipo de acordo para consultas regulares – seguindo a linha proposta pelo chanceler durante os dois últimos anos – em defesa de uma comissão bilateral permanente. Mas a manipulação de Silveira não foi o único fator que o convenceu a elevar a parceria com o Brasil.

Desde agosto de 1975, o Escritório de Inteligência e Pesquisa do Departamento de Estado vinha reportando o enfraquecimento da posição de Geisel junto aos militares.[27] O embaixador Crimmins relatara, havia meses, que dentro desse contexto Silveira havia se tornado um dos principais alvos da oposição interna ao comando do general. Porque a linha dura estava constrangida em seu espaço de manobra para atacar o presidente diretamente, viu na política externa o flanco mais fácil de pressionar. Depois das notícias das tropas cubanas em Angola e do voto sobre o sionismo, a munição havia atingido Silveira violentamente. Até Crimmins, cuja relação com Silveira era proverbialmente difícil, encorajou seus chefes em Washington a enviar Kissinger a Brasília em socorro de seu colega brasileiro: "Uma visita do secretário [a Brasília] seria um estímulo a Silveira, e ele certamente precisa de um."[28] A pressão da opinião pública sobre Silveira, acrescentou a CIA, apenas encorajaria o ministro das Relações Exteriores a adotar uma rota antiamericana. O aviso era claro:

> A postura altamente nacionalista de Silveira, que frequentemente descamba para posições antiamericanas, credenciou-o junto aos generais e possibilitou-lhe prosseguir com ações que, de outra forma, tê-lo-iam prejudicado.[29]

Essa avaliação era parcial. Como demonstrado anteriormente, estabelecer um equilíbrio entre proximidade e autonomia em relação aos Estados Unidos era importante para o regime no contexto da *abertura*. Mas as motivações brasileiras por trás das posições cada vez mais rígidas, militantes e nacionalistas em tudo o que envolvia os Estados Unidos tinham raízes mais profundas. Até certo ponto, eram fruto da decepção com a incapacidade de Kissinger de cumprir suas promessas de parceria. Mas também diziam respeito aos valores fundamentais que animavam o presidente e seu ministro. Ambos acreditavam com fervor no valor intrínseco da autonomia da política externa. Para eles, o nacionalismo era um – se não o mais – importante instrumento para fortalecer o país, enriquecer a nação, projetar a influência brasileira no mundo, resistir às pressões hegemônicas dos Estados Unidos e defender o regime.

Nenhum dos dois queria alienar os Estados Unidos. Seu nacionalismo não equivalia a antiamericanismo. Mas qualquer sinal que fosse interpretado como capitulação ante Washington certamente dispararia o alarme. Quanto a isso, Geisel e Silveira enfrentavam um problema fundamental: como alcançar um bom arranjo com uma potência hegemônica se tal esquema dependia de manifestações americanas de igualdade e se, na realidade, a relação era patentemente desigual?

Esses eram os termos do problema em Brasília quando Kissinger anunciou uma visita ao Brasil mais uma vez, e Silveira, novamente, iniciou os preparativos para receber o secretário em Brasília. Frustrados por uma série de problemas intratáveis e duas crises, os dois estavam dispostos a prosseguir. Antes, contudo, tinham que acordar um novo modelo para a parceria.

Kissinger começou a considerar a possibilidade de institucionalizar as relações com o Brasil em setembro de 1975, antes dos episódios de Angola e do voto na ONU sobre o sionismo. Ele afirmou a Silveira que, dessa vez, superaria a resistência dentro do Departamento de Estado. De volta ao Brasil, o ministro das Relações Exteriores fez uma avaliação para Geisel em uma linguagem cuidadosa e calculada, mas que mal conseguia disfarçar seu entusiasmo. O Brasil, argumentou Silveira, deveria tomar a iniciativa como uma oportunidade tanto para elevar o perfil da relação bilateral quanto para limitar e conter as posições dos Estados Unidos em uma série de negociações. O novo esquema seria mais apropriado se fosse presidido pessoalmente pelo secretário de Estado e pelo ministro das Relações Exteriores. Também porque o Brasil havia aprendido a duras penas que as intenções americanas e suas reais políticas não eram sempre iguais, qualquer mecanismo desse tipo deveria primeiro atravessar um estágio probatório de um ano. Após o teste, sujeito a aprovação mútua, poderia então ser renovado indefinidamente.[30]

Essas recomendações atendiam a duas das metas de Silveira ao mesmo tempo. Antes de tudo, elas garantiam sua proeminência no processo de recuperar a parceria. Em segundo lugar, ao impor um teste de resiliência aos Estados Unidos, o chanceler estaria, na prática, estimulando o Departamento de Estado em geral, e Kissinger em particular, a ceder o máximo possível nos 12 meses anteriores à eleição e à posse de uma nova Casa Branca. Pode ser que a cautela se devesse à suspeita de que uma vitória democrata nas eleições presidenciais de 1976 acarretaria uma suspensão da parceria. Assim, Silveira teria buscado evitar uma expectativa elevada demais da parte de Geisel e da opinião pública brasileira.

Mas o humor exultante do ministro durou pouco. Quando ele escreveu a Kissinger para especificar melhor sua conversação em setembro, não obteve resposta. Deve ter sido angustiante não receber retorno durante dois meses consecutivos, especialmente ao longo dos acontecimentos que levaram à independência de Angola e à votação sobre o sionismo. Além disso, um evento de enorme impacto estremecera os alicerces do regime em Brasília. No dia 25 de outubro, o jornalista Vladimir Herzog apareceu morto após uma sessão de tortura em um dos porões da ditadura. Não era o primeiro caso nem seria o último, mas esse mobilizou a opinião pública e forçou Geisel a adotar uma postura mais assertiva em relação à linha dura. O jornal inglês *The Guardian* estava correto ao dizer que a morte "dificilmente poderia ter ocorrido em pior momento para o regime brasileiro".[31]

Em novembro, quando um telegrama do Departamento de Estado finalmente chegou ao gabinete de Silveira, era para dizer que, mais uma vez, a visita do secretário, marcada para novembro de 1975, teria de ser adiada para janeiro do ano seguinte. Em dezembro, uma nova carta chegou, afirmando, dessa vez, que em janeiro não seria possível, mas que uma data alternativa poderia ser encontrada no final de fevereiro de 1976. Silveira devia estar preocupado quando voou para Paris na segunda semana de dezembro para discutir a crise de energia e encontrar Kissinger mais uma vez.[32]

Como entender o silêncio de Kissinger durante esse período? Já foi dito que o Brasil nunca mereceu mais do que uma porção mínima da atenção de Kissinger mesmo quando a ideia de reformular o relacionamento atingiu o clímax, no contexto da Doutrina Nixon. Foram o voluntarismo e o interesse pessoal de Kissinger, primeiramente na reaproximação e depois em uma aliança mais estreita, que sustentaram o fluxo de informação, os laços pessoais relativamente fortes e os rituais de consulta com seus colegas em Brasília. A política americana de aproximação com o Brasil existia apenas enquanto Kissinger quisesse e fosse capaz de tirá-la do papel. O adiamento sistemático de uma visita ao Brasil era nada mais que o reflexo claro de que, em sua agenda, outras questões vinham primeiro.

Além disso, havia o problema do Departamento de Estado. A burocracia, se oposta a um aspecto particular do projeto de parceria, poderia, na verdade, paralisá-lo. Vimos que o embaixador Crimmins estava altamente desconfiado da adequação de uma política de descentralização para o Brasil. Ele havia sido, afinal de contas, o diretor da NSSM-67, o estudo de 1971 contrário a privilegiar o Brasil no contexto da Doutrina Nixon. Os interesses americanos no Brasil, replicava o embaixador, deveriam limitar-se a dissipar o atrito em torno do comércio. Os problemas remanescentes, sugeriu, originavam-se do capricho de Silveira: "Acredito que ... o secretário não deveria ceder à pressão de Silveira por uma ... 'relação especial'." Mais que isso, Crimmins pedia a Washington uma atitude mais dura em relação à morte de Herzog.[33]

O impasse não seria contornado. Mas, em setembro de 1975, quando Kissinger decidiu seguir adiante, a estratégia brasileira na Europa começou a produzir novos frutos. A Grã-Bretanha finalmente aceitara assinar um mecanismo de consulta formal. O Itamaraty e o Foreign Office, a Secretaria do Exterior britânica, poderiam agora estabelecer forças-tarefa, grupos de estudo e pronto acesso aos ministérios apropriados. Mais importante, porém, eram mudanças de conjuntura que faziam o secretário do Exterior, James Callaghan, construir uma apreciação nova e mais positiva do Brasil.[34]

Callaghan esperava que Silveira pudesse ajudar a baixar o tom da retórica da Guatemala na questão da possessão britânica vizinha, Belize. Callagham, que logo assumiria o cargo de primeiro-ministro, esperava ainda que o Brasil pudesse contribuir para diluir as posições antibritânicas da Argentina e do Chile na espinhosa questão da Antártica, chegando ao ponto de sugerir que Londres teria grande satisfação em ajudar o Brasil a também estabelecer negócios naquele continente. Além disso, há indícios de que o secretário do Exterior achava útil consultar o Brasil em duas preocupações britânicas primordiais: negociações com Buenos Aires sobre as ilhas Malvinas/Falkland e o retorno a Londres de um médico britânico que havia sido torturado pelo regime Pinochet e que poderia falar à imprensa britânica, forçando Downing Street a endurecer as relações com Santiago. Silveira, por sua vez, também viu a conexão britânica com interesse renovado. Callaghan apoiava igualmente a suspensão do envolvimento direto dos Estados Unidos em Angola, e Londres poderia facilitar ao Brasil algum tipo de influência junto à Organização da União Africana. O Brasil, que não era membro da entidade, não podia discursar em plenário. Os britânicos poderiam ajudar a espalhar as mensagens de que o Brasil manteria sua posição em Angola, continuava interessado em cooperar com Moçambique e era contrário a um projeto que circulava dentro da organização de partilhar Angola entre as três facções tribais mais importantes.[35]

A promessa inicial da aproximação britânico-brasileira logo minguou, em boa parte por causa do Brasil. Quando o responsável pela América Latina na chancelaria britânica visitou Brasília, em janeiro de 1976, para discutir Malvinas/Falkland e Belize, encontrou silêncio. Quando ofereceu cooperação ao Brasil na Antártica, Silveira declinou da oferta. Discutiram sobre Angola, mas não conseguiram concordar. Entretanto, Silveira colheu dois produtos importantes. Primeiro, um oficial britânico em visita ao Brasil falou publicamente de sua surpresa ao encontrar no país uma sociedade pluralista onde a discordância com as políticas governamentais na imprensa eram "comparáveis, se não superiores" às democracias do Ocidente. Segundo, como apontado anteriormente, agora Londres emitia um convite para uma visita oficial de Geisel que teve o efeito de encorajar Paris e Tóquio a fazerem o mesmo.[36]

Assim, foi com uma carta britânica sob a manga que, em 16 de dezembro de 1975, Silveira chegou a Paris para um encontro com Kissinger. Em meses recentes, devido a Angola e à votação sobre o sionismo, eles não haviam discutido ou tentado melhorar as coisas; haviam, em vez disso, mantido um silêncio sepulcral. Para surpresa de Silveira, o encontro foi memorável.[37]

Kissinger começou a conversa expressando insatisfação sobre a maneira como a embaixada americana em Brasília vinha lidando com a relação entre os dois países e reclamou da resistência do Departamento de Estado de priorizar o Brasil. O secretário queixou-se de problemas de comunicação dentro da burocracia mesmo quando se tratava de sua correspondência com Silveira, que era, segundo o secretário, o ministro das Relações Exteriores que mais havia recebido cartas particulares suas. Sobre Angola, ele reconheceu que foi um erro dos Estados Unidos não terem discutido antes com o Brasil a questão das tropas cubanas – Silveira, reconhecia Kissinger, tinha agido de boa-fé.

O secretário, então, adotou a linha que vinha sendo o discurso de Silveira havia meses: sob as atuais circunstâncias, o Brasil era o único país em Luanda a manter uma porta aberta para o Ocidente. A presença brasileira em Angola era útil para os Estados Unidos. E foi além: disse que a razão pela qual o Brasil importava tanto para os Estados Unidos era que ele tinha influência suficiente para penetrar em certas regiões do mundo onde Washington simplesmente não possuía nenhuma entrada diplomática própria.[38]

Não havia dúvidas, afirmou o secretário, de que o Brasil era o país-chave no hemisfério e que ele faria questão, portanto, de voar até Brasília para firmar um memorando de entendimento, formalizando a parceria. Embora o Departamento de Estado houvesse insistido que qualquer arranjo deveria ser informal e em nível ministerial, ele já havia tomado sua decisão. Somente por meio de um mecanismo formal, assegurou a Silveira, poderia garantir que os Estados Unidos teriam uma relação especial com o Brasil. Muitos anos depois, Kissinger escreveu que o protocolo

> nos obrigaria a levar em consideração os interesses brasileiros em fóruns internacionais e em outros aspectos-chave de nossa política externa em geral. Ele também tinha o potencial de tornar-se o princípio de uma nova parceria no hemisfério.[39]

Àquela época, insistiu, o instrumento seria didático para o governo dos Estados Unidos como um todo. Após apresentar sua proposta, Kissinger perguntou a Silveira se ele concordaria que os dois lados se encontrassem *pelo menos* duas vezes ao ano.[40]

O chanceler não poderia esperar uma oferta melhor. Após meses de silêncio, Kissinger estava agora oferecendo aquilo que Silveira havia desejado: um firme compromisso americano de amarrar institucionalmente o reconhecimento do crescente status do Brasil no mundo.

Em seu relatório para Geisel, o ministro das Relações Exteriores atribuiu o progresso nas relações com os Estados Unidos à resiliência e à agilidade diplomática brasileiras. Esse era, arguiu, o triunfo de seu desenho estratégico: uma política de ampliação dos contatos para forçar as maiores potências do mundo a reconhecer o Brasil como um ator cada vez mais importante nas relações internacionais. Resistir ao drama da independência de Angola e enfrentar o Departamento de Estado por ocasião da votação sobre o sionismo não haviam sido em vão. Exultante, o chanceler dizia a seu chefe que "[a visita de Kissinger ao Brasil] terá resultados que teriam sido inalcançáveis dez meses atrás".[41]

Refletindo a persistente fratura da política americana para o Brasil, Kissinger nunca notificou seu embaixador em Brasília sobre o conteúdo do encontro com Silveira em Paris. Crimmins tampouco recebeu qualquer informação da decisão do secretário de voar até Brasília no final de fevereiro. Cinco semanas antes da viagem, Crimmins ainda não sabia de nada e, quando descobriu, não foi por meio de um telegrama de Washington, mas de uma fonte confidencial do Itamaraty.[42]

O embaixador manteve sua posição anterior de que "o secretário não deveria ceder à pressão de Silveira por uma 'relação especial'". Ele reportou a Washington que Silveira representava um obstáculo para uma melhor relação comercial entre os dois países. Crimmins insistia que o secretário deveria priorizar a relação com o ministro da Fazenda, Simonsen. Era melhor, ele escreveu, manter a relação no nível de subgrupos sobre questões econômicas e comerciais, nas quais o ministro da Fazenda provavelmente teria uma representação forte.[43]

Crimmins não estava sozinho na tentativa de segurar Kissinger. Tanto a Casa Branca quanto o Departamento de Estado defendiam cautela com relação a um memorando formal com o Brasil. Diante da insistência de Kissinger, o Departamento de Estado, assim como o National Security Council, defendia um encontro anual com os brasileiros em vez de dois. Mas a ideia do secretário prevaleceu. Mais tarde, em suas memórias, Kissinger recordaria que, no início de 1976, "o Brasil, sempre prático, estava cautelosamente sondando para ver quanto sua margem de manobra havia se ampliado". O secretário estava decidido a dar uma resposta positiva. A forma concreta de sua resposta, todavia, permaneceu incógnita.[44]

No Brasil, Silveira queria que o acordo estabelecesse "consultas de alto nível, entre partes autônomas, negociando sob condições iguais". O acento aqui era no reconhecimento da importância crescente do Brasil no mundo e, consequentemente, de seus direitos especiais. É preciso ressaltar uma distinção que com frequência passa despercebida na literatura especializada sobre a política externa brasileira. O problema para o Itamaraty não era tanto de liberdade – desde a década de 60, seus diplomatas haviam, na verdade, sido capazes de atuar como julgavam apropriado, fosse em suas negociações com o mundo comunista, fosse em suas atividades junto aos países vizinhos na América do Sul. Em todos os casos, os obstáculos ideológicos para a ampliação da agenda exterior brasileira vinham de dentro, não de fora. Em vista disso, ao tentar garantir o reconhecimento dos Estados Unidos, o propósito de Silveira não era tanto receber uma bênção às ambições brasileiras de fazer *mais* nas relações internacionais. Ao contrário, tratava-se de ver o comportamento brasileiro como um empreendimento legítimo que não precisava de nenhuma explicação ou justificativa: a escolha de uma entidade soberana que, como membro maduro da sociedade internacional, poderia agir como bem quisesse sem que as grandes potências esperassem dele um pedido de autorização.[45]

Era isso o que Silveira tinha em mente quando disse que Washington deveria aceitar, de uma vez por todas, que a comunidade ocidental fosse "aberta e dinâmica e insusceptível de ser interpretada unilateralmente, cabendo pois, ao Brasil, de pleno direito, dela sentir-se parte e nela atuar como igual". Por isso, para ele, um dos propósitos da parceria era ajudar os Estados Unidos a "assimilarem a polivalência da política externa brasileira". A escolha do verbo aqui é importante: segundo o ministro das Relações Exteriores, não se tratava de os americanos "aceitarem" o comportamento brasileiro, mas de "assimilá-lo". A ênfase estava na necessidade de Washington absorver a noção de que o Brasil estava em ascensão. Em outras palavras, o alvo de Silveira não era a intransigência dos Estados Unidos, mas a pretensão hegemônica que reservava ao Brasil um lugar menor no mundo.

> A coincidência na liberdade é mais eficiente do que o alinhamento automático. A expectativa de alinhamento fere o bom senso e a sensibilidade. Supõe uma hierarquia de valores nos interesses e fere o amor-próprio dos que são considerados subordinados. São o paternalismo e a condescendência, quando não a intervenção, bem-intencionada ou não, que provocam a necessidade de contestações ou de afirmações de independência.[46]

Na visão de Silveira, havia uma diferença crucial entre a liderança americana, que o Brasil estava contente em aceitar, e o que ele chamava comando hegemônico, que desprezava. Enquanto a primeira poderia existir em um contexto de igualdade entre entidades autônomas, o segundo introduzia um elemento de subordinação que Brasília achava ameaçador. A obsessão de Silveira era evitar que "os interesses de uma das partes possam ser considerados subordinados aos da outra parte".[47]

A prioridade brasileira era converter o protocolo de intenções bilateral a ser assinado durante a visita de Kissinger em um instrumento formal para confirmar o reconhecimento americano da autonomia do Brasil. Na visão do Brasil, o protocolo, portanto, tinha dois papéis a preencher: ser um escudo contra as pressões americanas e um trampolim para concessões pontuais. A primeira parte da proposição exigia uma fórmula que evitasse a interferência americana em negócios que o Brasil considerasse muito delicados e um modelo que lhe desse amplo espaço para negar pedidos dos Estados Unidos. A segunda parte exigia uma divisão de custos em que Washington assumiria a maior parte do ônus de manter a parceria de pé.

As preferências brasileiras tiveram impacto imediato na concepção de Geisel e Silveira em torno da visita de Kissinger. A América Latina, por ora, deveria ser mantida fora dos limites do memorando. Na frase de Silveira, "[o memorando] encontra poucas oportunidades de ser exercido no contexto do sistema interamericano". Incluir a região seria aceitar que o memorando era uma expressão das esperanças americanas de que o Brasil poderia atuar como um xerife regional. A América Latina era uma área onde os interesses dos Estados Unidos eram propensos ao desentendimento com os do Brasil, e onde o Brasil havia historicamente conduzido uma política de cautela que às vezes passava por não política. Tratava-se da escolha estratégica de um país gigantesco rodeado por dez vizinhos contíguos – nenhum dos quais questionava suas fronteiras territoriais com o Brasil, mas todos ainda possuíam alguma forma de disputa regional entre si. Qualquer interferência de grandes potências no ambiente sul-americano era vista como uma grande ameaça para o Brasil, que crescera habituado à paz e à benigna indiferença dos mais fortes.[48]

Além disso, Geisel e Silveira esperavam elaborar um memorando por meio do qual os americanos assumissem compromissos econômicos e comerciais especiais. Isso eles deviam fazer não porque o Brasil faria concessões em troca, mas porque era interesse natural dos Estados Unidos verem o Brasil modernizar-se rapidamente e, um dia, assumir maiores responsabilidades no mundo. Washington devia, portanto:

> [Abandonar] qualquer preocupação de *quid pro quo* nas medidas a serem tomadas, pois o que se estaria buscando seria, precisamente, diminuir diferenças. A "compensação" se faria em termos históricos e seria alcançada pela habilitação do Brasil para operar efetivamente, no futuro, na comunidade ocidental ... No passado, a balança das relações políticas entre os dois países tendia a apresentar

> desequilíbrios em detrimento do Brasil. É natural que numa fase de reequilíbrio sejam mais necessários os reasseguramentos de independência e de igualdade. Isso os Estados Unidos da América precisam entender que não representa, necessariamente, como frequentemente supõem, uma atitude "antiamericana".[49]

Dessa concepção seguia-se que quaisquer sinais de Washington de que era difícil ou impossível outorgar concessões especiais refletiriam a inexistência da parceria. O protocolo de intenções, prosseguia o argumento, somente seria válido na medida em que houvesse demonstrações palpáveis de apoio ao projeto modernizador do Brasil. Como expressou Silveira, a aliança "não faz sentido no plano meramente intencional ... A disposição do Executivo americano de encontrar recursos para implementar sua política com relação ao Brasil será o teste principal".[50]

Aqui, a posição brasileira era ou extremamente ingênua ou extremamente enganosa. Ou ninguém no Itamaraty sabia que um país, mesmo uma superpotência, simplesmente não embarcaria em um acordo dessa natureza se tivesse que investir nele unilateralmente, enquanto o outro lado assumia apenas os mais vagos compromissos de cooperação futura; ou a imposição desses critérios precisa ser vista como uma maquinação de Geisel e Silveira para disfarçar o fato de que, no final das contas, eles achavam que o Brasil estava melhor sem um compromisso muito sério com os Estados Unidos.

Havia uma grande lacuna de compreensão a separar os dois lados. Cada um adotava critérios diferentes para atestar a validade e a relevância da parceria. Mas, quando se preparava para receber Kissinger, nas primeiras semanas de fevereiro de 1976, Silveira não viu motivos para preocupação. Ao contrário, os sinais vindos de Washington eram todos encorajadores. Quando o senador republicano Jacob Javits, em uma breve viagem ao Brasil em janeiro, recuou em face da resposta de Silveira a uma nota sobre a péssima situação de direitos humanos do país, o ministro brasileiro viu nisso uma reafirmação de que Kissinger não levantaria essa questão de maneira significativa durante sua visita. As tentativas de Silveira de esvaziar a visita de Kissinger de todas as especificidades, além da assinatura do protocolo de intenções, também haviam passado incólumes. Ele tinha feito questão de evitar uma reunião de trabalho em que pudesse haver espaço para problemas; em vez disso, ele esperava simplesmente "um gesto político de largo escopo". Foi o que obteve.[51]

6 A parceria formalizada

Era a segunda visita de Kissinger ao Brasil. A primeira ocorrera havia 14 anos, quando o embaixador Araujo Castro convidara o jovem acadêmico de 39 anos para "apimentar o Itamaraty". Aos 53 anos, Prêmio Nobel da Paz e secretário de Estado, Kissinger era recebido em Brasília como uma celebridade. Na mala, trazia o esboço de um Memorando de Entendimento que formalizaria a parceria estratégica com base no princípio de que o Brasil era uma potência emergente.[1]

A imprensa brasileira transpirava otimismo. Enquanto o espírito do golpe de 1964 pregava "o que é bom para os Estados Unidos também é bom para o Brasil", em fevereiro de 1976 a palavra de ordem, segundo matéria da revista *Veja*, era: "O que é bom para o Brasil pode ser bom também para os Estados Unidos ... o melhor parceiro nem sempre é aquele que só diz sim."[2]

A agenda da visita era aberta e flexível. Kissinger conversaria com Geisel e Silveira sobre qualquer tema de interesse das partes. Silveira tomou a dianteira apontando que os Estados Unidos deviam mostrar maior compromisso com o Brasil. A falta de comunicação na questão de Angola era o típico exemplo dos problemas que a parceria deveria resolver.

> Os Estados Unidos e o Brasil não podem ser meio-aliados. Os Estados Unidos não podem esconder certas informações do Brasil. Nós não sabíamos que vocês estavam intervindo em Angola. Nós levaríamos isso em consideração, mas vocês não me disseram nada.[3]

Angola era um tema legítimo para o encontro porque os interesses americanos e brasileiros eram convergentes: acelerar o fim da presença cubana no país. O uso da força e as ações de contrainsurgência já haviam provado serem instrumentos ineficazes para isso. Era imperativo, dizia Silveira, manipular a cena política angolana para tornar o apoio de Cuba supérfluo e, em seguida, incômodo para o governo em Luanda. A equipe de Silveira chegou a preparar três recomendações para o secretário de Estado. Os Estados Unidos deviam propor uma iniciativa internacional de suspensão de todo apoio estrangeiro às facções beligerantes e ao recrutamento de mercenários no país africano. Fariam uma declaração multilateral que confirmasse o apoio de Washington à integridade territorial do país. E quaisquer pressões sobre o governo angolano para livrar-se das tropas cubanas seriam suaves e realizadas por intermédio da Organização da União Africana.[4]

O estilo e a forma dessas recomendações ilustram o modelo de parceria que Silveira tinha em mente. Nesse esquema, o papel do Brasil não era *fazer* nada concreto. Sua contribuição consistia em ajudar os Estados Unidos a "enquadrar problemas", interpretando, comentando e sugerindo estratégias ao secretário de Estado, sem que isso implicasse ação conjunta.

No entanto, quando chegou a hora de apresentar as propostas a Kissinger, Silveira recuou e manteve silêncio. Por quê? Possivelmente o entrave era a discrepância de visão entre Silveira e o presidente Geisel. O ministro era um diplomata de carreira cuja preocupação era aumentar o poder, o prestígio e a influência do Brasil no mundo, uma operação que às vezes produzia benefícios importantes, mas intangíveis. Geisel via as coisas de um ângulo diferente. Sua preocupação era com o destino do regime que ajudara a implantar 12 anos antes. Seu instinto era defender a ditadura de um fim brusco. Seu objetivo em 1976 não era o de galgar posições na hierarquia internacional, mas assegurar tranquilidade, fora e dentro do Brasil, que lhe permitisse gerenciar o delicado processo de *abertura*. Em sua concepção, adotar uma postura ativista na questão de Angola talvez fosse contraproducente.[5]

Geisel acreditava que era melhor ter cautela com os Estados Unidos. Não confiava no sistema político americano e, como deixou claro a Kissinger, achava que tanto a opinião pública quanto o governo em Washington tinham uma "visão distorcida" do Brasil como uma ditadura militar que não merecia nenhum tipo de tratamento especial. Assim, o presidente era cético em relação às chances de qualquer forma de parceria. Kissinger reagiu com um convite para que Geisel visitasse os Estados Unidos, ajudando assim a dissipar a percepção que o presidente identificara. Não era a primeira vez que o governo americano apresentava um convite a Geisel. Quando da posse deste, em março de 1974, a então primeira-dama Pat Nixon fizera um convite informal. Em 1975 o presidente Gerald Ford enviou um documento formal, ao qual Geisel respondeu dizendo que daria uma posição final um ano mais tarde. Complementou: "Não me telefone. Eu telefonarei para o senhor." Em fevereiro de 1976, Kissinger insistia na visita. A Casa Branca queria uma demonstração pública da parceria com um país emergente, enquanto o Departamento de Estado pretendia sinalizar a terceiros países em desenvolvimento que, se cooperassem com os Estados Unidos como fazia o Brasil no diálogo Norte-Sul, então Washington não hesitaria em premiar esse comportamento.[6]

Todavia, Kissinger não conseguiu arrancar um "sim" de Geisel. Em resposta ao convite, o general retrucou com uma pergunta retórica: como poderia ele justificar uma visita aos Estados Unidos se a legislação comercial americana punia o Brasil? Kissinger não estava preparado para essa cartada. Apenas três semanas antes, Silveira havia dito ao embaixador Crimmins que Geisel possivelmente aceitaria um convite, especialmente se o mesmo incluísse um fim de semana em Camp David, o retiro presidencial.[7]

Por que o chefe de uma ditadura anticomunista e interessada em manter boas relações com os Estados Unidos recusou quatro convites sucessivos para visitar a Casa Branca? As razões que Geisel apresentou a Kissinger não eram verdadeiras. O cálculo do presidente era essencialmente baseado em considerações de política interna: uma viagem aos Estados Unidos não seria bem-vista por nenhum ator do espectro político brasileiro, à direita ou à esquerda. Nesse sentido, em 1976 Geisel tinha menos espaço de manobra que Médici em 1971. Médici não havia tido uma *abertura* para promover e presidia uma sociedade que estava fortemente fechada sob as garras do regime. Geisel gerenciava um momento delicado que podia escapar-lhe das mãos. De novo, o presidente optou por ser cauteloso.

Kissinger estava determinado a fazer todas as concessões que pudesse para restaurar o espírito de engajamento que as minicrises de 1975 haviam ajudado a mitigar. Quando Brasília apresentou-lhe um esboço de acordo para normalizar subsídios e uma lista de *commodities* para as quais esperava acesso preferencial, o secretário prometeu apoio. Também prometeu pressionar Robert MacNamara, presidente do Banco Mundial, para que diminuísse as restrições aos empréstimos ao Brasil nos setores hidroelétrico e de minério de ferro.[8]

A maior concessão ficou por conta da questão nuclear. Dias antes da visita de Kissinger a Brasília, diplomatas brasileiros e alemães começaram a trabalhar freneticamente na Agência Internacional de Energia Atômica (AIEA), em Viena, para aprovar um acordo de salvaguardas capaz de legitimar o programa nuclear teuto-brasileiro. O embaixador brasileiro na Alemanha Ocidental enviara um telegrama a Silveira dizendo ser "essencial obter uma definição dos Estados Unidos, que seja clara, em nosso favor". Sem ela, dizia, o acordo poderia naufragar. Os sinais de Washington não eram bons. O assessor de Kissinger responsável pelo tema no Departamento de Estado, Joseph Sisco, era abertamente contrário a qualquer apoio ao Brasil. Mais que isso, o assessor de Segurança Nacional do presidente Ford, Brent Scowcroft, acreditava que a viagem de Kissinger ao Brasil criava o cenário ideal para

> encerrar algumas das lacunas que percebemos no acordo entre o Brasil e a Alemanha Ocidental ... Isso ... seria uma vantagem definitiva para ganhar o necessário apoio do Congresso na aprovação de um novo acordo [nuclear] com o Brasil. Sem fortes restrições à proliferação, essa aprovação será muito incerta.

A ideia de Scowcroft era manter conversas exploratórias de baixo perfil com o Brasil sem nenhum compromisso para testar até que ponto este poderia aceitar as restrições e salvaguardas que Washington tinha em mente. Em memorando ao presidente Ford, dizia:

> O Departamento de Estado acredita que a questão nuclear brasileira é um tema sensível no Congresso, a ponto de ser recomendável ter a sua sanção explícita antes de um contato com o Brasil sobre a matéria.[9]

Mas, em Brasília, Kissinger não esperou instruções: decidiu adiantar-se e foi em direção oposta à de seu próprio governo. Durante um treino da Seleção brasileira de futebol convocado especialmente por Geisel em homenagem ao secretário de Estado, este anunciou a seus anfitriões que acabara de enviar ordens a Viena para que a delegação americana na AIEA apoiasse, sem reservas, a proposta do acordo. Um ano mais tarde, o recém-empossado Jimmy Carter mobilizaria seu secretário de Estado, o assessor de Segurança Nacional, o vice-presidente e sua própria esposa para tentar suspender e renegociar o acordo.[10]

Mas o gesto simbólico mais importante da viagem de Kissinger a Brasília ainda era a assinatura do Memorando de Entendimento. Nesse quesito, ele e Silveira ainda tinham opiniões desencontradas. A forma final do documento reflete essa diferença e a impossibilidade de ambos os lados de resolvê-la. A peça foi apresentada ao público como um "marco político para consultas". Estipularam-se dois encontros por ano entre o chanceler e o secretário de Estado, a serem realizados alternadamente no Brasil e nos Estados Unidos. Os dois diplomatas-chefe seriam responsáveis por estabelecer grupos de trabalho específicos quando fosse útil ou necessário. A implementação das decisões tomadas no âmbito do Memorando não eram vinculantes e cabiam exclusivamente a cada um dos países.[11]

Simples e vago, o documento permitia liberdade máxima de manobra para cada lado. Não especificava temas nem obrigava as partes a realizarem consultas antes de cada encontro. Não continha provisões para gerenciar conflitos entre os parceiros nem previa ações para aumentar conexões entre as duas sociedades. O instrumento concentrava ainda mais as tarefas gerenciais nas mãos das respectivas burocracias diplomáticas. Assim, caso os ministérios ou agências governamentais de cada lado quisessem estabelecer laços formais com seus equivalentes no outro país, antes de avançarem precisariam do consentimento expresso do Departamento de Estado e do Itamaraty.

O documento buscava injetar ânimo em uma relação que havia perdido todo o seu ímpeto. Estabelecia um ambiente para o diálogo bilateral de alto nível e promovia um espírito de proximidade. Tratava-se menos de formalizar compromissos e acordos para agir conjuntamente no mundo do que de criar e manter um clima de compreensão mútua e, quando possível, algum grau de convergência. Como ocorre frequentemente com acordos diplomáticos, a grande fonte de sucesso do Memorando era também seu ponto mais fraco. A simplicidade, a vagueza e a flexibilidade do texto evidenciavam a impossibilidade de uma parceria real. A fórmula limitada o tornava palatável para dois países que não podiam engolir muito mais que isso.

O alicerce básico do Memorando era a compatibilidade entre Kissinger e Silveira. Quando o primeiro justificou o documento ao presidente Ford, apontou que "os brasileiros têm uma visão global ... O interesse do Brasil em temas internacionais ... é o interesse de homens sérios, não de diletantes, porque eles acreditam terem um papel global a desempenhar". Ele não estava, no entanto, se referindo aos diplomatas brasileiros em geral. Ele falava de Silveira. Da mesma maneira, ao argumentar com Geisel, Silveira enfatizava a existência de um homem em Washington com quem era possível negociar:

> Kissinger mostrou-se absolutamente consciente, a meu ver, das profundas consequências que poderão advir, para o relacionamento de nossos dois países, do correto funcionamento do mecanismo a ser estabelecido no Memorando de Entendimento, bem como das motivações que nos inspiram a assiná-lo.[12]

Por não especificar objetivos claros, o sucesso e o fracasso da empreitada dependiam das personalidades do chanceler e do secretário de Estado, e da capacidade de eles desenvolverem uma boa relação pessoal. Apoiado em personalidades, o Memorando estabelecia limites estreitos para a sua efetividade. Se o secretário de Estado e o ministro das Relações Exteriores compartilhassem a mesma visão sobre um dado problema, então o acordo seria um instrumento eficaz. Se as visões fossem discrepantes, o problema teria que esperar até que uma crise o levasse para a mesa de negociação.

Para Silveira, os meses que se seguiram à passagem de Kissinger pelo Brasil foram de vitórias. Em abril e maio ele acompanhou Geisel nas visitas de Estado à França e à Grã-Bretanha – dois eventos que confirmaram a adequação de sua estratégia geral. Em Paris, o presidente Giscard d'Estaing chamou as relações França-Brasil de "*un affaire de coeur*" e celebrou a criação de uma *grand commission* bilateral. Em Londres, o Foreign Office propôs encontros de planejamento regulares com o Itamaraty. Como os oficiais britânicos logo observaram, o Brasil era o único país não industrializado e não pertencente à Commonwealth a receber esse tipo de tratamento em Londres. O propósito, diziam eles, era discutir a "Europa Ocidental, o futuro da *détente*, os objetivos soviéticos e chineses no Terceiro Mundo e a nova ordem econômica internacional". A imprensa brasileira publicou que "franceses e ingleses pretendem induzir o Brasil a aceitar um novo status no mundo ocidental".

Na chegada da comitiva brasileira a Tóquio, no mesmo ano, a manchete do jornal japonês *Asahi Shinbum* dizia: "O Brasil a caminho de tornar-se uma grande potência no século XXI."[13]

Em todos esses encontros a tônica foi similar. Os países industrializados reconheciam o Brasil como potência emergente e se furtavam de comentar os abusos cometidos pela ditadura. A postura brasileira não foi de engajamento, mas de cautela e reticência. Isso foi particularmente difícil em Paris e Londres, onde os anfitriões esperavam que o Brasil falasse sobre a situação geral na África. O chanceler francês, Jean Sauvagnargues, disse a Silveira que queria reconhecer Angola, mas ainda aguardava uma resposta de Agostinho Neto. Também compartilhou com o Brasil suas opiniões a respeito da independência do Djibuti, da evolução das políticas no Líbano e do diálogo Norte-Sul. Na conversa, Sauvagnargues e Silveira discordaram frequentemente, mas o tom foi cordial e o Brasil não fez nenhuma proposta concreta.[14]

Em Londres, James Callaghan, o chanceler que fora ponto de contato de Silveira ao longo dos últimos anos, acabava de ser elevado ao cargo de primeiro-ministro. Em sua conversa com a delegação brasileira, pediu apoio para convencer o governo em Luanda, hostil às potências imperiais, a aceitar o reconhecimento britânico da independência angolana. Silveira apenas recomendou que ele se esquivasse do chanceler angolano, Eduardo Santos, e tentasse uma aproximação direta com Agostinho Neto. Callaghan também pediu a Geisel que fizesse algumas considerações sobre a evolução política do regime de Pinochet no Chile. Geisel limitou-se a dizer que não tinha conhecimento suficiente para tecer comentários, mas elogiou a retomada do crescimento econômico chileno com base na livre-iniciativa. A transição chilena, concluiu Geisel, não poderia ser feita sem "grandes dificuldades".[15]

Os números do comércio exterior brasileiro pareciam confirmar a validade desse comportamento. Pela primeira vez desde o início do século XX, a Europa voltava a ser o parceiro comercial número um do Brasil. Enquanto em 1969 os Estados Unidos eram responsáveis por 46,6% do investimento externo no Brasil, em 1974 o montante havia caído para 33%. Nesse mesmo período, as exportações brasileiras para a França triplicaram e os investimentos franceses cresceram 760%. As exportações brasileiras para a Grã-Bretanha e os investimentos britânicos no Brasil quase triplicaram no mesmo período.[16]

Os ganhos no exterior não fortaleciam apenas Silveira. As viagens auxiliavam Geisel no quesito que mais lhe importava: a própria capacidade de conduzir o processo de *abertura*. Durante as viagens, Geisel aproveitava a distância para mandar recados aos vários atores políticos internos. Em Paris, por exemplo, concedeu a primeira entrevista à imprensa brasileira em 25 meses. Chegou a responder a questões espontâneas de um grupo de jornalistas franceses – uma atitude impensável no Brasil. Quando perguntado sobre as violações sistemáticas dos direitos humanos e das liberdades civis, o general simplesmente sorriu e permaneceu calado. Em Londres, concedeu a primeira entrevista coletiva de seu mandato para a televisão.

ENQUANTO A ESTRATÉGIA GLOBAL parecia funcionar bem, a relação com os Estados Unidos começou a mostrar novos sinais de paralisia e decadência. Logo após a viagem de Kissinger, um relatório dos serviços de inteligência americanos avaliou que "as relações especiais entre o Brasil e os Estados Unidos, que se desenvolveram depois da Revolução de 1964, não existem mais". E menos de uma semana após a assinatura do Memorando de Entendimento, mais um capítulo do drama do fim do império português testou a qualidade da parceria.[17]

O Timor-Leste era uma possessão portuguesa desde o século XVI. Quando um partido político local declarou a independência, em novembro de 1975, levou poucas semanas para que o governo da vizinha Indonésia decidisse anexar o território à força. O governo indonésio incorporou o Timor com o conhecimento e a aprovação expressa de Kissinger e do presidente Ford, que dias antes da invasão estavam em Jacarta negociando um memorando de consultas bilaterais com o ditador Suharto semelhante àquele assinado com o regime militar em Brasília.[18]

O movimento pela independência timorense entrou em contato com Silveira de imediato. Em mensagem secreta, eles comunicaram ao chanceler que iriam pedir às Nações Unidas o destacamento de uma força multilateral com vistas a encerrar a ocupação indonésia. E informavam Brasília de seu interesse em que a operação ficasse sob o comando brasileiro, tendo em vista a língua comum e o apoio já demonstrado pelo Brasil às ex-colônias portuguesas na África.

Ativista como era, Silveira estava disposto a mobilizar a diplomacia para ajudar o Timor-Leste. Em relatório a Geisel, afirmou que o Brasil deveria apoiar a causa e sugeria começar com intensas consultas a outros países interessados. É plausível suspeitar que o chanceler estivesse disposto a começar pelo próprio Kissinger. Afinal de contas, se Silveira tinha aprendido uma coisa com o episódio de Angola, era que valia a pena consultar Washington antes de proceder com atividades dessa natureza.[19]

Entretanto, o tema Timor-Leste nunca chegou a aparecer na comunicação do chanceler com seu colega americano. Por quê? Os dados cruciais sobre o Timor-Leste permanecem confidenciais nos arquivos dos Estados Unidos e da Indonésia. Também é razoável supor que existam materiais relevantes nos arquivos ainda reservados do Itamaraty. Mas duas interpretações provisórias vêm à tona. É possível que Geisel tenha indeferido mais uma instância do ativismo de Silveira. Ou é possível que, em conversas privadas com Kissinger ou outros oficiais americanos, Silveira tenha percebido o grau do compromisso de Washington com o regime de Jacarta e tenha abdicado de uma rota de alto risco.

A PARCERIA TAMBÉM FOI TESTADA na vizinhança do Brasil, na primeira semana de junho de 1976, quando o chanceler da Guiana disse a Kissinger ter informações sobre um plano brasileiro de ataque a seu país. Embora os rumores fossem falsos, notícias dessa natureza haviam aparecido em meios de comunicação no Brasil e na Venezuela. Segundo os boatos, o Brasil temia a crescente presença de tropas cubanas, retornando de sua missão em Angola, na Guiana. De fato, o governo brasileiro tinha motivos para preocupação: havia pouco tempo o governo daquele país declarara ser socialista e confirmara a existência de campos de treinamento militar. O serviço secreto brasileiro indicou que os aviões cubanos a caminho de Angola usavam regularmente os aeroportos guianenses para abastecimento e que militares guianenses estavam recebendo cursos de treinamento em Cuba. Em Georgetown, as instalações militares eram dirigidas por oficiais cubanos. Segundo estimativas brasileiras, o governo guianense estava se fortalecendo para o momento da renegociação do Tratado de Limites com a vizinha (e temida) Venezuela.[20]

Quando Silveira confirmou a Kissinger que o Brasil não tinha planos ofensivos na Guiana, o secretário retrucou dizendo que os Estados Unidos estavam dispostos a fornecer recursos para resistir à expansão da presença cubana naquele país. Washington, disse Kissinger, não hesitaria em intervir "com ou sem o Brasil ... Nós preferimos fazer isso com o Brasil, mas nós estamos preparados para agir sozinhos". Silveira recuou dizendo que ele esperava que as coisas se acalmassem nos meses seguintes, mas que ambos os países deveriam preparar-se para quaisquer eventualidades. A documentação sugere que as conversas entre Kissinger e Silveira sobre a Guiana nunca foram além disso.[21]

Em outras áreas a performance do Memorando foi igualmente fraca. Quando o presidente do CNPq visitou os Estados Unidos para assinar uma série de acordos, por exemplo, interlocutores em várias agências foram evasivos. Disseram estar cientes do interesse de Kissinger em promover a cooperação científica com o Brasil, mas notaram a falta de recursos e interesses da comunidade acadêmica.[22]

A área onde houve algum progresso durante esse período foi o comércio. O governo americano encontrou uma solução para as exportações de calçado brasileiro e aumentou a cota para têxteis. Em viagem ao Brasil, o secretário do Tesouro, William Simon, assinou acordos que deixaram as autoridades brasileiras satisfeitas pela primeira vez em anos. Não há dúvidas de que a boa vontade dos Estados Unidos em encontrar soluções foi resultado da pressão de Kissinger.[23] As instruções para a delegação americana explicitavam a demanda:

> Desde meados da década de 60, o Brasil embarcou em um processo de desenvolvimento econômico que promete levá-lo a ser uma das principais nações industrializadas antes do fim do século. O Brasil conseguiu isso sem acordos preferenciais de comércio com nenhum país desenvolvido ... a recente visita do secretário Kissinger ... é indicativa da ... percepção das implicações políticas do desenvolvimento econômico brasileiro ... Nossas intenções estão seriamente comprometidas, contudo, pela aceleração de eventos na esfera comercial ... que criam o risco de um estranhamento, se não de uma confrontação aberta, entre os dois países. [O] objetivo primário da reunião [é] desativar a delicada situação atual. É politicamente essencial que a reunião mostre avanços.[24]

As concessões americanas foram facilitadas pelo fato de as demandas brasileiras serem muito limitadas. Como disse o negociador americano, "os brasileiros ... buscam uma solução de curto prazo para calçados e estão dispostos a continuar da mesma maneira que vimos fazendo no passado em relação a outros produtos".[25]

Talvez o teste mais difícil para a parceria tenha sido um tema em que os interesses de ambos os lados eram iguais, mas pressões políticas internas forçavam posturas divergentes. O cenário era uma reunião da OEA, em junho de 1976, na qual seria discutido um relatório da Comissão Interamericana de Direitos Humanos sobre o Chile. O regime de Pinochet havia chegado ao poder três anos antes após um golpe sangrento contra um líder popular durante o qual mais de 1.500 pessoas haviam desaparecido. Outros milhares haviam sido detidos, torturados, presos e exilados. Os Estados Unidos ajudaram a criar um ambiente que levou ao golpe de 1973 e deram luz verde ao novo regime para erradicar "terroristas" de esquerda, enquanto a ditadura brasileira recebeu a notícia do golpe chileno com alívio.

Em junho de 1976, contudo, o ambiente havia mudado em ambos os países. A Casa Branca de Ford e o palácio do Planalto de Geisel estavam na defensiva. Os americanos enfrentavam uma campanha eleitoral na qual a oposição fazia dos direitos humanos a bandeira central da política externa. Para isso contribuiu uma bateria de novas legislações aprovadas pelo Congresso que, na prática, forçavam o secretário de Estado a ser mais intrusivo, abrangente e assertivo no tratamento da questão dos direitos humanos com líderes estrangeiros. O senador democrata Frank Church, que em 1971 presidira o estudo sobre a conexão entre o governo americano e a repressão brasileira, em 1975 e 1976 estudara o abuso de poder do Executivo americano em questões sensíveis: a CIA havia violado a correspondência de um milhão e meio de cidadãos americanos; entre 1960 e 1974, o FBI havia investigado mais de meio milhão de pessoas por atividades subversivas sem conseguir levar nenhuma delas à Justiça; a CIA havia feito experimentos com drogas que resultaram na morte de duas pessoas e havia tentado assassinar líderes estrangeiros (sem sucesso), além de manipular eleições (como no caso do Chile). Assim como os estudos de Church no início da década abriram caminho para a questão dos direitos humanos na relação dos Estados Unidos com o Brasil, o Comitê Church de meados da década abriu espaço para limitar o campo de ação do Executivo nas relações exteriores como um todo.

Isso colocava Kissinger em uma posição difícil. Por um lado, ele precisava demonstrar compromisso com os direitos humanos. Por outro, qualquer pressão nesse sentido poderia ser respondida pelos latino-americanos com provas de que o próprio Kissinger havia sido conivente com a prática de abuso e torturas desde que chegara à Casa Branca, em 1969. Dirigindo-se a Silveira em busca de apoio, o secretário expressou assim as suas expectativas sobre a reunião da OEA:

> Nosso esforço para fortalecer os laços consultivos [entre Brasil e Estados Unidos] e eliminar irritações em nossas relações parece ter sido particularmente produtivo nos últimos três meses ... Começamos a reduzir os problemas comerciais que ocupavam nossos pensamentos ... Tudo isso é, Antônio, uma indicação inicial, mas muito importante, de que nosso compromisso com o exame de problemas de modo regular e franco pode produzir resultados positivos e concretos ... Antônio, esta será minha quarta viagem à América Latina como secretário de Estado e a segunda este ano. Irei à Assembleia Geral [da OEA] em mais um esforço para fortalecer as relações americanas no hemisfério. Eu espero harmonia. Você entende inteiramente a importância de criar um clima positivo. E você aprecia que, dada a situação atual nos Estados Unidos, a discórdia somente feriria nossos objetivos comuns.[26]

A atitude de Kissinger repousava sobre duas premissas básicas: era interesse do governo brasileiro que o presidente Ford fosse reeleito e Silveira tinha a capacidade de atuar como mediador entre os Estados Unidos e o Chile. A mensagem básica que o secretário pretendia fazer chegar ao governo em Santiago era a de que, por motivos de política interna americana, ele seria crítico em relação aos direitos humanos. Devido à corrida eleitoral pela Casa Branca, era importante dar a impressão de que a postura do governo Ford nesse quesito avançava, e por isso o general Pinochet e os outros líderes latino-americanos deviam preparar-se para uma retórica dura e militante.

Essa operação não deve ter sido fácil para Kissinger. Ele fizera uma carreira como acadêmico e outra como diplomata na crença firme de que os objetivos de política internacional geral – como ganhar a Guerra Fria – tinham precedência sobre a natureza interna dos regimes nacionais. Isso não significa que Kissinger fosse amoral; ao contrário, boa parte de seus escritos carrega um pesado tom moralista. Mas sua visão era a de que a ética na condução dos negócios externos precisava ser ajustada para lidar com um mundo sem ética comum. Em sua opinião, era melhor que assim fosse, pois a alternativa – um mundo unido sob um padrão moral único – somente seria factível em um sistema internacional totalmente dominado por uma única potência. Avesso à noção de império, Kissinger preferia um ambiente internacional pluralista com diversos centros de poder e critérios soberanos de conduta moral. Assim, contra suas opiniões mais arraigadas, em seu discurso de 8 de julho de 1976 disparou:

> Nenhum governo pode ignorar o terrorismo e sobreviver, mas é igualmente verdade que governos que esmagam os direitos humanos de seus cidadãos negam a finalidade de sua própria existência ... Há padrões que nenhum governo pode violar sem ofender valores fundamentais – tais como genocídios, a tortura oficialmente tolerada, aprisionamento ou assassinato em massa, ou a negação de direitos básicos a qualquer grupo racial, religioso, político ou étnico. Qualquer governo engajado em tais práticas deve enfrentar um julgamento internacional adverso.[27]

Pinochet recebeu a crítica com amargura. Em conversa privada com Silveira, disse que a "incompreensão" americana havia sido um grande golpe para ele, tendo em vista que sua função no Chile era precisamente resguardar os interesses do Ocidente contra o avanço do comunismo internacional. Silveira seguiu a orientação de Kissinger: tranquilizou o general, dizendo-lhe que o discurso tinha sido feito no contexto da campanha eleitoral pela Casa Branca, e que em nada refletia a visão do secretário ou a posição oficial do governo Ford. Ao fazer a crítica, disse Silveira, Kissinger havia agido contra sua própria vontade.[28]

Mas Silveira não queria nem podia fazer mais porque o ambiente interno no Brasil também havia mudado. Não há dúvida de que as relações entre Brasília e Santiago eram cordiais desde o golpe de 1973 e os dois regimes operavam dentro do âmbito comum da luta anticomunista. O comércio bilateral dobrou: o Brasil se transformou no principal comprador de cobre chileno e o Chile encomendou seis aeronaves brasileiras. Entretanto, mesmo para os padrões da ditadura brasileira, o regime chileno era brutal. Na concepção brasileira também havia uma diferença crucial: enquanto o sistema chileno era personalista, o brasileiro estava institucionalizado a ponto de assegurar a troca regular de presidentes-generais. Mais que isso, o estilo e o teor do governo de Pinochet destoavam da direção que Geisel escolhera para a *abertura*, e as personalidades dos dois generais eram sabidamente díspares. Nesse contexto, o chanceler não tinha interesse nem podia vincular-se ao regime chileno.

Silveira tinha um problema adicional. A doutrina brasileira de política externa enfatizava noções de soberania e não intervenção, especialmente com referência a normas internacionais de direitos humanos. Apesar de todas as mudanças que Silveira trouxe à diplomacia, nesse quesito ele estava firmemente enraizado na tradição nacional. Por uma questão de princípio, portanto, ele não reconhecia a legitimidade do pleito americano. Para ele, o tema dos direitos humanos não cabia em uma reunião internacional e, por isso, era fantasioso esperar que ele mediasse a tensa relação entre Santiago e Washington. Ao ver a reação emotiva de Pinochet ao avanço americano, os brasileiros achavam que o general cometia um erro ingênuo ao tentar explicar-se; melhor seria guardar silêncio. Kissinger incorria num equívoco igualmente ingênuo ao esperar que o Brasil pudesse apaziguar os ânimos.[29]

Assim, ao pedir a opinião de Silveira sobre as eventuais repercussões de sua nova retórica, Kissinger apenas ouviu que o Brasil era um caso único que não devia ser posto no mesmo balaio dos outros. Temeroso de que qualquer outra resposta aumentasse as expectativas do secretário em relação ao papel mediador do Brasil, Silveira ficou calado. Quando Kissinger pediu detalhes sobre a situação dos direitos humanos na Argentina, o chanceler simplesmente disse que o processo doméstico argentino era muito desordenado e, por conseguinte, não era possível confiar na Casa Rosada. Finalmente, quando o secretário pediu sua avaliação sobre a situação na Bolívia, no canal do Panamá e na Guiana, Silveira foi evasivo. O medo brasileiro de gerar – e depois frustrar – expectativas americanas foi um dos principais empecilhos para a parceria entre os dois países.[30]

Sem apoio brasileiro para passar a mensagem a Pinochet, Kissinger agiu diretamente. Em um encontro pessoal com o general, em Santiago, eles tiveram a seguinte conversa:

> KISSINGER: Nós ... entendemos o que o senhor está tentando fazer aqui. Eu acho que o governo anterior estava indo em direção ao comunismo. Desejamos o melhor para seu governo. Ao mesmo tempo, enfrentamos enormes proble-

mas domésticos ... especialmente no Congresso, mas também no Executivo, sobre o tema dos direitos humanos ... Eu vou falar sobre direitos humanos esta tarde... Atrasei minha fala até poder conversar com o senhor hoje. Quero que o senhor entenda minha posição ... Vou dizer que o tema dos direitos humanos atrapalha as relações entre Estados Unidos e Chile ... Vou dizer também que eu espero que vocês removam esses obstáculos ... Eu queria avisá-lo disso. Minha avaliação é a de que vocês são vítimas de todos os grupos de esquerda do mundo, e que seu maior pecado foi derrubar um governo que estava virando comunista ... Seria de grande ajuda que o senhor nos deixasse saber quais medidas está tomando no campo dos direitos humanos. Não digo nada disso para enfraquecer seu governo. Eu quero que o senhor tenha sucesso e quero manter a possibilidade de [continuar] a ajuda [americana ao Chile].

PINOCHET: Nós estamos retornando à institucionalização passo a passo. Mas somos constantemente atacados [pela oposição]. Eles têm uma voz forte em Washington. Não com as pessoas do Pentágono, mas eles alcançam o Congresso. [Gente como] Letelier ... Nós sabemos que eles estão dando informações falsas.

KISSINGER: Minha fala e nossa posição estão desenhadas para nos permitir dizer ao Congresso que estamos falando com o governo chileno e que, portanto, o Congresso não precisa atuar ... Minha fala não é ofensiva ao Chile ... Queremos um resultado que não seja profundamente embaraçoso para vocês. Mas, como amigo, devo dizer-lhe que temos uma situação nos Estados Unidos em que devemos apontar para os desenvolvimentos aqui no Chile, ou então seremos derrotados. Como Angola demonstra, nosso Congresso está com ânimo destrutivo ... Seria de ajuda para sua causa se o senhor mostrasse progresso em direitos humanos ... O mais importante são as garantias constitucionais. O número exato de prisioneiros [a serem libertados] é secundário. O direito ao habeas corpus também é importante ... Em relação [à oposição chilena], nós não os estamos usando. Eu não vejo nenhum deles desde 1969 ... Eu quero ver nossas relações e amizade melhorarem. Eu encorajei a OEA a realizar a Assembleia Geral aqui. Eu sabia que isso traria prestígio ao Chile. Eu vim por esse motivo ... Queremos ajudá-los, não enfraquecê-los. Vocês fizeram um grande serviço ao Ocidente ao derrubar Allende. De outra maneira, o Chile teria seguido Cuba. Então não haveria nem direitos humanos nem uma Comissão de Direitos Humanos.[31]

Orlando Letelier, a quem Pinochet se referiu na conversa, havia sido embaixador de Salvador Allende em Washington. Ainda durante o governo Allende foi ministro das Relações Exteriores, do Interior e da Defesa. Depois do golpe militar de setembro de 1973, Letelier foi preso e sofreu torturas durante um ano, antes de ser exilado. De volta a Washington, tornou-se uma das principais vozes contra o regime de Pinochet. Três meses após a conversa entre Kissinger e Pinochet, este último revogou a nacionalidade chilena de Letelier por decreto. Dez dias depois, a polícia secreta chilena assassinou Letelier em Washington.

Ao retornar aos Estados Unidos após o encontro da OEA, Kissinger tinha que lidar com mais um regime. De novo, pediu ao embaixador brasileiro para transmitir uma mensagem a Buenos Aires: os Estados Unidos esperavam que a Junta governante evitasse

> excessos que somente contribuiriam para dar munição àqueles elementos, especialmente no Congresso [americano] e na mídia, que, sob a bandeira da defesa dos direitos humanos, poderiam tornar extremamente difícil para o Executivo apoiar a consolidação do regime que, no plano estratégico global, merece todo o apoio dos Estados Unidos.

Entretanto, mais uma vez Kissinger escolhera o interlocutor errado. Em uma época na qual Brasil e Argentina competiam abertamente por influência na região, a última coisa que a diplomacia brasileira faria seria introduzir os Estados Unidos na equação – fosse para repreender os argentinos ou para tranquilizá-los com a informação de que sua posição estratégica tinha apoio de Washington.[32]

Um outro elemento também ajudou a esvaziar o espírito da parceria no final de 1975. Após a morte de Araujo Castro, em dezembro desse ano, Silveira nomeou João Baptista Pinheiro embaixador em Washington. Pinheiro era um homem introspectivo e recluso, sem a vasta rede de contatos do antecessor. Aboliu boa parte das práticas ativistas de Araujo Castro, reduzindo a visibilidade da embaixada. Em Brasília, Silveira concentrou ainda mais a formulação e a implementação da política para os Estados Unidos, e não era raro ouvir Pinheiro queixar-se disso. Em algumas ocasiões, o embaixador ficou sabendo de decisões de seu próprio governo não por telegramas de Brasília, mas mediante seus interlocutores no Departamento de Estado. Além disso, a dotação financeira para a embaixada era precária, a ponto de mal sustentar os custos básicos de sua manutenção. Em mais de uma ocasião Pinheiro pagou jantares oficiais de seu próprio bolso.[33]

O primeiro encontro bilateral realizado sob a égide do Memorando de Entendimento era mais uma evidência dos estreitos limites da empreitada. Silveira chegou a Washington em outubro de 1976 com uma delegação composta exclusivamente por funcionários do Itamaraty, enquanto Kissinger fez-se acompanhar por várias agências. Isso revela concepções díspares sobre o potencial da relação bilateral. Não surpreende que nos temas mais candentes da agenda – comércio e energia – não houvesse progresso algum.[34]

Para piorar as coisas, Silveira chegou de mãos vazias: depois de o governo americano convidar o general Geisel para uma visita oficial cinco vezes consecutivas, e depois de Silveira sinalizar a Kissinger que Geisel aceitaria, o presidente brasileiro ainda resistia. O chanceler tentara argumentar de várias maneiras. O convite, disse a seu chefe, era um gesto importantíssimo: bastava levar em conta que o protocolo oficial ditava ser o Brasil que devia estender um convite ao presidente americano em retribuição à visita oficial realizada por Médici em dezembro de 1971. Outro argumento era que a visita, caso fosse realizada durante o ano eleitoral, seria uma oportunidade para dar visibilidade ao Memorando de Entendimento e assegurar-lhe a sobrevivência no governo seguinte. Sem um gesto dessa natureza, argumentava o chanceler, "qualquer crise na relação bilateral [no futuro] acarretaria demorados esforços de recomposição". Como será visto adiante, nisso ele estava certo.[35]

Durante a reunião de outubro de 1976, Kissinger encapsulou a paralisia do relacionamento com ironia característica:

> Quero dar as boas-vindas a meu bom amigo Antônio Silveira aqui a Washington. Ele e eu trabalhamos juntos durante muitos anos em uma atmosfera fundada em sua aceitação de sua superioridade [risos] e em meu reconhecimento ressentido [risos] de que ele está geralmente correto. Quando os brasileiros dizem que Deus é brasileiro, muitos estrangeiros acham que eles estão brincando [risos]. Mas, depois de lidar com o Ministério das Relações Exteriores do Brasil, eu sei que é isso mesmo que eles querem dizer [risos]. E eles escondem isso por trás das boas maneiras cientes de que, sendo verdade, o que é que eles têm a

provar aos estrangeiros? [risos] No começo do ano, quando visitei o Brasil, disse que os Estados Unidos e o Brasil têm uma relação especial. Nada unificou a América Latina mais do que essa observação [risos]. Eu não demorei a explicar em cada país que eu visitei que nós temos uma relação especial com cada país da América Latina – de acordo com suas circunstâncias, seu relacionamento histórico conosco. E isso vale também para o Brasil, com quem temos uma "relação especial" especial [risos]. O Brasil, em virtude de seu tamanho, de sua história, de sua amizade tradicional com os Estados Unidos, pode conduzir uma política externa livre de complexos. O Brasil é convenientemente dividido em duas partes – uma parte que é superdesenvolvida e uma que é ligeiramente subdesenvolvida –, e, assim, o Brasil pode conduzir a política externa que quer [risos] – seja juntando-se às nações industrializadas ou liderando o Terceiro Mundo, o que quer que seja mais útil na hora [risos] ... Eu devo dizer que Antônio chamou minha atenção sobre os problemas da África meridional meses antes de haver uma política formal americana ... No diálogo [Norte-Sul] em Paris, nas reuniões da Unctad, no diálogo entre nações desenvolvidas e em desenvolvimento, a visão do Brasil tem o atributo particular de, ao mesmo tempo, compreender nosso ponto de vista e o dos países em desenvolvimento. E seu conhecimento especial de nossas circunstâncias e de nosso ponto de vista é, de vez em quando, utilizado para frustrar nossos desígnios, nós atribuímos isso à habilidade da diplomacia brasileira [risos] ... O Brasil, como eu pude certamente testemunhar, conduz sua própria política independente, o que, sem dúvidas, eu ouvirei novamente em detalhe amanhã durante nossas reuniões [risos]. Mas o papel do Brasil tem sido crucial precisamente porque em nosso mundo nós podemos obter força moral de um sentido de diversidade, precisamente porque é importante quando nações com perspectivas diferentes conseguem formar uma unidade moral.[36]

Ao retornar ao Brasil, dirigindo-se a uma plateia militar, Silveira foi igualmente claro sobre o estado do engajamento bilateral:

Com nenhum outro país no mundo são nossas relações tão estreitas quanto as que mantemos com os Estados Unidos ... Paradoxalmente, porém, são as relações com os Estados Unidos a fonte de algumas das mais constantes preocupações do nosso governo. É que ... a coincidência ideológica não basta para resolver problemas bilaterais específicos ou sequer para levar bons amigos

> e aliados a avaliar da mesma forma os problemas internacionais. As disparidades do poder político e econômico entre os Estados Unidos e o Brasil são fonte de constantes incompreensões recíprocas, agravadas pelo sentimento, algo imaturo, de superioridade moral, ainda muito presente no comportamento americano.[37]

Silveira tinha bons motivos para estar preocupado. Vista de Brasília, a corrida presidencial americana de 1976 constituía uma grave ameaça. Os democratas tinham sinalizado que, se eleitos, suas atitudes em relação ao Brasil seriam muito diferente daquelas de Nixon e Ford. Em uma entrevista à revista *Playboy*, o candidato Jimmy Carter atacou:

> Quando Kissinger diz, como fez há pouco, que o Brasil tem um tipo de governo compatível com o nosso, bem, aí está o tipo de coisa que nós queremos mudar. O Brasil não tem um governo democrático. É uma ditadura militar. Em muitos aspectos é altamente repressiva para os presos políticos. Nosso governo deve corresponder ao caráter e aos princípios morais do povo americano, e nossa política externa não pode contorná-los em troca de vantagens temporárias.

Ao ser interpelado sobre o assunto pelo embaixador brasileiro perante as Nações Unidas, Carter insistiu no ponto. O Memorando de Entendimento não tinha razão de ser, disse, pois não havia identidade de valores entre os dois países.[38]

Durante um debate televisado, Carter advogou

> parar a venda da Alemanha e da França de usinas [nucleares] ao Paquistão e ao Brasil ... Se continuarmos com a política do senhor Ford, por volta de 1985 ou 1990 haverá 20 nações que terão a capacidade de explodir bombas atômicas. Isso deve ser impedido. Esse é um dos maiores desafios e um dos maiores compromissos que terei como presidente.

Ele havia levantado questões similares meses antes em um discurso no Conselho de Relações Exteriores de Chicago. O discurso tinha sido redigido por Robert Pastor, que, aos 30 anos, se transformara no mais influente especialista em assuntos latino-americanos. O discurso era veemente:

> O acordo Estados Unidos-Brasil assinado pelo secretário Kissinger ... é um bom exemplo da pior faceta de nossa política presente. [Os comentários de Kissinger sobre o compromisso brasileiro com a liberdade] são um gratuito tapa no rosto de todos aqueles americanos que querem uma política externa que encarne nossos ideais, não que os subverta.

Mais tarde, ao ocupar o posto de especialista sobre América Latina do governo Carter, Pastor seria detestado pela ditadura.[39]

Em dezembro, o Relatório Linowitz para a América Latina, assinado por especialistas e diplomatas experientes, censurou abertamente a política de Kissinger para o Brasil:

> O Brasil, onde significativas violações dos direitos humanos ainda são relatadas apesar do esforço de alguns líderes políticos, foi escolhido pelo secretário de Estado em 1976 para distinção especial como um aliado a ser consultado todos os anos em nível ministerial.

O novo ambiente hostil em relação à ditadura brasileira era complementado pela decisão do Congresso americano de proibir a venda de armas a países que violassem os direitos humanos. O Poder Legislativo também aprovou uma normativa que agora obrigava o Departamento de Estado a produzir relatórios anuais sobre a situação dos direitos humanos nos países que recebiam ajuda militar americana, um gesto que teria graves consequências para as relações com o Brasil.[40]

Alvo de discriminação positiva durante a era Kissinger, o Brasil encontrava-se nesse momento em meio a uma reviravolta em dois temas nos quais ocupava lugar de destaque: a violação dos direitos humanos e a proliferação nuclear. Como mostra o próximo capítulo, com a vitória de Carter nas urnas, Geisel e Silveira começaram a preparar-se para a difícil transição.

Eles teriam ficado ainda mais apreensivos se soubessem que, antes mesmo da posse do novo governo, Washington e Bonn já haviam iniciado conversas para fazer adaptações de fundo ao acordo nuclear teuto-brasileiro. Os alemães haviam ficado assustados com o ímpeto de Carter. O embaixador americano em Bonn ouviu membros do governo alemão dizerem que "muitas pessoas na Alemanha reconhecem quão tola foi a decisão de entrar em um acordo [com o Brasil] dessa forma". Segundo esses oficiais, a Alemanha cometera o erro de incluir a provisão de enriquecimento e o reprocessamento em um acordo que deveria limitar-se a fornecer equipamento nuclear para o Brasil. Um membro do governo alemão

> reconheceu o difícil problema de recuar de um tratado internacional ... mas questionou se os brasileiros não poderiam ser trazidos para um arranjo alternativo sem afetar a santidade do acordo ... Ele adicionou que esperava que, se fosse o caso de reverter o curso, os Estados Unidos estariam dispostos a ajudar [os alemães] a lidar com os brasileiros.

Então, os alemães propuseram conversas preliminares e secretas com os Estados Unidos antes da transição presidencial. O primeiro-ministro alemão em pessoa queria "evitar que isso viesse a público e gostaria de iniciar consultas discretas o mais brevemente possível".[41]

Poucos dias depois, um oficial do Ministério das Relações Exteriores alemão disse ao embaixador americano em Bonn que

> alguma coisa tem de ser feita para responder às preocupações expressas pelo presidente eleito Carter [sobre o acordo com o Brasil]. Uma possibilidade, que estava sendo explorada, era a multilateralização dos aspectos de reprocessamento e enriquecimento.[42]

Antes mesmo de assumir a Presidência, Jimmy Carter terminara por afundar o acordo nuclear Brasil-Alemanha. A parceria Brasil-Estados Unidos, já cambaleante, foi a pique. Em Brasília, Geisel e Silveira começaram a preparar o contra-ataque.

7 Estranhamento

Jimmy Carter chegou à Casa Branca com a promessa de recuperar o prestígio dos Estados Unidos no mundo após o fracasso do Vietnã e o escândalo de Watergate. Na campanha presidencial, ele acusou Kissinger de conduzir uma diplomacia imoral e daninha. Dizia que os oito anos em que o assessor de Segurança Nacional e secretário de Estado comandara as Relações Exteriores do país haviam maculado aquilo que os americanos tinham de melhor: o compromisso com a paz, a democracia e a liberdade. Mal assumiu a Presidência, a equipe de Carter desenhou uma estratégia para vincular o nome do novo presidente a duas promessas de campanha que sintetizavam o antikissingerismo que pairava no ar: direitos humanos e não proliferação nuclear. A associação da ditadura brasileira com o governo americano, que conhecera altos e baixos desde o golpe de 1964, agora chegava a um fim definitivo. A guinada de Carter foi avassaladora e assustou tanto aliados, como o Brasil, quanto inimigos, como a União Soviética, que, de repente, viam minguar o espírito de parceria e concertação típico da *détente*.[1]

A situação era particularmente difícil para o Brasil. Pela primeira vez em sua história, o país passava a ocupar um lugar visível no centro das atenções da política externa americana. Seu regime era uma ditadura que violava direitos humanos sistematicamente e albergava explícitas intenções nucleares. Em Brasília, o governo não tinha a opção de se esconder e esperar a maré baixar. Ou resistia às pressões, ou se adaptava ao novo cenário. Uma adaptação teria enormes custos embutidos, porque revelaria a fraqueza do governo no momento mesmo em que Geisel tentava controlar e ditar o ritmo da abertura política. A resistência, para ser bem-sucedida, não podia pôr o país em rota de colisão direta com os Estados Unidos. Em uma briga com a maior potência mundial, o Brasil sairia perdendo. Por isso, o presidente e seu chanceler aferraram-se ao Memorando de Entendimento com mais força que nunca. Antes um mecanismo para obter concessões de um Kissinger amigável, o documento agora transformava-se em um escudo protetor para mitigar e embotar a ofensiva de Carter.

Em Washington, a Casa Branca também tinha duas opções básicas: podia chocar-se frontalmente com o país e pagar os custos de uma possível radicalização brasileira, ou aplicar algum grau comedido de pressão para tentar deter o programa nuclear brasileiro e acelerar o ritmo da implosão do regime militar. O governo Carter escolheu a segunda alternativa, baseado na concepção de que a progressiva democratização levaria, no limite, ao abandono das ambições nucleares e à aceitação do regime internacional de não proliferação nuclear. Para atingir esse fim, calculou o novo governo, o melhor ambiente seria o previsto formalmente no Memorando, que assegurava diálogo constante com os brasileiros e aumentava a visibilidade das pressões.

Dessa forma, e por motivos opostos, a partir de janeiro de 1977 Carter e Geisel voltaram-se com força renovada para o Memorando de Entendimento assinado dez meses antes por Kissinger e Silveira.

O primeiro campo de batalha foi Bonn. Dois dias depois de ser empossado vice-presidente dos Estados Unidos, Walter Mondale foi pessoalmente à Alemanha informar ao primeiro-ministro, o chanceler Helmut Schimdt, que seu governo era "totalmente oposto" ao acordo nuclear teuto-brasileiro e que esperava que os alemães suspendessem o componente de transferência tecnológica embutido no contrato. Os americanos não hesitaram em utilizar esse tom assertivo porque sabiam da grande resistência ao acordo dentro da própria Alemanha.[2]

Brasília soube da conexão entre Washington e Bonn apenas quando Joseph Nye, um proeminente acadêmico de Harvard, recém-nomeado vice do subsecretário para Assistência para a Segurança, Ciência e Tecnologia do Departamento de Estado, comentou o tema com um jornalista. Na concepção do governo Geisel, a política americana de interferir naquilo que a diplomacia brasileira considerava um exemplo bem-sucedido de "autonomia" representava uma ameaça assustadora. O fato de o tema ter chegado a mobilizar o vice-presidente dos Estados Unidos causou espanto à ditadura.[3]

Mas, apesar de toda a ansiedade que certamente pairava na Esplanada dos Ministérios, a avaliação de Silveira era moderadamente otimista. Tratava-se, dizia ele, de deixar passar o ímpeto revisionista de um presidente recém-empossado. As dificuldades de implementação da nova agenda da Casa Branca seriam tão árduas, previu, que uma campanha de resistência brasileira teria boas chances de sucesso. Recomendava a Geisel que, acima de tudo, o Brasil tomasse cuidado para não adotar uma postura excessivamente hostil. Isso forçaria Carter a aumentar o volume de suas demandas, sob pena de parecer fraco diante da opinião pública americana. A prioridade, concluía Silveira, era utilizar o Memorando como âmbito do diálogo bilateral, tendo em vista que o mesmo explicitava a necessidade de todas as decisões serem tomadas com base na igualdade das partes e no respeito mútuo pela soberania de cada lado. Segundo ele, os americanos terminariam valorizando o Memorando também.[4]

Havia outro fator importante que possivelmente ajudou a tranquilizar Silveira. O novo secretário de Estado, Cyrus Vance, não tinha a influência de Kissinger nem a mesma capacidade de controlar o processo decisório. De fato, durante todo o seu período no poder, Vance foi forçado a dividir responsabilidades com Zbigniew Brzezinski, o poderoso assessor de Segurança Nacional de Carter. Brzezinski havia sido o principal assessor diplomático de Carter desde 1975 e tinha acesso direto a ele. A competição e discordância entre Brzezinski e Vance eram comuns e este último acabou sendo progressivamente isolado do círculo presidencial até pedir demissão, na segunda metade do mandato. Embora Silveira não tivesse como saber disso em 1977, a documentação disponível sobre esse período revela a relativa calma do chanceler diante do que ele via como um sistema gerencial dividido. Responsável administrativamente pela relação com o Brasil, o enfraquecido Departamento de Estado de Vance tinha menos capacidade de pressionar o Brasil do que um governo unificado sob o comando claro de um presidente. Esse nunca foi o caso da política externa de Carter.

A avaliação brasileira sobre o interesse do novo governo pelo Memorando de Entendimento estava correta. Ainda no começo da gestão Carter, os americanos propuseram o estabelecimento de um "canal discreto" para conversas com Brasília. Era um sinal importante de que Washington, antes de aumentar a pressão, tentaria motivar o Brasil a mudar de postura por vontade própria. Mas, após conseguir o aceite brasileiro para a primeira rodada de conversas, o Departamento de Estado fez circular um *press-release* segundo o qual o Brasil teria reconhecido a possibilidade de "renegociar" o acordo nuclear com a Alemanha. Nada poderia ter aborrecido mais o governo Geisel. Se a confiança mútua com os Estados Unidos já vinha em baixa, agora terminava de afundar. A reação brasileira foi a mais esperada e está sintetizada nas recomendações de Silveira a Geisel: o Itamaraty faria de tudo para ganhar tempo, mas era mister que o presidente desse ordens às autoridades competentes para avançar rapidamente com a implementação do programa nuclear antes que a pressão americana inviabilizasse o projeto.[5]

Não surpreende que o primeiro encontro bilateral depois da posse de Carter tenha sido péssimo. Planejado para durar dois dias, acabou em menos de 24 horas, quando ficou patente que não havia diálogo, mas apenas dois monólogos intercalados. Em sua exposição, os americanos deixaram antever a fraqueza de sua própria posição: diante das negativas brasileiras, não endureceram o tom; apenas tentaram explorar alternativas. Chegaram até mesmo a oferecer ao Brasil urânio enriquecido por eles mesmos para alimentar as usinas brasileiras. Diante da negativa brasileira, tatearam para ver se o Brasil aceitaria que o processo de enriquecimento fosse feito sob supervisão internacional. A resposta brasileira foi negativa uma vez mais. Havia ficado claro, ao menos para Silveira, que as referências do Memorando a noções de "igualdade" e "respeito" faziam toda a diferença. Afinal de contas, Washington sabia que a presença do Brasil à mesa era essencialmente voluntária. Caso os Estados Unidos forçassem a mão, o chanceler não hesitaria em abandonar o diálogo bruscamente, aumentando em muito o risco de uma radicalização que Carter não teria como controlar.[6]

Em Washington, nem todos concordavam com a opção pela negociação. A Agência para Controle de Armas e Desarmamento, por exemplo, recomendava aumentar a pressão. O Brasil devia ser compelido a reconhecer o Tratado de Tlatelolco, que bania armas nucleares da América Latina. O país já havia assinado e ratificado o documento, mas sua interpretação era que apenas o "reconheceria" depois que todas as partes o assinassem. Isso era, na prática, uma válvula de escape, uma vez que Cuba, França e União Soviética (partes do tratado) já haviam declarado que não assinariam. Além disso, a agência queria que o Brasil deferisse tacitamente a aquisição de uma planta de reprocessamento de urânio mediante o atraso dos carregamentos alemães. Seus funcionários também queriam que o Brasil submetesse sua planta de enriquecimento de urânio a controles multilaterais, e que assinasse um programa tripartite com a Alemanha e os Estados Unidos para pesquisa nuclear. O documento sobre o tema concluía, em tom de alarme: "É difícil conceber um recuo maior para nossa política global de não proliferação do que um fracasso na obtenção de ganhos no Brasil."[7]

Mesmo assim, a Casa Branca hesitava. Para um dos principais assessores do presidente Carter, Zbigniew Brzezinski, o importante era forçar o Brasil a declarar suas verdadeiras intenções: queria ou não obter uma bomba nuclear? Para ele, o problema era que, sob o argumento da busca de "autonomia", o regime em Brasília podia esconder ambições armamentistas. Esses medos eram justificados: afinal de contas, a qualidade da inteligência americana sobre o programa nuclear brasileiro era péssima. Assim, a solução era achar ideias para resolver o problema que fossem palatáveis para o regime militar porque, em sua visão, a aplicação de maior pressão apenas fecharia o regime ainda mais.[8] Com pouco espaço de manobra, o governo americano decidiu recuar. Em uma coletiva à imprensa, Carter afirmou:

> Não sei o que acontecerá no Brasil ... Meu entendimento é que os brasileiros estão bastante determinados em conseguir capacidade de reprocessamento, mas nós mostramos nossa objeção a eles. Nossa objeção continua firme. [Mas] não tentaremos impor nossa vontade sobre outros países.[9]

A declaração deve ter tranquilizado Geisel e Silveira. A hesitação americana, as divisões dentro da burocracia e o fato de Carter não conseguir assegurar sua própria agenda de política externa facilitavam os objetivos brasileiros. Mas o presidente e seu chanceler não tiveram oportunidade de respirar aliviados. Enquanto a questão nuclear esquentava, havia estourado uma crise suficientemente forte para dar à parceria com os Estados Unidos o seu golpe de misericórdia.

Em 1976, o Congresso americano obrigara o Departamento de Estado a preparar relatórios sobre a situação dos direitos humanos em países que compravam armas ou recebiam ajuda militar dos Estados Unidos. Em dezembro desse ano, quando Kissinger ainda era secretário, o Departamento havia finalizado 83 documentos, inclusive um sobre o Brasil. Quatro meses mais tarde, este último chegava ao Senado para debate antes de ser publicado.[10]

Em seus 29 parágrafos, o estudo sobre o Brasil tinha um tom factual e relativamente suave. Era certamente mais ameno que os relatórios produzidos à época por organizações como a Anistia Internacional, a Comissão Interamericana de Direitos Humanos e o Comitê Internacional de Juristas. O texto mencionava os aspectos mais negativos da ditadura, mas também citava os progressos da década de 70 e chegava a elogiar a *abertura*. Mais que isso, os autores datavam os registros de abuso antes do golpe de 1964, sinalizando que o regime militar não devia ser totalmente responsabilizado pelo estado atual dos direitos humanos no país. A situação do Brasil, apontava o estudo, era "parcialmente livre". O senador que presidia o comitê legislativo responsável pela peça, o ex-vice-presidente Hubert Humphrey, estava correto ao afirmar que "o relatório sobre o Brasil não é ruim".[11]

Entretanto, o impacto do documento em Brasília foi devastador. Para uma elite governante acostumada a conceber a soberania nacional como o único instrumento capaz de proteger um país fraco do arbítrio das grandes potências, uma avaliação dessa natureza, realizada pelos Estados Unidos, constituía uma ameaça à tênue independência brasileira. Para uma ditadura particularmente nacionalista, tratava-se de um acinte. Calculando a resposta com seus chefes militares, Geisel instruiu o Itamaraty a devolver o relatório à embaixada americana. O material não seria recebido pelo governo por ser "impróprio para nossos arquivos", visto que continha "observações e conclusões tendenciosas e inaceitáveis".[12]

À primeira vista, a atitude brasileira pode parecer estéril e ingênua. Mas, na realidade, tratava-se de um gesto de consequências importantes: sempre que a imprensa e a oposição pediam cópias do relatório, os funcionários do governo respondiam, sem mentir, que não estavam de posse do material. Dessa maneira, a cobertura de imprensa brasileira sobre o tema foi atrasada até o momento em que o Senado americano decidiu publicar o conjunto de relatórios, meses depois.

Na tentativa de conter possíveis repercussões negativas em relação ao texto, a reação da ditadura foi além. Geisel decidiu denunciar, unilateralmente, o Acordo Militar Brasil-Estados Unidos que vinculava as respectivas Forças Armadas desde 1952. Com isso, o Brasil seguia a tendência sul-americana: as ditaduras no Chile, no Uruguai e na Argentina haviam acabado de fazer o mesmo. Assim como o Brasil, os regimes desses países sentiram-se ofendidos e ameaçados. O gesto da denúncia teve enorme sucesso de marketing para Geisel, pois mesmo os líderes de oposição que buscavam acelerar o passo da *abertura* manifestaram seu apoio irrestrito ao governo. De todos os atores relevantes da cena política brasileira, apenas a Igreja católica elogiou o relatório.[13]

A denúncia do Acordo Militar não teve grandes custos materiais, uma vez que seu valor era eminentemente simbólico. Não previa a transferência direta de armas e oferecia apenas US$50 milhões em créditos para compras de armamento (2,5% do orçamento brasileiro para defesa) e US$100 mil para treinamento. No ano fiscal de 1977, por exemplo, esses créditos não haviam sido totalmente utilizados e em 1978 já havia sido tomada a decisão de não utilizá-los. O fato era que o Brasil não mais precisava dessa ajuda, pois avançava rapidamente em direção à autossuficiência na indústria militar, suprindo 75% de suas necessidades. Poucos anos depois, se tornaria um dos dez maiores exportadores de materiais bélicos do mundo.[14]

O maior impacto da denúncia do acordo de 1952 foi conceitual. Chegava ao fim a associação que, durante mais de um quarto de século, enraizara o pensamento estratégico brasileiro em solo americano. O acordo estivera por trás do treinamento de milhares de militares brasileiros. Apenas entre 1970 e 1975, por exemplo, cerca de 8.500 deles haviam sido treinados nos Estados Unidos e, no momento da denúncia, havia 3.200 em treinamento naquele país ou na Escola das Américas, na zona do canal do Panamá. Os americanos ficaram preocupados e propuseram novas instâncias de diálogo bilateral em questões militares, mas a resposta brasileira foi ríspida.[15]

Dez semanas mais tarde, Silveira e o secretário de Estado Cyrus Vance, encontraram-se em Washington para uma sessão na qual ficou evidente a enorme lacuna que os separava. Vance manifestou interesse em encontrar uma solução para a questão nuclear, deixando implícita a noção de que o tema ainda era um problema. Silveira não respondeu e disse que os Estados Unidos deviam moderar as críticas ao abuso dos direitos humanos; não no caso do Brasil, que ele não mencionou, mas nos casos do Uruguai e do Paraguai. Quando a reunião acabou e os chanceleres foram responder a perguntas da imprensa, ambos disseram concordar que o Memorando de Entendimento de 1976 estava em "pleno vigor".[16]

A utilidade do Memorando para os brasileiros era clara – tratava-se da única defesa disponível para fazer frente ao revisionismo do governo Carter. O mesmo não pode ser dito do lado americano. A Casa Branca não tinha uma visão própria de como conduzir sua política hemisférica. Quando um grupo de funcionários graduados juntou-se em Washington para definir uma abordagem, optou por não ter nenhuma que fosse explícita. A tônica era manter distância dos assuntos regionais, sem grandes projetos como a Aliança para o Progresso de Kennedy ou a linguagem das relações especiais de Kissinger. Apenas o subsecretário do Tesouro, Anthony Solomon, advogou uma política especial, ao menos para o México e o Brasil, mas ninguém o seguiu. No fim da reunião, decidiu-se que os Estados Unidos manteriam simpatia em relação a governos civis e democráticos, relações normais com regimes militares não repressores e relações frias, mas corretas, com governos repressivos. O problema, claro, era a falta de critério para inserir os países hemisféricos em cada uma dessas categorias. Também faltavam critérios para saber quais eram as implicações práticas da gradação entre "simpatia", "normalidade" e "frieza".[17]

Durante o encontro, o grupo também decidiu ser "cada vez mais sensível ao Brasil", mas sem dizer como nem por quê. O termo "sensível" queria dizer coisas diferentes para pessoas diferentes. O Departamento de Estado, por exemplo, relutava em tomar medidas que provocassem ainda mais o governo Geisel. Entretanto, no Conselho de Segurança Nacional, Brzezinski achava ser um bom momento para provocar o regime justamente porque "a política no Brasil está em um estado de fluidez extremamente interessante". Essa divisão no coração da política externa americana facilitava a resistência brasileira. Quando três senadores brasileiros de oposição solicitaram uma audiência com o vice-presidente, Mondale, por exemplo, o Departamento de Estado sugeriu uma resposta negativa, enquanto o assessor de Segurança Nacional apoiava o pleito: "Não queremos deixar as sementes das forças democráticas do futuro sentirem que a gente não se importa." Embora Mondale preferisse a cautela advogada pelos diplomatas, Carter decidiu aumentar o valor da aposta e pediu à sua esposa, que preparava viagem pela

América Latina, uma parada no Brasil para fazer um forte discurso pró-direitos humanos.[18]

Rosalynn Carter chegou a Brasília em 6 de junho de 1977. O regime estava tão preocupado com as possíveis repercussões da visita sobre a opinião pública e sobre o movimento estudantil que Geisel deu ordem de fechar as portas da Universidade de Brasília durante três dias. Apesar disso, um grupo de estudantes conseguiu furar a barreira de segurança da primeira-dama e entregou à comitiva americana uma carta denunciando as violações e os abusos cometidos pelo governo. A visitante recebeu cartas semelhantes do Movimento Feminista pela Anistia e de familiares de 129 presos políticos. O porta-voz de Geisel disse tratar-se de atitudes de "brasileiros que não amam o Brasil", e em reportagem publicada em um jornal brasileiro sugeria-se que a carta entregue pelos estudantes teria, na realidade, sido "plantada" pelo serviço secreto americano. Em sua passagem, Rosalynn Carter quebrou o protocolo e convidou lideranças do MDB e proeminentes jornalistas de oposição para um jantar privado. Em Recife, onde fora visitar amigos pessoais, a primeira-dama também ouviu relatos escabrosos sobre a situação nas prisões brasileiras da parte de dois cidadãos americanos que haviam sido presos na cidade. Os mesmos apareceram em horário nobre nos principais canais de televisão dos Estados Unidos.[19]

Na concepção de Washington, a visita fora um sucesso. Segundo a avaliação da Casa Branca, a sra. Carter conseguira mobilizar e dar esperanças à oposição, aos estudantes, à imprensa, à Igreja e à comunidade de negócios. A leitura estava baseada na noção de que umas poucas palavras dos Estados Unidos eram suficientes para acelerar os ritmos da transição brasileira em direção a um regime aberto. Animado com essa perspectiva, o presidente Carter decidiu visitar o Brasil ainda em 1977. Utilizando a linguagem da parceria e das relações especiais, ele queria ajudar a transformar o cenário político brasileiro por força de sua presença. No Brasil, Geisel e Silveira estavam furiosos. Contudo, acreditavam que o idealismo de Carter beirava a ingenuidade e logo colidiria com as duras realidades da política internacional. Embora eles estivessem irritados com Washington, não estavam necessariamente com medo.[20]

Nesse contexto, ambas as partes voltaram a revitalizar o Memorando. Tanto Vance quanto Silveira perceberam que o instrumento podia ajudá-los a gerenciar o conflito de baixa intensidade que agora caracterizava a relação. O americano queria "manter canais abertos" para poder "explorar a tempo os problemas, diferenças e oportunidades de cooperação e trabalhar para manter uma relação bilateral forte e construtiva". Silveira falou das vantagens do Memorando para "desfazer os mal-entendidos".[21]

Antes o principal representante da política de engajamento com os Estados Unidos, agora o chanceler precisava fazer malabarismos para transformar-se no principal articulador da resistência contra as novas pressões. O equilíbrio que deveria encontrar era particularmente delicado: por um lado, precisava defender o regime; por outro, tinha de manter o governo americano mais ou menos engajado, pois aliená-lo apenas pioraria uma situação que já era difícil. Silveira utilizou dois tipos de argumentação para justificar sua postura e conseguir apoio em Brasília. Primeiro, começou a dizer que o crescente desconforto dos Estados Unidos com o Brasil era um resultado direto da ascensão brasileira como potência emergente. Depois de um período de adaptação, afirmava, os Estados Unidos "assimilariam" as novas realidades do poder e da influência internacional do Brasil. Ao apresentar a conjuntura dessa forma, ele outorgava uma conotação positiva a decisões do regime que, de outra maneira, poderiam ser vistas como intransigências de uma ditadura insegura. Mas, ao fazê-lo, Silveira ia além disso. Sempre que podia, dizia que Brasília devia responder a esse desafio com "serenidade". "Serenidade", "sobriedade" e "maturidade", ele insistia, "não significam fraqueza". Tratava-se de uma fomulação retórica para acalmar aqueles setores das Forças Armadas e da opinião pública que queriam ouvir os tambores soberanistas rufar com mais intensidade.[22]

O segundo argumento de Silveira buscava justificar a postura defensiva da ditadura. Dizia que a agenda de Carter de direitos humanos e não proliferação nada mais era do que uma forma de neocolonialismo a serviço dos interesses das grandes potências. Boa parte da opinião pública, mesmo em setores progressistas que repudiavam a prática do arbítrio e da tortura e não queriam ver um Brasil nuclear, achou essa explicação natural e correta. Segundo o raciocínio de Silveira, o Brasil devia resistir às pressões. Não podia dar-se ao luxo de abdicar de sua soberania *porque* ainda tentava atingi-la plenamente. Integrando um argumento ao outro, o chanceler concluía que o objetivo americano era:

> Reconquistar para os Estados Unidos as posições regionais de poder que ampliamos no último decênio, como resultado do próprio crescimento brasileiro e da política americana de então, de desengajamento. A nova liderança em Washington não veria, igualmente, com bons olhos a expansão do perímetro de interesses diplomáticos brasileiros ... A atitude da administração Carter de procurar conter a expansão diplomática brasileira através de pressões de natureza política parte de um pressuposto totalmente equivocado: o de que o prestígio regional e internacional do Brasil são o resultado e não a causa dos laços políticos especiais que começaram a ser forjados [pelo Brasil]. [De acordo com essa visão] seria, portanto, suficiente retirarmos o apoio ... para que voltássemos no tempo, esvaziando-se de todo o seu conteúdo a projeção brasileira.[23]

Com base nos documentos disponíveis, não é possível saber se Geisel e Silveira realmente acreditavam que o posicionamento americano tinha o objetivo de conter o Brasil e mantê-lo enquistado na periferia do sistema internacional ou se essa linha de raciocínio era uma construção para angariar apoio interno. É bem possível que, em sua visão, esses dois elementos simplesmente coexistissem.

Como mostram os documentos americanos, a avaliação brasileira era equivocada. Nem os Estados Unidos pretendiam reconquistar posições de poder na América Latina nem temiam que o Brasil se transformasse em ímã capaz de arregimentar o apoio de países da região. Ao contrário, parte do problema de um Brasil nuclear e ditatorial era justamente que terminaria desestabilizando a vizinhança. Mas não era essa a preocupação central da Casa Branca. Na concepção de Carter, o Brasil importava menos em sua dimensão regional do que naquilo que sua trajetória dizia sobre o padrão mais amplo da influência americana no mundo: era um grande país em desenvolvimento que estava afastado dos principais valores fundamentais que Carter queria imprimir à sua política externa.

Por isso, o presidente americano estava disposto a pressionar uma vez mais. Em carta pessoal a Geisel, refletia: "O que mais me impressiona ao considerar nossas posições é a curta distância que nos separa e, apesar disso, quão difícil tem sido encontrar uma maneira de resolver a diferença." Geisel respondeu dizendo a seu interlocutor que sua avaliação era errônea: as distâncias entre as duas posições não eram curtas, mas vastas. O general sentia-se fortalecido: apenas duas semanas antes ganhara a última e mais intensa disputa interna do regime, isolando seus inimigos na linha dura e consolidando sua posição no poder.[24]

Imbuídos de um espírito de confrontação, os dois lados se encontraram novamente, em Brasília, em fins de novembro de 1977. Geisel rejeitou um pedido americano no sentido de tentar moderar a posição venezuelana na Opep e recusou-se a discutir sobre direitos humanos. Mas o objetivo da reunião era lidar com a questão nuclear, e foi aqui que a delegação vinda de Washington acreditou ter renovado o poder de barganha.[25]

Antes de chegar a Brasília, a delegação havia passado por Buenos Aires para discutir o programa nuclear argentino. Lá, o secretário Vance conseguiu obter um acordo parcial pelo qual os argentinos considerariam a possibilidade de declarar uma moratória ou adiar o reprocessamento comercial de urânio em troca do fornecimento americano do combustível. Para isso, entretanto, a condição imposta por Buenos Aires era que houvesse um "equilíbrio regional" na barganha: eles suspenderiam suas atividades somente se o Brasil fizesse o mesmo.

Para Washington, essa *démarche* constituía uma oportunidade única. Ao prover a Argentina com combustível nuclear, a diplomacia americana estaria criando um forte incentivo para demover o Brasil de sua postura rígida, sob pena de ver nascer uma inusitada associação argentino-americana. As recomendações escritas pelo Departamento de Estado para instruir Vance em sua conversa com Geisel e Silveira expunham o raciocínio com clareza.

> [Os entendimentos com a Argentina] devem aumentar significativamente nossa influência em Brasília. É improvável que Geisel recue de sua firme posição nesta visita; ele sabe da rejeição da República Federal Alemã a nossas propostas e as últimas informações de nossos serviços de inteligência indicam que ele planeja nos emparedar … A visita a Buenos Aires deve dificultar sua capacidade de fazê-lo. Não obstante, ainda seria prematuro tentar pressionar o Brasil neste momento. Nosso objetivo deve ser o de concentrar a atenção de Geisel em vários fatores importantes, dar-lhe tempo para absorver as implicações dos mesmos e, após a visita, continuar a perseguir a possibilidade de os franceses nos ajudarem a persuadir os alemães a pedirem aos brasileiros que estudem nossas propostas mais seriamente. O fator mais importante ainda não

> é conhecido em Brasília: o desejo explícito da Argentina de adiar o reprocessamento se o Brasil fizer o mesmo. Essa deve ser a peça central de nossa apresentação. Para destacar sua importância, deve ser expressa no contexto de nossa avaliação que, de outra forma, a Argentina pode e irá proceder rapidamente em direção a adquirir capacidade de reprocessamento considerável, autônoma e sem salvaguardas, colocando o país muito à frente do Brasil (o último ponto não precisa ser explícito) ... O Brasil também se sentirá extremamente desconfortável com as implicações do *communiqué* assinado entre nós e a Argentina, que sugere forte apoio nosso ao programa energético argentino e à sua potencial exportação com base em uma reaproximação Estados Unidos-Argentina em questões de não proliferação. Não precisamos fazer mais que assegurar que os brasileiros saibam do *communiqué*; esse conhecimento deve tirar Geisel de sua complacência em relação ao acordo alemão ... Devemos salientar nossa intenção de cooperar com os brasileiros para sanar suas necessidades energéticas, incluindo a nuclear ... e devemos ouvir ativamente as ideias brasileiras sobre o que podemos fazer por eles ... Devemos evitar falar sobre modificações do Acordo Brasil-Alemanha e realçar que estamos sugerindo um novo acordo tripartite que busque o desenvolvimento energético no contexto de um "equilíbrio regional" e de segurança [sublinhado no original].[26]

Foi assim que Vance procedeu, mas dois elementos inesperados tornaram sua mensagem inócua. Em primeiro lugar, a postura de Washington partia de uma premissa equivocada. Como Geisel fez questão de ressaltar, o Brasil podia ver a Argentina como competidora, mas não como uma ameaça. O presidente contou aos americanos que há 20 anos a Argentina detinha a capacidade de produzir uma bomba atômica (informação que havia sido reconfirmada havia poucos dias pela comissão argentina para energia nuclear). Assim, explicava Geisel, a leitura brasileira era de que nenhum governo argentino tinha interesse em investir na construção de um artefato nuclear, ou já o teria feito. Além disso, a disseminação global da tecnologia de reprocessamento era uma questão de tempo. Mais cedo ou mais tarde, muitos países teriam a mesma capacidade. Então, concluía o presidente, os Estados Unidos deviam abandonar sua política de tentar barrar a circulação de conhecimento caso a caso e apostar no fortalecimento de regimes internacionais (sugerindo implicitamente que Washington devia adotar uma política séria de desarmamento). Geisel encerrou seus comentários dizendo que o Brasil não podia dar-se ao luxo de uma moratória ou adiamento do seu reprocessamento porque, com um crescimento populacional de 2,7% anuais, ou o país solucionava sua crise energética ou então empurraria seus cidadãos para debaixo da linha da pobreza. O presidente especulou que, dessa maneira, o Brasil poderia tornar-se "outra Índia". A analogia era infeliz no contexto daquela conversa, uma vez que, em 1974, a Índia testara com sucesso um artefato nuclear.[27]

O segundo elemento que frustrou a tática do Departamento de Estado foi mais prosaico, mas crucial. Após seu encontro com Geisel, ao deixar o salão em que se encontrava, o secretário Vance esqueceu uma cópia de suas instruções sobre uma cadeira. O presidente notou o lapso e enviou o material a Silveira, que fez uma cópia e mandou entregar os originais, em um envelope da Presidência da República, na suíte do hotel em que Vance estava hospedado. Esse pequeno episódio teve grande impacto sobre o pensamento estratégico brasileiro, pois a elite governante percebeu que a rivalidade e o distanciamento da Argentina eram fontes de debilidade diante dos Estados Unidos. Lentamente, Silveira começou a desenvolver o argumento de que, à medida que a parceria Brasil-Estados Unidos chegava ao fim, era mister aproximar-se da Argentina. Ciente de que ele próprio representava o mais claro sentimento antiargentino na diplomacia brasileira, Silveira argumentou que esse trabalho deveria ficar por conta do governo que assumiria o poder em Brasília em 1979. Graças a uma gafe de Vance, estava plantada a semente conceitual para os acordos nucleares que poriam fim à competição argentino-brasileira e que, poucos anos mais tarde, redesenhariam o ambiente estratégico da América do Sul.[28]

O Brasil saía fortalecido do embate. Em dezembro de 1978, quando Vance sugeriu mais uma vez que o país atrasasse durante alguns anos sua capacidade de reprocessamento, Silveira rejeitou categoricamente a proposta. Quando o secretário mencionou o tema dos direitos humanos, o chanceler retrucou que ele esperava nunca mais ver o assunto surgir em um encontro bilateral.[29]

Curiosamente, a avaliação em Brasília era a de que havia oportunidade para uma melhoria significativa das relações com os Estados Unidos. A tenacidade havia valido a pena e Washington sinalizava que preferia aceitar as diferenças a perder contato com o Brasil. Em março de 1978 a Casa Branca sugeriu uma visita do presidente Carter ao Brasil, e o embaixador

John Crimmins, desafeto tradicional de Silveira, foi substituído por Robert Sayre. Kissinger, retirado da política, escreveu ao chanceler que a indicação de Sayre representava "um desenvolvimento positivo". Para melhorar a percepção de Brasília sobre o ambiente internacional, Brzezinski passou a repetir que o Brasil era e devia ser tratado como uma "potência".[30]

A nova e mais benigna leitura de Brasília foi reforçada quando Carter decidiu adicionar o Brasil a seu roteiro de visitas a grandes países em desenvolvimento, que incluiu Irã, Índia, Arábia Saudita, Egito, Venezuela, Nigéria e Polônia. A ideia do presidente era sinalizar seu interesse em avançar com temas da agenda Norte-Sul e dar a entender que o velho mundo da Guerra Fria cedia espaço a um sistema mais diversificado e complexo de relações internacionais.

Era a primeira visita de um presidente americano ao Brasil desde Dwight Eisenhower, em 1960. Depois dela, nenhum outro ocupante da Casa Branca deixaria de passar pelo país. Os preparativos para a visita presidencial foram difíceis, com uma boa dose de negociação para produzir um diálogo entre Carter e Geisel que foi construído e ensaiado em seus mínimos detalhes.

O que a viagem revela é o grau em que a leitura americana do Brasil estava sendo ajustada. No material preparatório para a visita, a Casa Branca e o Departamento de Estado argumentavam que, caso o Brasil avançasse em direção à democracia e pudesse ser convencido a adotar um posicionamento acorde com os principais regimes internacionais, então ele seria um importante alicerce da ordem mundial. Parte desse raciocínio vinha da pena do professor Riordan Roett, diretor do programa de Estudos Latino-Americanos da Universidade Johns Hopkins, em Washington. Desde o início de 1977, Roett repreendia o governo americano por pressionar o Brasil e, assim, exacerbar "uma situação já delicada" entre os dois países. Foi essa crítica que, às vésperas da viagem presidencial, levou a Casa Branca a produzir novos relatórios sobre como lidar com o Brasil.[31]

Além desse material, um importante memorando anônimo circulou na Casa Branca durante os meses anteriores à viagem. O argumento era que o Brasil devia ser encorajado a "adotar uma postura de membro responsável da comunidade ocidental e a reconhecer que o Brasil alcançou status de potência internacional". Para isso, o autor do texto dizia que o Brasil devia ser convidado a entrar para a OCDE e para a Otan, ao tempo em que Washington devia reduzir as críticas sobre os direitos humanos; afinal de contas, concluía, não se tratava do Chile nem da Argentina.[32]

O NSC descartou de imediato a possibilidade da Otan e manteve firme sua intenção de pressionar o regime militar no quesito dos direitos humanos. Mas a contraproposta do NSC sugeria aumentar a representação brasileira no FMI e em outros bancos internacionais. Embora não haja indícios de que essas propostas avançaram, o fato é que elas ajudaram a criar um ambiente no qual Carter podia dizer legitimamente que as relações com o Brasil "têm estado um pouco abaladas, mas acho que é hora de arrumar as coisas". No Brasil, as perspectivas da visita geraram alguns meses de tensão. Revelando o grau de cautela e receio do regime, Silveira chegou a solicitar em telegramas secretos a seus colegas da Venezuela e da Nigéria que trocassem com ele informações sobre a natureza das pressões americanas em temas como proliferação nuclear, direitos humanos, direito do mar, economia, comércio e estabilidade africana. Na concepção americana, o diálogo com o Brasil em questões de governança global não avançava porque, como disse Robert Pastor, "o Brasil não estava interessado na agenda Norte-Sul. Estava interessado apenas no Brasil".[33]

Entre 29 e 30 de março de 1978, no Brasil, Carter fez gestos de reconciliação e propôs o relançamento da parceria. Geisel, contudo, manteve sua atitude tradicional. Quando o colega o convidou para visitar os Estados Unidos, mais uma vez declinou da proposta. Quando Carter sugeriu que o Memorando de Entendimento deveria incluir um grupo de trabalho sobre investimentos americanos na promissora agricultura brasileira, Geisel replicou dizendo que, de fato, os brasileiros deviam ter direito a comida "antes de outros direitos". Mas Carter ainda não estava disposto a desistir. Confidenciou a Geisel estar "ansioso" para restaurar as relações militares com os brasileiros, suspensas após a denúncia do acordo de 1952, e mostrou-se disposto a fazer isso "discretamente". Geisel acenou com aprovação, mas salientou que tal restauração somente poderia ocorrer se houvesse garantias de que o Brasil não seria submetido ao escrutínio do Congresso americano no tema dos direitos humanos, pois "o orgulho nacional e a soberania" não poderiam tolerar que um relatório pudesse manchar a imagem do país. Em um claro gesto de acomodação, Carter concordou e reconheceu que a legislação existente tinha sido "mal aconselhada", prometendo a seu anfitrião que, de volta a Washington, discutiria o assunto com senadores influentes e que, estava certo, não haveria quaisquer problemas no futuro.[34]

Carter insistiu uma vez mais na questão nuclear: pediu a Geisel que reconhecesse a aplicabilidade do Tratado de Tlatelolco, ao que Geisel respondeu negativamente. Quando Carter ofereceu a tecnologia do tório para centrais nucleares brasileiras, Geisel desviou a conversa totalmente, apontando que, em sua correspondência futura, os dois presidentes deviam concentrar-se mais em temas do Oriente Médio, da África e da União Soviética. Carter esperava ter nova chance durante a visita para conversar com Geisel, mas o brasileiro encerrou o encontro dizendo que os resultados haviam sido tão positivos que mais uma rodada entre os dois presidentes seria desnecessária.[35]

As discussões paralelas entre Vance e Silveira reproduziram o mesmo padrão de desencontro. A conversa foi focada na África. Quando Vance pediu apoio brasileiro para pressionar a Organização da União Africana a tomar a dianteira na resolução de conflitos regionais, Silveira declinou. Em vez disso, o chanceler sugeriu que os Estados Unidos escolhessem um país africano para liderar o processo. Vance reagiu dizendo que talvez o Gabão ou a Nigéria fossem bons candidatos, mas Silveira retrucou com a estranha sugestão de que esse papel caberia a Angola. Segundo o chanceler, Agostinho Neto poderia tornar-se um líder regional de primeira ordem. Possivelmente confuso com uma proposta tão pouco viável, Vance começou a discutir o Oriente Médio, assunto no qual os ministros também não conseguiram chegar a nenhuma visão similar.[36]

A equipe de Carter deixou sua jogada mais audaciosa para o fim da visita. Quando o presidente discursou em uma sessão conjunta no Congresso brasileiro, mencionou explicitamente a necessidade de melhorias nas questões referentes a direitos humanos e à liberdade de expressão. Em uma entrevista coletiva antes de partir, foi cauteloso, mas incisivo: os direitos humanos não eram mais "tabu" no diálogo brasileiro-americano. Carter então embarcou para uma visita privada ao Rio de Janeiro, onde encontrou figuras de oposição como os cardeais Eugenio Sales, do Rio de Janeiro, e Paulo Evaristo Arns, de São Paulo, o presidente da Ordem dos Advogados do Brasil, Raymundo Faoro, e o diretor de *O Estado de S. Paulo*, Júlio Mesquita Neto. A caminho do aeroporto, Carter convidou dom Paulo para acompanhá-lo na limusine presidencial, um gesto de enorme importância, quando veio a público a informação de que, seis meses antes, o cardeal enviara à Casa Branca uma lista com o nome de brasileiros que haviam desaparecido nas mãos da ditadura. O presidente Geisel considerava dom Paulo um verdadeiro inimigo e interpretou a viagem na limusine como um insulto do colega americano. Foi nesse período que o governo Carter também pediu à CIA que retirasse de sua lista de personalidades comunistas o nome do professor Fernando Henrique Cardoso, que estava impossibilitado de viajar aos Estados Unidos. Robert Pastor, um jovem assessor de Carter para a América Latina, convidou então o sociólogo para fazer um tour guiado pessoal pela Casa Branca.[37]

Finda a visita, ambos os governos declararam vitória. Geisel manifestou apreço pelo esforço e pela "nova atitude" do governo americano. De fato, em Brasília havia motivos para celebrar. Afinal de contas, o visitante declarara: "Não temos nenhuma autoridade sobre a Alemanha Ocidental nem sobre o Brasil, nem queremos tê-la." Disse também que havia

> algumas diferenças de opinião entre nós e o Brasil que ganharam ampla publicidade. Mas ... os fatores principais que nos unem ao Brasil em harmonia transcendem muito, são muito mais importantes que as diferenças que têm sido publicadas.

Geisel interpretou esses gestos como uma reação inteligente de Carter à necessidade de recuar diante da intransigência brasileira, sem com isso perder a reputação presidencial de defensor de valores universais. O presidente brasileiro teria dito a seus assessores que o colega era "mais sábio" do que ele pensava.[38]

Apesar de suas profundas desavenças, os dois lados tinham atingido um equilíbrio mais ou menos estável. É claro que nenhuma negociação avançava nem havia engajamento em grandes temas de política internacional, mas a atmosfera melhorara sensivelmente. Entretanto, para manter essa situação era necessário que não houvesse surpresas. Qualquer acontecimento inesperado poderia desestabilizar a frágil acomodação.

Assim, quando sugiram rumores de que a Argentina lançaria um ataque militar contra o Chile devido a uma antiga disputa territorial, Brasília pediu a Washington que condenasse todo tipo de ação nesse sentido apenas para ouvir o Departamento de Estado solicitar que Brasília fizesse chegar suas próprias preocupações a Buenos Aires e Santiago. Silveira, contudo, recusou-se a tomar qualquer "posição ativa" nos desentendimentos entre os "dois amigos". O Brasil manteria uma posição de não envolvimento por acreditar que era melhor encontrar um mediador fora da região. No fim das contas, foi isso que ocorreu devido à aproximação entre os Estados Unidos e o Vaticano. Mas o ponto central é que em um tema contundente sobre a ordem regional sul-americana não houve nenhum rastro de parceria brasileiro-americana. A falta de relação ficou ainda mais evidente em novembro, quando o embaixador Sayre sugeriu que um general do Joint Chiefs of Staff visitasse o Brasil para informar a posição oficial americana sobre o equilíbrio de poder global e, em particular, sobre a África. A proposta foi rejeitada terminantemente por Silveira: segundo o chanceler, era totalmente impróprio tentar triangular as relações entre os dois países em outras regiões do mundo. O posicionamento brasileiro era um claro rechaço a qualquer noção de engajamento.[39]

A Casa Branca não ficou particularmente preocupada com o tema. Esperava que a posse de um novo presidente em Brasília, em março de 1979, melhorasse o clima. Brzezinski escrevera a Carter que, conforme confidenciara privadamente o presidente indicado, o general João Baptista Figueiredo, o relacionamento ia "melhorar significativamente". De fato, ao chegar ao poder, Figueiredo anunciou uma anistia geral para as vítimas e os autores dos abusos da ditadura – ao final de 1979, quase 5 mil exilados já tinham voltado ao país. O relatório de direitos humanos do Congresso americano para 1980 notou que as autoridades brasileiras não mais utilizavam a tortura sistematicamente e que desaparecimentos, abduções, sequestros e detenções clandestinas tinham chegado ao fim. Durante uma passagem do vice-presidente Mondale por Brasília, o tema dos direitos humanos nem sequer figurou nas conversas com Figueiredo.[40]

O outro elemento que ajuda a explicar a passividade da Casa Branca é a veloz e inesperada transformação do cenário internacional no fim da década de 70. A posição do presidente Carter em 1979 era muito menos confortável do que fora no início de seu mandato. A intervenção soviética no Afeganistão levara o presidente a transformar-se progressivamente naquilo que não queria ser: um representante tradicional da Guerra Fria. Na concepção da Casa Branca, o gesto de Moscou revelava uma ofensiva que devia ser rebatida com força. Assim, Carter autorizou um aumento brutal do gasto militar, instituiu um embargo de grãos contra a União Soviética, boicotou as Olimpíadas de 1980 (que aconteceriam em Moscou) e proclamou uma "Doutrina Carter", segundo a qual os Estados Unidos se comprometiam a utilizar a força, se fosse necessário, para manter o golfo Pérsico livre do controle de potências estrangeiras.

Com a retomada da velha agenda da Guerra Fria, os temas que haviam permitido ao Brasil ser um ator significativo na ótica de Carter – proliferação, direitos humanos e diálogo Norte-Sul – ficavam relegados a segundo plano. Junto com eles, esfumava-se a noção de que o Brasil era uma potência emergente que, para bem ou para mal, detinha status especial nas relações internacionais. Em um contexto internacional adverso, a ideia de uma parceria com o Brasil progressivamente desapareceu do menu da diplomacia americana.

A possibilidade de uma política de engajamento com os Estados Unidos também sumiu da lista de opções do Brasil, mas por um motivo diferente: depois de cinco anos em Brasília, Geisel e Silveira estavam de saída. Eles haviam representado o maior esforço de aproximação durante os governos Nixon e Ford, e também haviam sido os líderes da resistência durante a gestão Carter. O espaço para uma política ativista com os Estados Unidos era muito limitado agora. Durante suas últimas semanas como chanceler, Silveira ainda tentou convencer o futuro presidente do valor intrínseco do modelo de parceria:

> Devemos insistir em que nossas relações bilaterais reflitam a importância acrescida do Brasil, nada impedindo que as mesmas se coloquem, em futuro mais ou menos próximo, em níveis semelhantes ao relacionamento que os Estados Unidos mantêm com os países da Europa ocidental, únicos que reconhecem como seus aliados, em nível de igualdade ... os interesses do Brasil na América Latina e, especialmente, na América do Sul ... e na África ... passaram a ser tomados em consideração pelo governo dos Estados Unidos. Não se deve pretender, porém, que a política brasileira nessas áreas reflita apenas opções norte-americanas ... O Brasil deve preparar-se para exercer liderança (conceitual) nesse contexto.

> O que devemos procurar fazer é que os Estados Unidos acompanhem as nossas políticas. No Terceiro Mundo, temos melhores condições para entender problemas e apontar erros. Mais que ouvir devemos ser escutados.[41]

Tal texto deve ser lido, ao menos em parte, como uma plataforma de Silveira para o futuro. Quase todos os entrevistados para a produção deste livro asseguram que Silveira esperava ser chamado por Figueiredo para continuar à frente do Itamaraty. Sua frustração deve ter sido grande quando soube que não seria o chanceler do novo governo. O ministro das Relações Exteriores seria Ramiro Saraiva Guerreiro. Guerreiro havia sido seu substituto na embaixada em Genebra e depois fora seu secretário-geral no Itamaraty, o segundo posto da hierarquia do ministério. Eles mantinham relações cordiais, mas relativamente frias.

Em vez de dar-lhe o Itamaraty, Figueiredo deu a Silveira a embaixada em Washington. A escolha do presidente foi estranha: afinal de contas, durante os últimos anos, Silveira havia representado uma política de ativa resistência aos Estados Unidos. Sua gestão na embaixada seria certamente dificultada por esse histórico. Além de ter que trabalhar em um ambiente hostil, nesse momento ele atuaria não mais como chefe, mas como subordinado de Guerreiro. Em Washington, Silveira também teria outro perfil. Não seria mais o representante de um país em ascensão, mas o porta-voz de um país diminuído pelo recrudescimento da Guerra Fria e por uma crise financeira avassaladora.

Silveira apresentou as credenciais ao presidente Carter em 24 de julho de 1979. Sem gozar do status de ministro e sem ser próximo de nenhum grande nome do governo americano, sua voz agora era apenas mais uma na Babel que é Washington. Embora se reunisse ocasionalmente com Brzezinski, com o presidente do Banco Mundial, Robert MacNamara, e com o próprio Kissinger, não tinha mais a influência de outrora.

Seu estilo pessoal não ajudava. Recém-chegado à capital americana, recusava-se a falar com qualquer funcionário do Departamento de Estado que não o próprio secretário. Seu diálogo com Brasília também sofria: os telegramas para Guerreiro rapidamente adquiriram um tom áspero e, às vezes, hostil. Nas palavras de um ex-assessor de Kissinger, Luigi Einaudi, o embaixador estava "totalmente isolado". Descrente da recuperação econômica brasileira ou de uma retomada do ativismo diplomático que ele mesmo presidira, Silveira respondeu melancolicamente à pergunta de um estudante: "Eu não acho que o Brasil deva exercer um poder que não tem." Seu projeto estava encerrado. De Washington, ele foi removido para a embaixada em Lisboa, onde ficou apenas dois anos até aposentar-se. Cinco anos mais tarde faleceu no Rio de Janeiro, aos 73 anos de idade.[42]

Kissinger, por sua vez, deixou o governo para fundar uma consultoria privada de enorme sucesso. Kissinger Associates foi e continua sendo um influente grupo que cria pontes entre governos e empresas em todo o mundo. Em sua carteira de clientes sempre houve gente interessada no Brasil ou brasileiros com interesses no exterior. Entretanto, Kissinger teve menos sorte com sua popularidade. Em fevereiro de 2002, o governo brasileiro cancelou a cerimônia na qual lhe outorgaria a Grã Ordem do Cruzeiro do Sul, a mais alta comenda nacional. Teve de fazê-lo porque as autoridades não podiam assegurar ao convidado que ele ficaria imune a uma possível ação judicial que visasse a esclarecer seu papel na Operação Condor – uma rede de forças de segurança sul-americanas que, durante o período em questão, caçou, torturou e assassinou oponentes. Esse tipo de constrangimento já faz parte da rotina de Kissinger. Em maio de 2001, ao chegar a Paris a convite da Unesco, descobriu que, caso descesse do avião, teria de se apresentar perante uma corte francesa para depor sobre o envolvimento americano no regime de Augusto Pinochet. Voltou aos Estados Unidos sem desembarcar. Em julho do mesmo ano, a Corte Suprema do Chile concedeu permissão a um juiz para questionar Kissinger formalmente e, um mês mais tarde, um magistrado argentino enviou uma carta ao Departamento de Estado com o mesmo propósito. Existem três organizações não governamentais dedicadas a seguir seus passos pelo mundo, constrangê-lo publicamente e advogar por seu julgamento por crimes contra a humanidade.[43]

Epílogo: Legados

Ronald Reagan foi eleito presidente dos Estados Unidos em novembro de 1980 com a promessa de reverter o declínio americano. Durante a campanha presidencial, ele criticou virulentamente as políticas externas de Nixon, Ford e Carter. Um dos alvos preferenciais de suas farpas era Henry Kissinger. "Sua gestão à frente de nossa diplomacia coincide precisamente com a perda da supremacia militar americana." A chegada de Reagan à Casa Branca marcou uma inflexão profunda. Ganhou força o argumento de que o mundo mais estável não era aquele do equilíbrio entre duas superpotências, mas um no qual houvesse uma vitória inconteste dos Estados Unidos. O principal porta-voz desse ideário era um grupo de jovens que incluía inimigos de Kissinger de longa data, como Dick Cheney, Donald Rumsfeld, Paul Wolfowitz e Richard Perle. Juntos, eles representariam o pensamento neoconservador que ditaria os rumos da política externa americana 20 anos mais tarde, durante a primeira década do século XXI.[1]

A ditadura brasileira teve grandes dificuldades com Reagan. A primeira foi de compreensão: apenas uma semana após sua eleição, o Itamaraty prognosticou que Kissinger poderia vir a ocupar um cargo de relevo no novo governo. Nada podia ser menos provável: as ideias de Reagan representavam um rechaço frontal ao espírito da *détente*. Quando o ex-presidente Ford sugeriu a Reagan o nome de Kissinger como secretário de Estado, ele rejeitou a ideia de imediato. Não confiava nem gostava do ex-secretário.

Reagan nomeou Al Haig para o posto, um homem do qual Kissinger mantinha distância.[2]

Munido de uma retórica exacerbada, Reagan patrocinou o *revival* da Guerra Fria com um aumento do gasto militar e um esforço consciente para pôr Moscou na defensiva, chamando a União Soviética de "império do mal". Apoiou e patrocinou insurgências anticomunistas na África e na América Latina e deixou de lado qualquer preocupação com o diálogo Norte-Sul. Seu foco estava no avanço da Guerra Fria contra o comunismo internacional, não no gerenciamento de um mundo crescentemente plural e cindido entre novos centros de poder.[3]

Na visão de mundo de Reagan não havia espaço para acordos com grandes países periféricos. Eles eram, afinal de contas, tangenciais à grande narrativa das relações internacionais da Guerra Fria. Por isso, ele nem sequer contemplou a possibilidade de apoiar-se em potências regionais ou "países-chave". A era das parcerias da Casa Branca com emergentes estava encerrada. O espaço do Brasil em Washington, que fora sempre limitado e incerto até mesmo com Kissinger, agora se fechava de vez. Reagan nada sabia sobre o país nem tinha interesse em aprender. Em 1982, durante breve estada no Brasil, cometeu a gafe de chamar o país de "Bolívia".

A implosão do mundo em que Kissinger e Silveira haviam costurado a parceria não podia chegar em hora pior. A economia brasileira estava estancada e a crise financeira fugia ao controle das autoridades. Dividido sob a tutela incerta do general Figueiredo, o regime languescia sem direção. Era justamente nesse contexto que o Brasil mais precisava dos Estados Unidos: o gerenciamento da dívida externa dependia do Tesouro americano, de agências internacionais instaladas em Washington e de comitês privados dominados por aquele país. Entre 1980 e 1987, a participação americana nas exportações brasileiras aumentou de 17,4% para 29,2%. Entre 1985 e 1987, os Estados Unidos responderam por 40% do superávit comercial brasileiro. No momento em que era mais importante ter acesso privilegiado a Washington, a possibilidade de diálogo não era mais uma opção.[4]

Nesse ambiente, a estratégia brasileira para lidar com os Estados Unidos passou a ser o distanciamento consciente. Quando Reagan despachou Vernon Walters para Brasília no intuito de conseguir apoio para uma operação que tentou derrubar o regime sandinista na Nicarágua, com a participação de

El Salvador, Guatemala e Argentina, a resposta brasileira foi "não". Quando o Pentágono sugeriu a criação de uma Organização do Tratado do Atlântico Sul para facilitar a cooperação entre Argentina, Brasil e África do Sul na luta contra o comunismo internacional, a reação também foi negativa. O mesmo ocorreu na direção oposta: quando o Brasil tentou convencer o Departamento de Estado a abrir diálogo com Angola, encontrou silêncio.[5]

A exceção foi o avanço dos contatos militares. Restaurou-se o cargo de adido militar que fora eliminado quando da denúncia do Acordo Militar em 1977. Também houve um programa intenso de visitas bilaterais e assinou-se um acordo para transferência de tecnologia de defesa. Em outubro de 1981, o vice-presidente George H. Bush convenceu a Westinghouse a suspender uma multa multimilionária que pretendia cobrar do Brasil por compras de urânio enriquecido fora do contrato original. Bush também advogou em favor do Brasil quando o país manteve subsídios para a exportação. Agora embaixador em Washington, Silveira chegou a pensar que Bush poderia instaurar um "novo marco em nossas relações e me faz pensar na possibilidade de se voltar a um diálogo mais fluido e construtivo, como aconteceu durante a precedente administração republicana". Ele estava equivocado.[6]

A distância entre os dois países foi finalmente selada no primeiro semestre de 1982, depois que a Argentina invadiu as ilhas Malvinas e foi à guerra contra a Grã-Bretanha. Embora boa parte da documentação necessária para elucidar o intercâmbio brasileiro-americano nesse período ainda esteja fechada para pesquisa, há indicações de que Washington quis, mas não conseguiu, mobilizar o apoio de Brasília para uma possível mediação. A prestigiosa revista *Foreign Affairs* publicou um artigo cujo título era, apropriadamente, "Brasil e Estados Unidos: o caso da relação ausente".[7]

Entretanto, o problema central das relações Brasil-Estados Unidos na década de 80 transcendia a diplomacia. Localizava-se nas forças que terminariam varrendo o mundo com o impacto de uma revolução: o ressurgimento vigoroso das ideias liberais. Na defensiva desde o fim da Segunda Guerra Mundial, esse ideário voltava à cena abruptamente. Diante da crise econômica e financeira da década de 70, líderes tão díspares como Deng Xiaoping, na China, Augusto Pinochet, no Chile, Margaret Thatcher, na Grã-Bretanha, e Ronald Reagan, nos Estados Unidos, retomaram alguns de seus princípios. A guinada encontrou expressão em medidas como a progressiva eliminação de barreiras comerciais, o incentivo ao fluxo internacional de capitais e a privatização de serviços públicos. O porta-voz mais poderoso e influente desse processo foi Ronald Reagan, para quem o modelo de gestão econômica intervencionista da segunda metade do século XX estava esgotado.

O neoliberalismo representava uma afronta aos valores mais caros das elites brasileiras, estivessem elas no governo ou não. Na leitura predominante, o grande logro nacional do século XX fora a rápida transformação de uma sociedade rural em pujante economia industrializada. Para militares, tecnocratas, empresários, diplomatas e a opinião pública, o fenomenal processo de industrialização nacional havia ocorrido justamente pela negação dos princípios liberais. Os instrumentos prediletos incluíam barreiras comerciais, entraves e condicionalidades à entrada de capitais externos e o uso seletivo de incentivos fiscais e creditícios. O agente principal do desenvolvimento, nessa concepção, não eram os indivíduos e suas firmas, mas o Estado. A opinião pública acostumara-se a pensar que o desenvolvimento podia ser planejado. Ninguém estranhava que o conceito de desenvolvimento nacional sempre viesse precedido pela palavra "projeto". Esse ideário já existia quando os militares viraram governo em 1964, mas foi poderosamente reforçado durante as duas décadas em que permaneceram no poder.

Para os diplomatas brasileiros, o problema do neoliberalismo era que ele trazia consigo implicações geopolíticas negativas. Acostumados a pensar o processo de industrialização guiado pelo Estado como o melhor salvo-conduto para obter algum grau de "autonomia" no sistema internacional, eles viam o avanço do liberalismo como uma força deletéria aos interesses do Brasil. Não surpreende, portanto, que a reação brasileira ao governo Reagan tenha sido defensiva: a teoria implícita no pensamento diplomático era a de que os Estados Unidos utilizariam o neoliberalismo para produzir novas formas de colonialismo.

Foi isso que Brasília interpretou quando o Departamento de Estado sugeriu abandonar totalmente o Memorando de Entendimento de 1976. O governo americano preferia estabelecer uma série de grupos de trabalho bilaterais *ad hoc* em economia, energia nuclear, ciência e tecnologia, cooperação espacial e indústria militar. O objetivo era dinamizar uma relação que havia sido dominada durante gerações pelos respectivos governos, não por empreendedores individuais ou grupos sociais. Seguindo um modelo descentralizado, os laços entre os dois países passariam a depender menos dos governos de plantão e mais dos interesses de agentes econômicos de ambos os lados.

A cúpula do Itamaraty ficou enraivecida com a proposta porque, com esse modelo, o ministério perdia relevância. Alguns também ficaram honestamente assustados: sem o controle da diplomacia, quem protegeria a sociedade brasileira dos interesses e pressões da grande potência?[8] Nas palavras de Silveira:

> A disparidade de poder relativa entre os dois países … torna essa relação essencialmente desequilibrada, fazendo com que a interdependência corra o risco permanente de se transformar, até por acidente, em dependência [e levando a um] leque incalculável de reações emocionais.[9]

Treinados a pensar em agentes econômicos como instrumentos a serviço do Estado, os diplomatas viam na iniciativa americana uma tentativa calculada de enfraquecer o Brasil, e assim submetê-lo. Acostumados a um sistema político fechado e hierarquizado, em que pouco se decidia sem a anuência dos chefes do mais alto escalão, eles enxergavam a proposta do Departamento de Estado como um artifício friamente calculado:

> A estratégia americana parece ser a de criar vínculos em várias áreas sensíveis, de tal forma que, se o exercício tiver êxito, essa intimidade acabaria por influenciar a própria política externa brasileira no sentido de alinhamento com os Estados Unidos.[10]

Dessa forma, especulava o chanceler Ramiro Saraiva Guerreiro, um dia o embaixador dos Estados Unidos em Brasília poderia sentir-se livre para estabelecer contato com grupos sociais e econômicos brasileiros sem a mediação do Itamaraty. Assim, alertava, o projeto americano era:

> Confrontar o governo brasileiro com tal volume de propostas e iniciativas … que nos seja muito difícil processá-las de forma ordenada e de acordo com nossas próprias prioridades; explorar as possibilidades de dividir a frente brasileira de negociação … [Mas] o mais importante elemento de barganha de que dispõe o Brasil é … estimular o uso do canal diplomático, como forma de manter

> a coordenação e a disciplina indispensáveis à boa gerência das relações com os Estados Unidos … Evitar que a intensidade exagerada de contatos leve a distorções na execução da política externa, associando-a excessivamente a objetivos norte-americanos.[11]

Nascia a influente noção de que não era bom para a sociedade brasileira ter muito contato com os Estados Unidos. A assimetria de poder era vasta e o sistema político americano intrincado e imprevisível: a aproximação produziria atrito, e este seria sentido desproporcionalmente pelo lado mais fraco. A crença por trás desse raciocínio era a de que o Estado brasileiro poderia regular eficientemente a natureza e o volume de contatos da sociedade brasileira com os Estados Unidos.

Datam dessa época os primeiros exercícios, em Brasília, para desenhar uma estratégia de inserção internacional alternativa, dessa vez calcada em uma aproximação sistemática à sua antiga rival, a Argentina. A cada ano do resto da década de 80 o Brasil avançou mais em direção a esse modelo diplomático novo e antes inconcebível. Sem poder apelar para o modelo Kissinger-Silveira e sem ter um conceito alternativo para gerenciar o vínculo com os Estados Unidos, Guerreiro concluía: "Não há mal maior, de nossa parte, em deixar um pouco de lado o Memorando de Entendimento de 1976. Sua função, na essência, está cumprida."[12]

Conclusão

A política de aproximação entre Brasil e Estados Unidos na década de 70 representou uma tentativa consciente de aumentar a interação entre as duas diplomacias. O projeto foi essencialmente motivado pelas ambições nacionais de cada um dos parceiros e sujeito a objetivos cambiantes que evoluíram ao longo da década.

Havia uma diferença crucial na maneira como os parceiros lidavam com a empreitada: enquanto os Estados Unidos eram centrais para o cálculo estratégico brasileiro, o Brasil aparecia apenas tangencialmente na narrativa da diplomacia americana. Isso levou o Brasil a investir mais que os Estados Unidos na iniciativa. Também permitiu-lhe auferir maiores ganhos: era surpreendente o ânimo de Kissinger para outorgar concessões não recíprocas a Silveira, assim como a adaptação resignada do governo Carter às posições brasileiras.

As origens do projeto encontram-se nos Estados Unidos. Lá, a designação do Brasil como "a chave do futuro" foi originalmente determinada por considerações anticomunistas. Ao aproximar-se da principal potência sul-americana, o governo Nixon esperava compartilhar os custos de manter o equilíbrio internacional a favor do Ocidente. Entretanto, esse raciocínio foi progressivamente suplantado por outro, no qual o Brasil passava a importar porque tinha algo a dizer sobre o ambiente internacional que emergia e era marcado pelo surgimento de novos centros de poder. Tratava-se da primeira vez que o Brasil era visto como potencial alicerce adicional da ordem global americana e com espaço para discutir com os Estados Unidos suas visões sobre a crise energética, o comércio internacional, a relação do mundo industrializado com os países em desenvolvimento e a evolução do panorama político na África. Para Kissinger, engajar o Brasil nesse diálogo era uma operação de baixo custo que ajudava a reforçar o sentimento de que a hegemonia americana era, afinal de contas, relativamente benigna.

No Brasil, a lógica por trás da política de aproximação era muito distinta. A empreitada tinha o objetivo triplo de arrancar concessões, usar o poder americano para alavancar prestígio e criar um marco institucional para formalizar a autonomia brasileira perante Washington. Dessa maneira, o Brasil entrava em associação com os Estados Unidos para manipular o poder da grande potência em favor próprio. Sem alinhar-se ao parceiro mais forte, o país esperava conseguir muito em troca de muito pouco.

Do ponto de vista prático, o experimento resultou em uma ampliação significativa do escopo tradicional da relação. Os termos do arranjo eram convenientemente frouxos para permitir a cada lado a definição de compromissos com base naquilo que percebiam ser os mais estritos interesses nacionais. Com termos pouco claros, o projeto não forçou nenhum dos dois países a adotar uma linha consistente de conduta, embora haja evidências de que introduziu na relação um sentido de obrigação mútua que não existia antes. Apesar das ambições de Kissinger e Silveira, os contatos bilaterais mantiveram-se baixos quando comparados àqueles existentes entre os Estados Unidos e outros aliados: a diplomacia americana tinha grandes dificuldades de sustentar sua dedicação ao Brasil no médio prazo, e a diplomacia brasileira hesitava em cooperar de fato com o parceiro. Durante todo o período, os planos de convergência conviveram com dúvidas profundas e recorrentes desconfianças de ambos os lados.

Desde o início, a sobrevivência do projeto era duvidosa. Seu sucesso dependia de um equilíbrio excessivamente frágil: Kissinger precisava manter vivo o interesse pelo Brasil e eliminar as resistências da burocracia americana; Silveira tinha de conseguir o apoio de seu chefe e achar a dosagem correta entre autonomia e cooperação. No limite, o arranjo requeria que os dois lados enxergassem um propósito comum onde havia divergências enraizadas. No fim, esse modelo não conseguiu transcender suas próprias limitações nem conseguiu adeptos suficientes dentro de cada país. O apoio ficou restrito a um pequeno círculo de indivíduos que acreditou na ideia mesmo quando suas chances de sucesso eram parcas e o retorno do investimento era vago e intangível.

Os mecanismos institucionais desenhados por Kissinger e Silveira evitaram o conflito aberto: algumas vezes resolvendo os problemas da agenda, outras tantas colocando-os silenciosamente de lado. Quando eles saíram de cena e o mundo da *détente* começou a declinar, o incipiente engajamento brasileiro-americano chegou ao fim. As crises bilaterais durante os anos do governo Carter terminaram minando as expectativas e, em seguida, o recrudescimento da Guerra Fria e as guinadas de Reagan tiraram o Brasil de vez do radar americano. Por sua vez, o Brasil iniciou uma aproximação em direção à Argentina que selaria uma nova fórmula diplomática para o país na qual não havia espaço para proximidade com os Estados Unidos. A imagem da relação especial desapareceu, dando lugar ao distanciamento e a conflitos de baixa intensidade que perduraram durante toda a década de 80.

Poucos períodos deixaram marcas tão profundas na relação. Kissinger e Silveira construíram um poderoso argumento que, embora tangencial, passou a ser aceito com naturalidade nos dois países: o Brasil pode ser um dos alicerces sobre os quais se constrói a ordem global, mas apenas cumprirá essa função se puder definir os seus próprios termos. O detalhe é que esses termos sempre devem excluir qualquer gesto, real ou aparente, de subordinação aos desígnios da grande potência.

Este livro mostrou quão acirradas foram as disputas para desenvolver essa ideia básica. Sua existência e validade nos dias de hoje são testemunhos do esforço dos indivíduos aqui retratados. A mensagem que eles deixam para a nossa geração é clara: há uma vasta e profunda brecha entre as experiências do Brasil e dos Estados Unidos no mundo, mas ela não precisa ser intransponível.

A história deste livro

Este livro é produto de um equívoco. Eu pesquisava outro tema quando, por falta de cuidado, terminei solicitando à equipe da Sala de Consultas do CPDOC algumas caixas de documentos que nada tinham a ver com meus interesses. Ao perceber meu próprio erro, decidi passar os olhos rapidamente pelo material antes de devolvê-lo ao depósito. A ideia de iniciar um projeto sobre Henry Kissinger e o Brasil nasceu aí.

As caixas continham a correspondência entre Kissinger e Silveira durante a década de 70. Seu conteúdo era intrigante. Não se tratava apenas de uma documentação de primeira qualidade sobre as relações entre Brasil e Estados Unidos em seu período mais turbulento. Aqueles papéis pareciam apontar em direção oposta à narrativa dominante que eu aprendera como estudante. A incongruência entre os telegramas contidos naquelas pastas e a história contada nos livros era evidente e vasta.

A correspondência revelava uma relação muito mais próxima e nuançada do que sugeria a literatura existente. O volume, escopo e natureza dos telegramas oficiais, notas pessoais, consultas diretas e indiretas, trocas de representantes e encontros pessoais mantidos entre Kissinger e Silveira eram surpreendentes. Esta é minha tentativa de voltar àquele período com curiosidade renovada e oferecer uma narrativa e uma interpretação mais sofisticadas do que aconteceu.

A pesquisa somente foi possível graças à abertura recente de novos arquivos especializados em ambos os países. Do lado americano, o estoque de conhecimento sobre a era Kissinger está em franca expansão devido às batalhas judiciais que contrapõem historiadores, especialistas e o próprio Kissinger. Nos Estados Unidos, pesquisei o Nixon Presidential Materials Project no National Archives em College Park (Maryland), a Gerald R. Ford Presidential Library em Ann Arbor (Michigan), a Jimmy Carter Presidential Library em Atlanta (Georgia), a Biblioteca do Congresso e o National Security Archives da George Washington University (ambos localizados em Washington, D.C.). Em College Park ainda utilizei a base eletrônica do CIA Records Search Tool (Crest). Também pesquisei a base eletrônica do Departamento de Estado para os anos de 1973 e 1974, onde se encontram on-line centenas de milhares de telegramas que nem sempre aparecem nas bibliotecas presidenciais. Durante a pesquisa, solicitei a abertura de uma dúzia de documentos classificados pelo Freedom for Information Act (Foia) – apenas a metade de meus pedidos foi concedida. A valiosa série publicada nas coleções do Foreign Relations of the United States do Departamento de Estado por enquanto alcançou apenas o ano de 1972 (com exceção dos volumes sobre a África, que chegaram a 1976).[1]

No Brasil, o Ministério das Relações Exteriores em Brasília franqueou-me acesso a seus arquivos "ostensivos" e "confidenciais" (apenas para os anos 1969-77). Entretanto, o ministério indeferiu meu primeiro pedido de consulta aos arquivos "secretos" e "ultrassecretos", e nunca respondeu ao segundo. Para obter esse material voltei-me para o Arquivo Azeredo da Silveira do CPDOC/FGV, que está inteiramente disponível para consulta. Como seu acervo somente inclui a correspondência que chegava ou saía do gabinete de Silveira, os papéis lá encontrados apenas refletem a perspectiva do topo da hierarquia diplomática brasileira. Boa parte dos detalhes da prática cotidiana do Itamaraty, assim como os debates que talvez tenham ocorrido em escalões mais baixos, continua na escuridão.

Há dois aspectos relevantes sobre a qualidade das fontes utilizadas para este trabalho. No caso americano, trata-se de um período em que o uso do grampo telefônico era moeda corrente em Washington. Isso permite aos historiadores de hoje terem acesso inédito ao dia a dia da Casa Branca e do Departamento de Estado. No caso brasileiro, é importante frisar que, apesar dos problemas de acesso a fontes acima apontados, a qualidade dos materiais é ímpar: diferentemente do que ocorre no caso americano, os documentos aparecem intactos, sem bloqueio de trechos sensíveis.

Esta pesquisa também foi possível graças à boa vontade e paciência de meus entrevistados. Poucos meses antes de completar 84 anos, Henry

Kissinger recebeu-me para duas horas de entrevista em seu escritório em Manhattan com um misto de desconfiança e tímido entusiasmo. Ele respondeu a todas as minhas perguntas. Sua atitude, esperadamente, foi a de defesa dos laços que tentou estabelecer com a ditadura brasileira. "O desenho básico de minha política estava acertado: o Brasil era uma potência emergente com a qual a gente precisava lidar ... a história ainda vai mostrar que aquilo que eu e Silveira inventamos estava fundamentalmente correto." O livro busca mostrar algumas das tensões e problemas inerentes a essa expectativa.

Três membros da equipe de Kissinger que lidavam diretamente com o Brasil no Conselho de Segurança Nacional e no Departamento de Estado foram gentis com seu tempo e memória: Luigi Einaudi, Albert Fishlow e Arnold Nachmanoff. Robert Pastor, articulador da política de Carter para o Brasil, concedeu-me uma longa entrevista e aceitou meu pedido de ajuda para decifrar velhos documentos. Do lado brasileiro, Luiz Felipe Lampreia recebeu-me para duas entrevistas formais e inúmeras conversas informais. Georges Landau deu-me uma valiosa entrevista, leu e comentou detalhadamente a primeira versão do trabalho.

Para mitigar o viés que inevitavelmente resulta do uso de documentos diplomáticos, fiz uso extensivo de periódicos e notícias da imprensa. Utilizei esses materiais crescentemente à medida que a narrativa avançava pela década de 80, tendo em vista que a disponibilidade de fontes primárias escasseia tanto nos Estados Unidos quanto no Brasil. Vale ressaltar que os materiais brasileiros de imprensa devem ser lidos com cautela devido à censura que dominava as redações dos principais jornais até meados da década de 70.

Há inúmeras biografias e memórias úteis para este estudo, mas, de modo geral, são frustrantes. Os três enormes volumes de memórias do próprio Kissinger dedicam apenas algumas páginas ao Brasil e a Silveira.[2] Não pode restar dúvida de que isso reflete o papel nitidamente tangencial do Brasil na política externa de Kissinger. Mas é importante ter em mente um fator adicional. Durante as décadas de 1990 e 2000, Kissinger viu sua liberdade de ir e vir limitada pela ameaça constante de processos judiciais referentes aos abusos dos regimes de Augusto Pinochet no Chile, o xá do Irã, o *apartheid* na África do Sul, a ditadura de Suharto na Indonésia e o totalitarismo de Mobutu no Zaire (hoje República Democrática do Congo). Em suas memórias, Kissinger conta uma narrativa seletiva dos eventos ocorridos naquele passado recente, ora ignorando os fatos, ora reescrevendo-os sob uma luz positiva. É plausível supor que o comentário do próprio Kissinger sobre o Brasil seja tímido e limitado para evitar que se some à longa lista de terríveis e sérias acusações criminais que pesa contra ele. No que concerne às biografias do lado brasileiro, talvez a lacuna mais curiosa seja a relativa falta de referências substanciais aos Estados Unidos nas memórias de diplomatas e políticos durante o período aqui estudado. As valiosas exceções são as longas entrevistas de história oral concedidas por Azeredo da Silveira e seu predecessor, Mario Gibson Barbosa, ao CPDOC/FGV.[3]

Em relação à transcrição de fontes primárias, sempre que possível preservei a grafia, as ênfases e a pontuação dos originais. Fiz as adaptações necessárias para os documentos que apresentavam a pontuação por escrito (por exemplo, "vírgula" no lugar de ','). Também foram corrigidos erros tipográficos óbvios, retirados os ditongos e expandidas as contrações características dos telegramas da época. No caso das citações em português, modernizei a grafia de acordo com a nova reforma ortográfica. Todas as traduções do inglês para o português são minhas, a não ser quando indicado em contrário.

As ilustrações deste livro são inéditas. Todas são oriundas do Arquivo Azeredo da Silveira, CPDOC/FGV, com duas exceções. A primeira é a fotografia dos presidentes Richard Nixon e Emílio G. Médici durante visita deste último à Casa Branca em dezembro de 1971 (cessão do National Archives dos Estados Unidos). A segunda é a fotografia de Kissinger com o general João Baptista Figueiredo (sem data), do Arquivo Tancredo Neves, CPDOC/FGV.

Dramatis personae
(lista dos personagens citados)

Agostinho Neto, Antônio
Fundador do Movimento Popular de Libertação de Angola (MPLA)
Primeiro presidente de Angola, 1975-79

Allende, Salvador
Presidente do Chile, 1970-73

Araujo Castro, João Augusto de
Ministro das Relações Exteriores do Brasil, 1961-64
Embaixador junto às Nações Unidas, 1969-71
Embaixador nos Estados Unidos, 1971-75

Banzer, Hugo
Presidente da Bolívia, 1971-78 e 1997-2001

Barbosa, Mario Gibson
Ministro das Relações Exteriores do Brasil, 1969-74

Brzezinski, Zbigniew
Assessor de Segurança Nacional dos Estados Unidos, 1977-81

Bush, George H.W.
Embaixador junto às Nações Unidas, 1971-73
Diretor da CIA, 1976-77
Vice-presidente dos Estados Unidos, 1981-89
Presidente dos Estados Unidos, 1989-93

Callaghan, James
Ministro das Relações Exteriores do Reino Unido, 1974-76
Primeiro-ministro do Reino Unido, 1976-79

Carter, Jimmy
Presidente dos Estados Unidos, 1977-81

Carter, Rosalynn
Primeira-dama dos Estados Unidos, 1977-81

Castelo Branco, Humberto de Alencar (gen.)
Presidente do Brasil, 1964-67

Castro Ruz, Fidel
Líder cubano desde 1959

Christopher, Warren
Vice-secretário de Estado dos Estados Unidos, 1977-81
Secretário de Estado, 1993-97

Connally, John
Secretário do Tesouro dos Estados Unidos, 1971-72

Crimmins, John Hugh
Subsecretário de Estado adjunto para Assuntos Interamericanos, 1969-73
Embaixador dos Estados Unidos no Brasil, 1973-78

Echeverría, Luís
Presidente do México, 1970-76

Enders, Thomas
Subsecretário de Estado para Assuntos Interamericanos, 1981-83

Finch, Robert
Secretário de Saúde, Educação e Bem-Estar dos Estados Unidos, 1969-70

Figueiredo, João Baptista (gen.)
Presidente do Brasil, 1979-85

Ford, Gerald R.
Vice-presidente dos Estados Unidos, 1973-74
Presidente dos Estados Unidos, 1974-77

Geisel, Ernesto (gen.)
Presidente da Petrobras, 1969-74
Presidente do Brasil, 1974-79

Genscher, Hans-Dietrich
Ministro do Interior da República Federal da Alemanha, 1969-74
Ministro das Relações Exteriores da República Federal da Alemanha, 1974-92

Gordon, Lincoln
Embaixador dos Estados Unidos no Brasil, 1961-66

Guerreiro, Ramiro Saraiva
Secretário-geral do Ministério das Relações Exteriores do Brasil, 1974-79
Ministro das Relações Exteriores do Brasil, 1979-85

Haig, Alexander M.
Assistente militar do assessor de Segurança Nacional dos Estados Unidos, 1969-70
Vice-assessor de Segurança Nacional dos Estados Unidos, 1970-73
Chefe de Gabinete da Casa Branca, 1973-74
Secretário de Estado dos Estados Unidos, 1981-82

Heath, Edward
Primeiro-ministro do Reino Unido, 1970-74

Hoffmann, Stanley
Professor, Universidade de Harvard

Humphrey, Hubert
Vice-presidente dos Estados Unidos, 1965-69
Senador, 1971-78

Kennedy, Edward
Senador dos Estados Unidos desde 1962

Kissinger, Henry A.
Assessor de Segurança Nacional dos Estados Unidos, 1969-75
Secretário de Estado dos Estados Unidos, 1973-77

Kubisch, Jack
Subsecretário de Estado para Assuntos Interamericanos, 1973-74

Liska, George
Professor, Universidade John Hopkins

Médici, Emílio Garrastazu (gen.)
Presidente do Brasil, 1969-74

Meyer, Charles A.
Subsecretário de Estado para Assuntos Interamericanos, 1969-73

Mondale, Walter F.
Vice-presidente dos Estados Unidos, 1977-81

Nachmanoff, Arnold
Especialista em América Latina do Conselho de Segurança Nacional dos Estados Unidos, 1969-71

Nixon, Richard M.
Presidente dos Estados Unidos, 1969-74

Nye, Joseph
Vice do subsecretário de Estado dos Estados Unidos, 1977-81

Osgood, Robert
Professor, Universidade John Hopkins

Pastor, Robert
Especialista em América Latina do Conselho de Segurança Nacional dos Estados Unidos, 1977-81

Pinheiro, João B.
Embaixador do Brasil nos Estados Unidos, 1976-79

Pinochet, Augusto
Presidente do Chile, 1973-90

Reagan, Ronald
Presidente dos Estados Unidos, 1981-89

Reza Pahlavi, Mohammad
Xá do Irã, 1941-79

Rockefeller, Nelson A.
Coordenador para Assuntos Interamericanos, 1940-44
Governador do estado de Nova York, 1959-73
Vice-presidente dos Estados Unidos, 1974-77

Roett, Riordan
Professor, Universidade Johns Hopkins

Rogers, William D.
Subsecretário de Estado para Assuntos Interamericanos, 1974-76
Subsecretário de Estado dos Assuntos Econômicos, 1976-77

Rogers, William P.
Secretário de Estado dos Estados Unidos, 1969-73

Rountree, William M.
Embaixador dos Estados Unidos no Brasil, 1970-73

Sayre, Robert M.
Embaixador dos Estados Unidos no Brasil, 1978-81

Schmidt, Helmut
Chanceler (primeiro-ministro) da Alemanha Ocidental, 1974-82

Scowcroft, Brent
Assessor militar do presidente dos Estados Unidos, 1972-73
Vice-assessor de Segurança Nacional dos Estados Unidos, 1973-75
Assessor de Segurança Nacional dos Estados Unidos, 1975-77 e 1989-93

Silveira, Antônio F.A. da
Embaixador do Brasil na Argentina, 1969-74
Ministro das Relações Exteriores do Brasil, 1974-79
Embaixador do Brasil nos Estados Unidos, 1979-83

Simon, William E.
Secretário do Tesouro dos Estados Unidos, 1974-77

Simonsen, Mário Henrique
Ministro da Fazenda do Brasil, 1974-79

Soares, Mário
Primeiro-ministro de Portugal, 1976-78 e 1983-85

Todman, Terence
Subsecretário de Estado para Assuntos Interamericanos, 1977-78

Shigeaki Ueki
Ministro das Minas e Energia do Brasil, 1974-79

Vaky, Viron
Subsecretário de Estado para Assuntos Interamericanos, 1978-79

Vance, Cyrus
Secretário de Estado dos Estados Unidos, 1977-80

Walters, Vernon A. (ten.-gen.)
Agente da CIA no Irã, 1951-53
Adido militar dos Estados Unidos no Brasil, 1961-65
Adido militar dos Estados Unidos na França, 1967-72
Vice-diretor da CIA, 1972-76

Notas

Introdução (p.9-16)

1. Henry A. Kissinger, entrevista ao autor, Nova York, 1º dez 2006.

2. Para criação de centro de estudos sobre o Brasil, ver Capítulo 1. Para citação, Seymour M. Hersh, *The Price of Power: Kissinger in the Nixon White House*, p.263. A literatura existente sobre Kissinger é vasta. Para uma revisão geral, Jussi M. Hanhimäki, "'Dr. Kissinger' or 'Mr. Henry'? Kissingerology, thirty years and counting". Algumas das principais obras incluem John L. Gaddis, *Strategies of Containment*; Raymond L. Garthoff, *Détente and Confrontation*; Robert Litwak, *Détente and the Nixon Doctrine*; e Odd Arne Westad, *The Global Cold War*. As melhores biografias são: Walter Isaacson, *Kissinger*; Jeremi Suri, *Henry Kissinger and the American Century*; e Jussi M. Hanhimäki, *The Flawed Architect*. Os volumes de memórias do próprio Kissinger também são úteis. Henry A. Kissinger, *White House Years*; *Years of Upheaval*; *Diplomacy*; *Years of Renewal*; *Crisis*; e *Ending the Vietnam War*.

3. Ainda não há uma biografia de Silveira. Entretanto, a política externa do governo Geisel é uma das mais estudadas. Maria R.S. de Lima, *The Political Economy of Brazilian Foreign Policy*; Andrew Hurrell, *The Quest for Autonomy*; Letícia Pinheiro, *Foreign Policy Decision-Making under the Geisel Government*; Shiguenoli Miyamoto, *Do discurso triunfalista ao pragmatismo*; Luis F. Ligiero, *Políticas semelhantes em momentos diferentes: exame e comparação entre a política externa independente (1961-1964) e o pragmatismo responsável (1974-1979)*; Gino Costa, *Brazil's Foreign Policy towards her Neighbours during the Geisel Years*; Míriam Saraiva, "A opção europeia e o projeto Brasil Potência Emergente"; Maria R.S. de Lima e Gerson Moura, "A trajetória do pragmatismo – Uma análise da política externa brasileira"; Antônio C. Lessa, "A diplomacia universalista do Brasil: a construção do sistema contemporâneo de relações bilaterais"; Matias Spektor, "O Brasil e a Argentina entre a cordialidade oficial e o projeto de integração" e "Origens e direção do pragmatismo ecumênico e responsável (1974-1979)"; Antônio C. Lessa, *Brasil, EUA e Europa Ocidental no contexto do nacional-desenvolvimentismo*; L.F. Ferreira, *A política latino-americana do governo Geisel*. Ver também capítulos relevantes em Gelson Fonseca, *A legitimidade e outras questões internacionais*; e Sérgio F. Danese, *Diplomacia presidencial*.

4. A mais sofisticada apresentação da "rivalidade emergente" está em Luiz A. Moniz Bandeira, *Brasil-Estados Unidos: a rivalidade emergente* (1989), e em sua versão expandida e revisada, *Relações Brasil-EUA no contexto da globalização: a rivalidade emergente* (1999). O argumento atualizado aparece em seu *As relações perigosas: Brasil-Estados Unidos de Collor a Lula, 1990-2004*. A tese da "rivalidade emergente" também está em Amado L. Cervo e Clodoaldo Bueno, *História da política exterior do Brasil*; e Paulo F. Vizentini, *A política externa do regime militar brasileiro*. Para a leitura de um influente diplomata, Samuel Pinheiro Guimarães, *Quinhentos anos de periferia*. Para interpretações inspiradas no Brasil sobre a dinâmica entre centro e periferia, ver Fernando H. Cardoso e Enzo Faletto, *Dependency and Development in Latin America*; e Peter B. Evans, *Embedded Autonomy*. Para estudos americanos que adotam a tese da "rivalidade emergente" de modo parcial, Ruth Leacock, *Requiem for Revolution*; e Jan K. Black, *United States Penetration of Brazil*.

5. Uma mostra de perspectivas alternativas à "rivalidade emergente" inclui Gerald K. Haines, *The Americanization of Brazil*; W. Michael Weis, *Cold Warriors and Coups d'État*; Elizabeth A. Cobbs, *The Rich Neighbor Policy*; Phyllis Parker, *Brazil and the Quiet Intervention, 1964*; Lincoln Gordon, "US-Brazilian reprise" e *Brazil's Second Chance*; Tullo Vigevani, *O contencioso Brasil × Estados Unidos da informática*; Monica Hirst (org.), *Brasil-Estados Unidos na transição democrática* e *The United States and Brazil: a Long Road of Unmet Expectations*; Paulo R. de Almeida e Rubens Barbosa (orgs.), *Brazil and the United States in a changing world*; e Andrew Hurrell, "The United States and Brazil: comparative reflections".

1. Kissinger e seu experimento (p.17-41)

1. Walt W. Rostow, *The United States in the World Arena*; Roger Masters, *The Nation is Burdened*.

2. Kenneth Waltz, "International structure, national force, and the balance of world power"; Gaddis, *Strategies of Containment*; Litwak, *Détente and the Nixon Doctrine*; Hans Morgenthau, "Alliances in theory and practice", p.211. Ver também Charles Burton Marshall, "Alliances with fledging states", p.213-23.

3. George Liska, "The Third World"; e *Alliances and the Third World*, p.43; Robert Osgood, "Preface".

4. Ver George Liska, *Imperial America*, p.36, 87-8 e 108. Para a noção de uma "ordem imperial multirregional", ver p.97. Para um alerta contra o argumento "exagerado" de difusão do poder, ver Robert E. Osgood, *America and the World*.

5. George Liska, *Alliances and the Third World*, p.60-1.

6. Para o argumento da seletividade, ver Richard M. Nixon, "Asia after Vietnam". Para citação, ver *Washington Post*, 8 dez 1968, p.B3.

7. Para argumentos de Kissinger, ver seu *American Foreign Policy*, p.225-6. Para o argumento desenvolvido à época sobre o papel do novo regionalismo, Walt W. Rostow, "Regionalism and world order". Para a Doutrina Nixon, ver Richard M. Nixon, *US Foreign Policy for the 1970s*, p.13-4. Para uma avaliação crítica da Doutrina Nixon, ver Zbigniew Brzezinski, "The state of Nixon's world (I): half past Nixon".

8. Sobre "embalagens" na política externa de Nixon, ver Bruce Kuklick, *Blind Oracles*. Para as novas expressões, ver FRUS, *Foundations of Foreign Policy, 1969-1972*, United States

Government Printing Office, Washington, D.C., 2003, p.142; para frase de Nixon, ver conversa telefônica, Nixon e Kissinger, 11 mai 1969, Kissinger Telcons.

9. Sobre as conexões entre o pensamento e a linguagem utilizada por Kissinger, ver Hedley Bull, "Kissinger: the primacy of geopolitics"; James Der Derian, "Great men, monumental history, and not-so-grand theory: a meta-review of Henry Kissinger's diplomacy"; Stanley Hoffmann, *Primacy or World Order*, p.199. Para a frase de Kissinger, ver *The Troubled Partnership*, p.251.

10. Para "estigma do colonialismo", Henry A. Kissinger, "Military policy and defense of the 'grey areas'".

11. FRUS, *Foundations*, p.45-6.

12. Sobre 1968, ver Jeremi Suri, *The Global Revolutions of 1968* e *Power and Protest*.

13. Para as opiniões de Kissinger sobre a política externa das democracias, ver *American Foreign Policy* e *The Necessity for Choice*, p.310-1 e 321. Para discussão sobre as tentativas de Kissinger de achar meios para que uma democracia atue no mundo com a firmeza de um país autoritário, ver John L. Gaddis, "Rescuing choice from circumstance: the statecraft of Henry Kissinger", p.570-2 e 585-7. Sobre o potencial desestabilizador da democracia, os argumentos principais aparecem em Gabriel Almond, *The American People and Foreign Policy*; Walter Lippman, *Essays in the Public Philosophy*; Samuel Huntington, *Political Order in Changing Societies*.

14. Richards Helms, diretor da CIA, a HAK, CIA, memo secreto, 4 mai 1972, NPMP, NSC Files, cx.479, NARA.

15. Walters a HAK, *circa* jan 1969, NPMP, NSC Files, HAK Office Files, HAK ASF, Transition, cx.1, NARA.

16. Para surpresa do governo Johnson, ver Rusk à Am. Emb. no Brasil, telegramas secretos, Washington, 17 e 19 dez 1968, RG 59, Central Files 1967-69, POL 1 Braz-US, NARA. Para a resposta da embaixada, Am. Emb. no Brasil à Secretaria de Estado, telegrama secreto n.14524, 20 dez 1968, RG 59, Central Files 1967-69, POL 1 Braz-US, NARA.

17. Para decisão do governo Johnson, ver Rostow a presidente Johnson, memo confidencial, Casa Branca, 13 jan 1969, NSF, Country File Brazil, vol.VIII, LBJ. Para dados, ver Peter D. Bell, "Brazilian-American relations"; e John W. Tuthill e Frank Carlucci, "Operation Topsy".

18. Lynn Jr. a HAK, confidencial, 18 mar 1970, NSA. Ver também *The New York Times*, 19 jan 1969.

19. Para citação, ver HAK, entrevista ao autor, Nova York, 1º dez 2006.

20. Georges Landau, aluno de HAK em Harvard à época, entrevista ao autor, Brasília, 21 mai 2006; HAK, entrevista ao autor, Nova York, 1º dez 2006.

21. Para "país estupendo", ver "Meeting with minister of Foreign Affairs of Brazil", memo secreto para arquivo do presidente, 29 set 1974, NSA, NSC, Laas: Files, 1974-77, cx.12, GFL. Para "um dia...", ver, por exemplo, Bras. Emb. a MRE, secreto exclusivo urgente, 16 ago 1976, AAS 1974.04.16.

22. Walters a HAK, *circa* jan 1969, NPMP, NSC Files, HAK Office Files, HAK ASF, Transition, cx.1, NARA.

23. Para "gigante adormecido", ver *The Times*, 18 out 1973. Para o comentário acadêmico sobre o Brasil da época, ver Ronald Schneider, "Brazilian foreign policy: a case study in upward mobility"; David M. Landry, "Brazil's new regional and global roles"; Riordan Roett, "Brazil ascendant: international relations and geopolitics in the

late 20th century"; William Perry, "Contemporary Brazilian foreign policy: the international strategy of an emerging power"; Riordan Roett (org.), *Brazil in the Sixties*; Norman Gall, "The rise of Brazil"; Ronald Schneider, *Brazil: Foreign Policy of a Future World Power*; Jim Brooke, "Dateline Brazil: southern superpower"; Wayne Selcher (org.), *Brazil in the International System: the Rise of a Middle Power*; Jordan Young, *Brazil: Emerging World Power*.

24. HAK, entrevista ao autor, 1º dez 2006; e Arnold Nachmanoff, entrevista telefônica ao autor, 26 nov 2006.

25. Idem.

26. NSC, "Secret study memorandum: Brazil program analysis, NSSM – 67", Casa Branca, *circa* mar 1970, NSA.

27. Crimmins, "Brazil NSSM", secreto, NSC, IG/ARA, Decision Memorandum n.69, 14 ago 1970, NSA.

28. Para uma síntese dos problemas do memorando, ver Meyer a HAK, secreto, 6 out 1970, NPMS, NSC Institutional, NSC Meetings, cx. H-049, NARA. A lista de trabalhos lidos pelo assistente de Kissinger incluiu apenas John Wills Tuthill, "Economic and political aspects of development in Brazil and Usaid"; Eric N. Baklanoff (org.), *New Perspectives of Brazil*; Hélio Jaguaribe, *Economic and Political Development*; Frances M. Foland, "The prospects for Brazil". Glancy a HAK, 14 set 1970, NPMS, NSC Institutional, NSC Meetings, cx.H-049, NARA.

29. Nachmanoff a HAK, secreto, 25 nov 1970, NPMS, NSC Institutional, NSC Meetings, cx.H-049, NARA.

30. Nachmanoff a HAK, confidencial, 1º dez 1970, NPMS, WHSF, Confidential Files, cx.5, NARA.

31. "Talking points review group meeting Brazilian program analysis", secreto, *circa* nov 1970, NPMS, NSC Institutional, NSC Meetings, cx.H-049, NARA.

32. Nachmanoff a HAK, confidencial, 1º dez 1970, NPMS, WHSF, Confidential Files, cx.5, NARA.

33. "Talking points review group meeting Brazilian program analysis", secreto, *circa* nov 1970, NPMS, NSC Institutional, NSC Meetings, cx.H-049, NARA.

34. Para o Departamento de Estado, Undersecretary of State a HAK, secreto, 29 out 1971, NPMS, NSC Institutional, NSSM, cx.H-178, NARA. Para outras agências, Shakespeare a HAK, confidencial, 2 jul 1971, NPMS, NSC Institutional, NSSM, cx.H-178, NARA; Nachmanoff a HAK, secreto, 17 jun 1971, NPMS, NSC Institutional, NSSM, cx. H-178, NARA. Sobre esse período, ver Hal Brands, "Third World politics in an age of global turmoil".

35. NIE, 80/90-64, 19 ago 1964, secreto, in FRUS, vol.XXXI, p.69-70.

36. Para a "aparência de consulta", ver Nachmanoff a HAK, memo secreto, 17 jun 1971, NPMS, NSC Institutional, NSSM, cx.H-178, NARA. Para adiamentos, ver Nachmanoff a HAK, memo secreto, 29 jul 1971, NPMS, NSC Institutional, NSSM, cx.H-178, NARA.

37. Para a promoção da *delegação*, ver Nachmanoff a HAK, memo secreto, 17 jun 1971, NPMS, NSC Institutional, NSSM, cx.H-178, NARA. Para resistências do Departamento de Estado, ver Nachmanoff a HAK, memo secreto, 11 ago 1971, NPMS, NSC Institutional, cx.H-059, NARA.

38. NSC-IG/ARA, secreto, 3 set 1971, NPMS, NSC Institutional, NSSM, cx.H-177, NARA.

39. Para frase de Edward Kennedy, ver Sikkink, *Mixed Signals*, p.58. Para as primeiras críticas na imprensa e na academia, ver *Washington Post*, 5 abr 1970, e Philip C. Schmitter, "The persecution of political and social scientists in Brazil".

40. *United States Policies and Programs in Brazil, Hearings before the Subcommittee on Western Hemisphere Affairs,* US Government Printing Office, Washington, 1971; e Gaspari, *A ditadura escancarada*, p.329-35.

41. Finch a presidente, esboço secreto, NPMP, NSC Institutional, NSSM, cx.H-178, NARA.

42. Para a preocupação do xá com o nacionalismo árabe, ver Estado, livro da visita do xá do Irã aos EUA em 1973, secreto, NPMP, NSC Files, VIP Visits, cx.920, NARA; Helms a HAK, CIA, secreto/sensível, 4 mai 1972, NPMP, NSC Files, cx.479, NARA; Estado, "Irã: condições em países vizinhos – Efeitos sobre a segurança regional", mai 1972, NPMP, NSC Files, cx.479, NARA. Para aproximação entre Irã e EUA, ver Estado, "Futuro da cooperação e créditos EUA-Irã", mai 1972, NPMP, NSC Files, cx.479, NARA; HAK a presidente, "Suas conversas com o xá do Irã", 18 mai 1972, NPMP, NSC Files, cx.479, NARA. Para uma síntese do período, Nayef H. Samhat, "Middle powers and American foreign policy: lessons from Irano-US relations, 1962-77".

43. HAK a presidente, secreto, *circa* 5 set 1969, NPMP, NSF, VIP Visits, cx.947, NSA.

44. Infelizmente, a resposta de Nixon a Haldeman foi removida das transcrições. Conversa n.733-2, fita n.2.238, Salão Oval da Casa Branca, 14 jun 1972 (10h – 10h04), Nixon Tapes, NSA.

45. Para o plano de deposição, ver Am. Emb. no México a Estado, secreto, 30 jun 1971, RG 59, 1970-73, POL 23-8 Mex, cx.2.476, NSA. Sobre deterioração, ver Am. Emb. no México a Estado, confidencial, 24 nov 1969, RG 59, 1967-69, POL 2 Mex, cx.2.337, NSA. Para situação sem perspectiva, ver Estado, secreto, 18 jun 1971, RG 59, 1970-73, POL 23-8 Mex, NSA. Para falta de discrição da repressão mexicana, Am. Emb. no México a Estado, confidencial, 2 jan 1973, RG 59, 1970-73, POL 2 Mex, cx.2.472, NSA.

46. Am. Emb. no México a Estado, confidencial, 17 fev 1969, RG 59, 1967-69, POL 1 Mex, cx.2.344, NSA.

47. Para a previsão do Departamento de Estado, ver NSC, IG/ARA, resposta a NSSM 173, mai 1973, NPMP, NSC Institutional, NSSM, cx.H-178, NARA. Para cálculo de risco, Albert Fishlow (assessor de Kissinger para a América Latina), entrevista ao autor, Oxford, 1º jun 2005.

2. Washington, 1971 (p.42-62)

1. Marcelo de Paiva Abreu, *A ordem do progresso*; e Werner Baer, *The Brazilian Economy*. Para dados sobre taxação, ver Elio Gaspari, *A ditadura derrotada*, p.263-4.

2. IBGE, *Estatísticas históricas do Brasil*; Hurrell, *The Quest for Autonomy*, p.145.

3. Para as estatais, ver Ben Ross Schneider, *Politics within the State*. Entre 1963 e 1979, as estatais passaram de 3% a 22% do investimento, ver Thomas J. Trebat, *Brazil's State-Owned Enterprises*.

4. Am. Emb. a Estado, 18 set 1970, RG 59, 1970-73, cx.2.129, NARA.

5. Para temor americano sobre capacidade técnica, ver Blaser a Petty, 20 fev 1970, RG 56, cx.66, NARA. Para temor sobre dívida, ver Blaser a Tesouro, 27 set 1971, RG 56, cx.65, NARA. Cf. Carlos Fico, *O grande irmão*, p.250-1.

6. Andrew Hurrell, "Brazil as a regional great power: a study in ambivalence"; e Cintia Souto, *A diplomacia do interesse nacional: a política externa do governo Médici.*

7. Rogers a Rountree, secreto, 29 out 1971, NPMP, NSC Files, VIP Visits, cx.911, NARA.

8. Para Araujo Castro, ver "Conversa telefônica, 14h, 28 out 1971", memo confidencial para arquivo, 28 out 1971, NPMP, NSC Files, VIP Visits, cx.911, NARA. Para Kissinger, HAK a presidente, secreto, 3 nov 1971, NPMP, NSC Files, VIP Visits, cx.911, NARA. Nachmanoff a HAK, secreto, 9 nov 1971, NPMP, NSC Files, VIP Visits, cx.911, NARA. Ver também NSC, memo de conversação entre Nachmanoff e Araujo Castro, 10h30, 10 nov 1971, NPMP, NSC Files, VIP Visits, cx.911, NARA. Para porta-voz, ver Elio Gaspari, *A ditadura escancarada*, p.335.

9. Rountree a Estado, secreto, 4 nov 1971, NPMP, NSC Files, VIP Visits, cx.911, NARA.

10. Para "papel pernicioso", ver HAK a presidente, secreto, 3 nov 1971, NPMP, NSC Files, VIP Visits, cx.911, NARA. Para percepção americana das divisões internas no Brasil, ver Nachmanoff a HAK, confidencial, 10 nov 1971, NPMP, NSC Files, VIP Visits, cx.911, NARA.

11. Para o alerta da embaixada americana, Boonstra a Estado, 18 set 1970, RG 59, 1970-73, cx.2.129, NARA.

12. Estado a HAK, secreto, 13 nov 1971, CFLA, cx.128, HAK Office Files, NPM, NSA.

13. HAK a Nixon, memo secreto, *circa* dez 1971, CFLA, cx.128, HAK Office Files, NPM, NSA.

14. Vernon A.Walters, *The Mighty and the Meek*, p.37.

15. O documento inclui notas manuscritas de Walters sobre o encontro. Foi classificado como *Eyes Only* (para leitura exclusiva do destinatário) e nunca foram feitas cópias oficiais. Ver Nachmanoff a HAK, secreto, 7 dez 1971, SSNF 1970-73, NSA. Em conversa com um enviado americano em 1972, Médici lembrou que um terço de sua reunião com Nixon havia sido dedicado à Bolívia, ver Connally a Estado, secreto, Canberra, 17 jun 1972, NPMP, NSC Files, VIP Visits, cx.954, NARA. Sobre a situação no Uruguai, ver Nancy Bermeo, *Ordinary People in Extraordinary Times.*

16. Estado, secreto, 26 nov 1971, NSA.

17. A.J. Langguth, *A face oculta do terror*; Elio Gaspari, *A ditadura derrotada*, p.194 e 351.

18. HAK a arquivo do presidente, ultrassecreto, 20 dez 1971, cx.VIP 910-54, Nixon NSC Materials, NSA.

19. Hewitt a HAK, secreto, 4 mar 1972, NPMP, NSC Institutional, NSDM, cx. H-232, NARA.

20. Médici a Nixon, tradução não oficial, 27 abr 1972, NPMP, PC, cx.749, NSC Files, NARA.

21. Para perspectivas americanas sobre Bolívia, ver Nachmanoff a HAK, secreto, 17 jun 1971, NPM Staff, NSC Institutional, NSC Meetings, cx.H-055, NARA. Para protesto de Rogers, ver Rogers a presidente, confidencial, 27 mar 1973, NPMP, NSC Files, VIP Visits, cx.911, NARA. Para pedido brasileiro, ver Médici a Nixon, tradução não ofi-

cial, 27 abr 1972, NPMP, PC, cx.749, NSC Files, NARA; e Gaspari, *A ditadura derrotada*, p.347-8. Para resposta americana, Nixon a Médici, 19 mai 1972, NPMP, NSC Files, PC, cx.749, NARA.

22. G. Kemp, "Some relationships between US military training in Latin America and weapons acquisitions patterns, 1959-1969"; Stephen S. Kaplan, "US arms transfers to Latin America".

23. Nixon e HAK, conversa, 8 dez 1971, 18h25, NPM Staff, NSC Files, HAK, Telcons, CF 12, NARA.

24. Nachmanoff a HAK, secreto, 10 dez 1971, SSNF 1970-73, NSA.

25. Idem.

26. HAK, entrevista ao autor, Nova York, 1º dez 2006.

27. Para citações, ver *Folha de S.Paulo*, 8 e 9 dez 1971.

28. Connally a Estado, secreto, Canberra, 17 jun 1972, NPMP, NSC Files, VIP Visits, cx.954, NARA.

29. Para o encontro Connally-Médici, idem; Haig a Burns, secreto, 22 jun 1972, NPMP, NSC Files, VIP Visits, cx.954, NARA. Para participação brasileira no Chile, ver Elio Gaspari, op.cit., p.355.

30. Médici a Nixon, 24 jul 1973, NPMP, NSC Files, PC, cx.749, NARA; Am. Emb. a Estado, secreto, 27 jul 1973, NPMP, NSC Files, PC, cx.749, NARA.

31. Para críticas dos diplomatas americanos, ver NSC, IG/ARA, resposta a NSSM 173, mai 1973, NPMP, NSC Institutional, NSSM, cx.H-178, NARA. Para Jorden, ver Jorden a HAK, confidencial, 19 mai 1972, NPMP, NSC Files, PC, cx.749, NARA. Para bronca, ver comentários de HAK sobre revisão anual, 5 jan 1972, NPMP, NSC Files, HAK, Office Files, cx.15, NARA.

32. Para as tarefas do diplomata responsável, ver Frassinetti Pinto a SGA, 16 jan 1973, DAS/5, DAA, 1973, 1, AHMRE. Para inovação, ver, respectivamente, Frassinetti Pinto a SGA, Brasília, 26 jun 1972, DAS/22; 10 jul 1972, DAS/23; 12 jul 1972, DAS/27; 12 dez 1972, DAS/48; 25 jul 1972, DAS/29 – todas em AAA/DAS, 1972, AHMRE.

33. Para os discursos, *Folha de S.Paulo*, 8 e 9 dez 1971.

34. Para brincadeira de Kissinger, HAK, entrevista ao autor, Nova York, 1º dez 2006. Para comentário na imprensa, ver *Clarín* (Argentina), 10 dez 1971; *El Mercúrio* (Chile); 12 de dezembro 1971; *Puro Chile* (Chile), 9 dez 1971; e *Folha de S.Paulo*, 13 dez 1971.

35. Para frase de Kissinger, ver Nachmanoff a HAK, secreto, 10 dez 1971, SSNF 1970-73, NSA. Para jornal argentino, ver *Clarín*, 10 dez 1971. Para papel do Estado, ver Eliot Jr. a HAK, confidencial, 24 dez 1971, NSA.

36. Memo de conversação, secreto, 26 set 1973, RG 59, 1970-73, cx.2.129.

3. O experimento de Silveira (p.63-85)

1. A memória do convite aparece em diversas fontes. Para a narrativa do próprio Silveira, ver *Entrevista Silveira ao CPDOC/FGV*, doravante *Entrevista*, fita 2, lado A. Para a narrativa do próprio Geisel, ver Maria Celina D'Araujo e Celso Castro (orgs.), *Ernesto Geisel*.

2. Luiz Felipe P. Lampreia, "A gestação do pragmatismo responsável", mimeo, Lisboa, maio de 1991. Agradeço ao autor do documento a gentil cessão de uma cópia.

3. Para uma narrativa detalhada, ver Matias Spektor, *Ruptura e legado.*

4. Para citação e dados, ver *Entrevista*, fita 2, lado A.

5. *Entrevista*, fita 2, lados A e B; fita 11, lado B. Elio Gaspari, *A ditadura derrotada*, p.307-8.

6. Luiz Felipe P. Lampreia, op.cit.

7. *Entrevista*, fita 3, lado B.

8. Dionísio Carneiro, "Crise e esperança: 1974-1980".

9. Por exemplo, Paulo F. Vizentini, *A política externa do regime militar brasileiro*, p.204; e Luiz A. Moniz Bandeira, *Relações Brasil-EUA no contexto da globalização*, p.125.

10. Para as expressões, ver Hélio Jaguaribe, *O nacionalismo e a realidade brasileira*; Jânio Quadros, "Brazil's new foreign policy"; San Tiago Dantas, *Política externa independente*; Afonso Arinos de Mello Franco, *A escalada*; e José Honório Rodrigues, *Interesse nacional e política externa*. Para *alargamento*, Celso Lafer, "Uma interpretação do sistema das relações internacionais do Brasil". Alguns dos principais políticos ativistas eram Afonso Arinos, Augusto Frederico Schmidt, San Tiago Dantas e Renato Archer.

11. Araujo Castro, Escola Superior de Guerra, 1958. Ver também *Cerimônia de inauguração do auditório Embaixador João Augusto de Araujo Castro*, Brasília, 8 dez 1998 (http://www2.mre.gov.br/irbr/irbr/sede/discauditorio.htm). Para uma análise do pensamento do embaixador, ver João Augusto Costa Vargas, *Uma esplêndida tradição.*

12. Para "ensinar os diplomatas", ver Silveira a Araujo Castro, Paris, 21 fev 1963, AAS/Cor, pasta LIV. Para "carreira", ver *Entrevista*, fita 2, lado A.

13. Araujo Castro, discurso proferido aos estagiários da Escola Superior de Guerra, Washington, 22 jun 1974.

14. Araujo Castro a Silveira, Washington, 27 fev 1974, AAS/Cor, pasta LIV.

15. Idem.

16. *Entrevista*, fita 2, lado A, e fita 3, lado B.

17. Em particular, *Entrevista*, fita 3, lado B.

18. Luiz Felipe P. Lampreia, entrevista ao autor, Rio de Janeiro, 15 mar 2004.

19. Idem, 9 dez 2005.

20. Ver Série Delbragen, AAS 1968.10.14.del.

21. Ver *Entrevista*, em particular, fitas 1 e 2.

22. Para uma das primeiras expressões desse pensamento, ver Antonio Patriota, "Razão e significado da Conferência das Nações Unidas sobre comércio e desenvolvimento", 27 jul 1964, mimeo, cf. Celso Lafer, op.cit., p.92. Ver também João Augusto de Araujo Castro, "O congelamento do poder mundial".

23. Silveira, "Política externa brasileira: seus parâmetros internacionais", mimeo secreto, Rio de Janeiro, 16 jan 1974. Agradeço a Luiz Felipe P. Lampreia por facilitar-me o acesso a esse documento.

24. Idem.

25. Douglas Chalmers e Christopher Robinson, "Why power contenders choose liberalization strategies"; Guillermo A. O'Donnell, Philippe C. Schmitter e Laurence Whitehead, *Transitions from Authoritarian Rule: Prospects for Democracy*; Alfred Stepan (org.), *Authoritarian Brazil*; Thomas E. Skidmore, *The Politics of Military Rule in Brazil, 1964-85*; Maria H.M. Alves, *State and Opposition in Military Brazil*; Kurt von Mettenheim, *The Brazilian Voter*; Aspásia Camargo e Walder de Góes, *O drama da sucessão e a crise do regime.*

26. Para o argumento de que a abertura foi um processo essencialmente interno, ver Andrew Hurrell, "The international dimensions of democratization in Latin America: the case of Brazil", e Maria C. D'Araujo e Celso Castro, op.cit.

27. Para a escolha de Silveira, ver Elio Gaspari, *A ditadura derrotada*, p.217, 308, 312-3, 315-8. Para citação, Sylvio Frota, *Ideais traídos*, p.122.

28. Para reconhecimento da China, ver Letícia Pinheiro, *Foreign Policy Decision-Making under the Geisel Governmen*.

29. Para a renúncia de Frota, ver Walder de Góes, *O Brasil do general Geisel*. Para o discurso da renúncia, ver *Veja*, 19 out 1977, p.22. Para citação, ver Sylvio Frota, op.cit., p.122.

30. Ver, por exemplo, Elio Gaspari, op.cit., p.387-90.

31. Ver editoriais em *Jornal do Brasil*, *O Estado de S. Paulo*, *Folha de S.Paulo*, 1º fev 1979. Para a reação de Silveira às críticas da imprensa, ver Silveira, "Discurso por ocasião da solenidade de transmissão do cargo de ministro de Estado ao embaixador Ramiro Saraiva Guerreiro", *Resenha de política exterior do Brasil*, Brasília, MRE, n.20, 15 mar de 1979, p.39-44.

32. Walder de Góes, op.cit., p.30. Isso também fica evidente na documentação guardada por Geisel e disponível para consulta em seu arquivo pessoal no CPDOC.

33. Para as tabelas de despacho de Geisel com seus ministros, ver Armando Falcão, *Geisel: do tenente ao presidente*, p.251. Para linhas telefônicas, ver *Entrevista*, fita 1, lado B.

34. *Entrevista*, fita 6, lado A; fita 14, lado B; fita 15, lado B.

35. Os "Silveira boys" variaram ao longo do tempo, mas alguns dos principais nomes incluem Luiz Felipe P. Lampreia, Paulo Roberto Bertel Rosa, José Nogueira Filho, Gilberto Velloso, Marcos César Naslausky, Alcides da Costa Guimarães, Rene Agnauer, Celina Assunção, Jorge Carlos Ribeiro, Sérgio Duarte, Guy Brandão e Ronaldo Sardemberg. Para citação, ver *Entrevista*, fita 5, lado A.

36. Ver *Entrevista*, fita 1, lado B; fita 3, lado B; fita 18, lado A. Para política de postos, ver "Presidente influi nas promoções", em *O Estado de S. Paulo*, 11 mai 1977.

37. Para um exemplo do debate sobre reforma de procedimentos, ver Carbonar a Guerreiro, 10 jun 1974, maço memoranda, jan 1974, AHMRE. Para "enciclopedismo", ver MRE à embaixada em Buenos Aires, secreto, Brasília, 20 dez 1976, n.1702, cx.42, AHMRE.

38. *Entrevista*, fita 3, lado B.

39. Discurso de posse, em Brasil, Ministério das Relações Exteriores. *Resenha de política exterior*, Brasília, MRE, n.1, 1974, p.9 e 19-20.

40. Silveira, *Financial Times Seminar*, Rio de Janeiro, 9 mar 1976, AAS 1974.05.27.

41. Silveira, Escola de Guerra Naval, Rio de Janeiro, 9 nov 1976, AAS 1974.05.27.

4. Quebrando o molde (p.86-113)

1. Para "escovar os dentes", *Entrevista*, fita 5, lado B. A expressão "pôr o país à frente de seu tempo" aparece sistematicamente em discursos oficiais de Silveira e ao longo da *Entrevista*. Para comentário de Kissinger sobre as "inteligências", ver Luiz Felipe P. Lampreia, entrevista ao autor, Rio de Janeiro, 15 mar 2004.

2. Para citação, ver CIA, *The American Foreign Ministers Meetings: Issues and Outlook*, confidencial, n.1028/74, 13 fev 1974, Crest.

3. Para citações do encontro, *Entrevista*, fita 5, lados A e B. Para "incrivelmente brilhante", HAK, entrevista ao autor, Nova York, 1º dez 2006. Para o sumário americano da conversa, Estado à Am. Emb., confidencial, 23 abr 1974, AAD.

4. Para análise da CIA, ver CIA, op.cit., e Kubisch e HAK, conversa, 12 abr 1974, 18h, NPMS, CF, HAK Telcons, cx.25, NARA. Para humor da Casa Branca, ver presidente e HAK, conversa sem indicação de dia, abril 1974, 20h28, NPMS, CF, HAK Telcons, cx.25, NARA. Para expectativa americana de cooperação do Brasil, ver Bras. Emb. a MRE, confidencial urgentíssimo para conhecimento do senhor presidente da República, 18 abr 1974, n.1410, AAS 1974.04.02; Silveira a Geisel, IPR, secreto, Brasília, 11 jun 1974, n.130, AAS 1974.03.26; Am. Emb. a Estado, confidencial, 15 ago 1974, NSA, PCFLA, cx.3, GFL; Am. Emb. a Estado, confidencial, 24 ago 1974, NSA, PCFLA, cx.3, GFL; Am. Emb. a Estado, confidencial, 5 set 1974, NSA, PCFLA, cx.3, GFL. Para estimativa americana sobre comportamento do Brasil, ver CIA, *Brazil's Changing Foreign Policy*, *Secret Weekly Review Special Report*, n.636, 23 ago 1974, Crest.

5. Para informação recebida por Silveira, embaixada em Bogotá a MRE, confidencial urgentíssimo, 17 set 1974, n.640, AAS 1974.04.02. Para temor de Silveira, ver Am. Emb. a Estado, confidencial, 21 set 1974, NSA, PCFLA, cx.3, GFL e MRE à Bras. Emb., secreto urgentíssimo, 18 set 1974, n.390, AAS 1974.04.02. Para informação recebida por Kissinger, CIA, *The American Foreign Ministers Meeting: Issues and Outlook*, confidencial, n.1028/74, 13 fev 1974, Crest. Para ceticismo de Kissinger, ver Am. Emb. a Estado, confidencial, 16 set 1974, NSA, PCFLA, cx.3, GFL.

6. Estado à Am. Emb., confidencial, 23 abr 1974, AAD.

7. Idem.

8. Hedley Bull, "The revolt against western dominance". Para a incipiente preocupação americana com questões ambientais, ver J. Brooks Flippen, "Richard Nixon, Russell Train and the birth of modern American environmental diplomacy". Para os problemas americanos perante as maiorias terceiro-mundistas na ONU, ver Gary B. Ostrower, "'I hate it. I hate it. I hate it.' The UN during the Nixon years".

9. Para um tratamento detalhado do argumento, ver Renato Mariani e Matias Spektor, "An empirical analysis of the emerging world", mimeo, abr 2008. As estatísticas sobre América Latina estão em Ecla, *Economic Survey of Latin America*, 1975 (Santiago, 1976), 14-20.

10. Albert Fishlow, entrevista ao autor, Oxford, 1º jun 2005.

11. Para avaliação da CIA, ver CIA, *Brazil's Changing Foreign Policy*, *Secret Weekly Review Special Report*, n.636, 23 ago 1974, Crest. Para alerta de Crimmins, Crimmins a Estado, 23 abr 1974, AAD. Para efeitos do teste indiano no Brasil, Am. Emb. a Estado, 21 mai 1974, AAD. Para papel moderador do Brasil, Am. Emb. a Estado, 2 jul 1974, AAD.

12. Para um exemplo das diferenças de abordagem entre Brasil e Estados Unidos, embaixada americana em Santiago a Estado, confidencial, 2 abr 1974, AAD.

13. Estado à Am. Emb., confidencial, 23 abr 1974, AAD, e HAK a Silveira, 13 jun 1974, AAS 1974.03.18. Para um exemplo do escopo alargado da agenda bilateral pretendido pelos Estados Unidos, ver Am. Emb. a Estado, confidencial, 21 set 1974, NSA, PCFLA, cx.3, GFL. Para Fishlow, ver Albert Fishlow, entrevista ao autor, Oxford, 1º jun 2005.

14. HAK a Silveira, 29 abr 1974, AAS 1974.03.18.

15. Casa Branca, memo secreto para arquivo do presidente, 29 set 1974, NSA, NSC, Laas: Files, 1974-77, cx.12, GFL.

16. Casa Branca, memo de conversação, secreto, 29 set 1974, NSA, Memcon, 1973-77, cx.6, GFL.

17. Sobre carvão, ver Silveira a HAK, secreto, 27 dez 1974, n.2.173, AAS 1974.03.18; HAK a Silveira, 7 jan 1975, AAS 1974.03.18; HAK a Silveira, 7 fev 1975, AAS 1974.03.18. Sobre café, Silveira a HAK, secreto, 8 jan 1975, AAS 1974.03.18; HAK a Silveira, 27 jan 1975, AAS 1974.03.18. Sobre as motivações americanas, HAK a Silveira, 3 ago 1974, AAS 1974.03.18; Crimmins a Silveira, confidencial, 31 jan 1975, AAS 1974.03.18. Sobre as expectativas brasileiras, ver Silveira a Geisel, IPR, secreto, Brasília, 21 abr 1975, n.141, AAS 1974.03.26.

18. Para exemplo de divisão Simonsen/Silveira, embaixada americana em Caracas a Estado, 29 abr 1974, AAD. Para "tambores", Am. Emb. a Estado, confidencial, 21 set 1974, NSA, PCFLA, cx.3, GFL.

19. Sobre a operação europeia, ver Míriam Saraiva, "A opção europeia e o projeto Brasil Potência Emergente". Para argumento de Crimmins, Am. Emb. a Estado, confidencial, 21 set 1974, NSA, PCFLA, cx.3, GFL. Para citação de Silveira, *Entrevista*, fita 8, lado A, e fita 7, lado B. Para citação de Geisel, ver Heitor Ferreira, diário, 28 de janeiro de 1976, apud Elio Gaspari, *A ditadura encurralada*, p.285.

20. Para sumário brasileiro da reunião, ver relatório confidencial entre representantes da Assessoria de Planejamento do Departamento de Estado Americano e assessores do ministro de Estado das Relações Exteriores, Brasília, 21-22 nov 1974, AAS 1974.04.16. Para sumário americano, ver Am. Emb. a Estado, 29 nov 1974, AAD. Os participantes do lado americano eram Samuel W. Lewis (subsecretário de Planejamento Político), Charles R. Frank Jr. (Economia e Energia), Thomas P. Thornton (Oriente Médio e Relacionamento com Países Socialistas), Luigi R. Einaudi (América Latina), Richard J. Bloomfield (Assuntos Hemisféricos), Klaus W. Ruser (ex-Planejamento Político e funcionário da Am. Emb.) e Robert W. Zimmerman (responsável pelo Brasil no Departamento de Estado). Do lado brasileiro, estavam Luiz A. Souto Maior (chefe de gabinete de Silveira), Geraldo H. Cavalcanti (assessor para Assuntos Políticos), Luiz Felipe P. Lampreia (assessor para Assuntos Econômicos), José Nogueira Filho (Assuntos Hemisféricos), Paulo M. Lima (OEA) e Paulo R. Berthel Rosa (Assuntos Econômicos).

21. Agradeço a Elio Gaspari por chamar minha atenção para esse aspecto da relação bilateral.

22. Para citação sobre Crimmins, ver *Entrevista*, fita 9, lado A. Para reclamos de Silveira a Kissinger sobre Crimmins, Estado à Am. Emb., 12 out 1974, AAD. Para explicação sobre demissões, HAK, entrevista ao autor, Nova York, 1º dez 2006. Para relação Silveira/Araujo Castro, ver Luiz Felipe P. Lampreia, entrevista ao autor, Rio de Janeiro, 15 mar 2004.

23. Am. Emb. a Estado, 27 nov 1974, AAD.

24. Silveira a Geisel, IPR, secreto, Brasília, 21 jan 1975, n.32, AAS 1974.03.26.

25. Silveira a HAK, secreto, Brasília, 18 dez 1974, AAS 1974.03.18.

26. HAK a Silveira, 29 nov 1974, AAS 1974.03.18; HAK a Silveira, confidencial, 28 fev 1975, AAS 1974.03.18; Silveira a HAK, Genebra, 30 nov 1974, série chanceler n.11, 1974, AAS 1974.03.18.

27. Amado L. Cervo e José Calvet de Magalhães, *Depois das caravelas*, p.300.

28. *Entrevista*, fita 16, lado B; e fita 8, lado B. Sobre a conexão entre a Revolução dos Cravos e a descolonização dos países africanos de língua portuguesa, ver Kenneth Maxwell, *The Making of Portuguese Democracy*.

29. Silveira a Geisel, IPR, secreto, Brasília, 21 abr 1975, n.141, AAS 1974.03.26.

30. Silveira a HAK, secreto, Brasília, 18 dez 1974, AAS 1974.03.18.

31. Para convite a Walters, secretário do vice-diretor da CIA a gen. Vernon Walters, 25 fev 1975, Crest.

32. Para as citações de Reagan e Carter, ver Hanhimäki, *The Flawed Architect*, p.449-54.

33. Ingersoll a presidente, confidencial, 16 abr 1975, e HAK a presidente, confidencial, 6 e 20 mai 1975, ambas em NSA, NSC, Laas: Files, 1974-77, cx.1; Casa Branca, determinação presidencial n.75-19, 9 mai 1975, NSA, NSC, Laas: Files, 1974-77, cx.1, GFL. Ver também *Entrevista*, fita 6, lado B.

34. MRE à Bras. Emb., secreto urgentíssimo, 9 jun 1975, AAS 1974.08.15.

35. Para a proposta de criação do grupo, ver HAK a Silveira, 21 abr 1975, AAS 1974.03.18. Para a expectativa americana, ver missão americana em Genebra a Estado, secreto, 2 abr 1975, NSA, PCFEC, cx.13, GFL. Para cooperação em energia, HAK a Silveira, 15 abr 1975, AAS 1974.03.18. Ver também Silveira a HAK, secreto urgentíssimo, 14 abr 1975, n.556, AAS 1974.03.18.

36. Silveira a Geisel, IPR, confidencial, 18 mar 1975, n.89, AAS 1974.03.26. Embaixada brasileira em La Paz a MRE, secreto exclusivo, 4 mar 1975, n.177, AAS 1974.04.23.

37. Luigi Einaudi, entrevista ao autor, Washington, 29 nov 2006.

38. Silveira a Geisel, IPR, secreto, Brasília, 21 abr 1975, n.141, AAS 1974.03.26.

39. Idem.

40. Heitor Aquino a Silveira, nota confidencial, 28 abr 1975, AAS 1974.04.14.

41. Silveira a HAK, secreto urgentíssimo, 23 abr 1975, n.603, AAS 1974.03.18.

42. Estado à Am. Emb., secreto, 17 mai 1975, NSA, PCFLA, cx.2, GFL.

43. Para a primeira citação de Kissinger, Kissinger, *Years of Renewal*, p.668 e 697. Para a segunda, ibid., p.734-5. Para convites ao Brasil, ver Silveira a Geisel, secreto exclusivo urgentíssimo, Paris, 16 dez 1975, série chanceler n.14, AAS 1974.06.13.

44. Para "claramente criativas", ver Estado, Livro Bilateral da OEA, confidencial, NSC, mai 1975, PCFLA 1974-77, cx.1, GFL. Para confiança de Kissinger, HAK a Silveira, 28 mai 1975, AAS 1974.04.23 e AAS 1974.03.18.

45. Silveira a Kissinger, secreto urgentíssimo, 4 jun 1975, n.829, AAS 1974.03.18.; Kissinger a Silveira, 12 jun 1975, AAS 1974.03.18.

46. Rodman a Kissinger, 16 mai 1975, NSA Staff Assistant: Peter Rodman, cx.2, GFL; Am. Emb. a Estado, 3 jun 1975, NSA Staff Assistant: Peter Rodman, cx.2, GFL; BBC Documentary, *Once in a Lifetime* (2006).

47. Kissinger, *Years of Upheaval*, p.741.

48. Embaixada americana em Bonn a Estado, confidencial, 1º jul 1975, NSA, PCFEC, cx.6, GFL. Estado à Am. Emb., 18 jun 1975, NSA, PCFLA, cx.2, GFL.

49. Para citação de Silveira, ver MRE à Bras. Emb., secreto urgentíssimo, 9 jun 1975, AAS 1974.08.15. Para citação de Kissinger, GRDS, *Office of the Secretary of State, Transcript of Secretary Kissinger's Staff Meetings*, secreto, 13 jun 1975, 1973-77, cx.7, NARA.

50. Silveira a ministro das Minas e Energia, confidencial, 18 mar 1975, AAS 1975.09.25.

51. Am. Emb. a Estado, confidencial, 7 mai 1975, NSA, PCFLA, cx.3, GFL; Am. Emb. a Estado, confidencial, 10 mai 1975, NSA, PCFLA, cx.3, GFL.

52. Pauta, 13 jun 1975, secreto, reuniões da equipe do secretário de Estado 1973-77, GRDS, cx.7, NARA.

53. HAK a Silveira, 20 jun 1975, AAS 1974.03.18.

54. Memo de conversação, secreto, 11 jul 1975, em William Burr, *The Kissinger Transcripts*, p.363-4.

5. Crise e retomada (p.114-34)

1. Para a decisão de Geisel, ver Silveira a Geisel, IPR, confidencial, 9 jul 1975, n.196, AAS 1974.03.26. Para posição francesa, Kissinger, *Years of Upheaval*, p.897 e 903.

2. Robinson a Estado, confidencial, 10 e 12 jul 1975, NSA, PCFLA, cx.3, GFL.

3. Robinson a Estado, confidencial, 14 jul 1975, NSA, PCFLA, cx.3, GFL.

4. Para "presunção", ver esboço de carta de Silveira a HAK, 21 jul 1975, AAS 1974.03.18. Para "países democráticos industrializados", ver conferência secreta do ministro Silveira na Escola Nacional de Informações, Brasília, 12 set 1975, AAS 1974.05.27. Para reação de Kissinger, ver HAK a Silveira, 27 jul 1975, AAS 1974.03.18.

5. "Informação para o ministro de Estado sobre iniciativas institucionais norte-americanas na área econômica", confidencial, *circa* 1976, AAS 1974.04.16. Para conversa entre Silveira e Kissinger em setembro de 1975, Estado à delegação americana na ONU, confidencial, 24 set 1975, AAD.

6. Robinson a Estado, confidencial, 12 jul 1975, NSA, PCFLA, cx.3, GFL; e Robinson a Estado, confidencial, 14 jul 1975, NSA, PCFLA, cx.3, GFL.

7. Para "silêncio", ver Guerreiro a Silveira, 18 jun 1975, SG/101, maço memoranda Gabinete, cx.135, 1975, AHMRE. Para síntese das medidas brasileiras em Moçambique, ver Silveira a Geisel, IPR, secreto, 22 abr 1976, n.159, AAS 1974.03.26. Para citação da CIA, ver CIA, "Brazil: gambling in Angola", *Latin American Trends*, secreto, 19 nov 1975, p.4, Crest.

8. Para "fortes indícios", ver depoimento do embaixador Ovídio de Andrade Melo ao ser homenageado na Comissão Permanente de Relações Exteriores e Defesa Nacional da Câmara dos Deputados, 15 ago 2002, por ocasião do Seminário sobre Política Externa do Brasil para o Século XXI (disponível para download em http://www.mre.gov.br/daop/Angola%20-%20Depoimento.htm); Ovídio de A. Melo, "O reconhecimento de Angola pelo Brasil em 1975"; Silveira a HAK, 22 abr 1976, AAS 1974.06.13.

9. Zappa a Silveira, secreto exclusivo urgentíssimo, Luanda, 5 ago 1975, AAS 1974.08.19.

10. Ver os dois telegramas sem numeração de Silveira a Zappa, secretos exclusivos urgentíssimos, Brasília, 5 ago 1975, AAS 1974.08.19.

11. Ovídio de A. Melo, op.cit.

12. Am. Emb. a Estado, confidencial, 21 set 1974, NSA, PCFLA, cx.3, GFL.

13. John Stockwell, *In Search of Enemies: a CIA Story*, p.184.

14. Hanhimäki, *The Flawed Architect*, cap.18.

15. Para avaliação de Crimmins, Am. Emb. a Estado, secreto, 17 nov 1975, NSA, PCFLA, cx.3, GFL. Para evidência de que o Brasil teria agido de outra maneira, Silveira a Geisel, IPR, secreto, Brasília, 13 nov 1975, n.307, AAS 1974.03.26. Vale notar que Geisel, em suas memórias, afirma ter tido conhecimento da presença cubana em Angola. Maria C. D'Araujo e Celso Castro, *Ernesto Geisel*, p.344. Não é isso, contudo, o que sugerem os documentos aqui citados.

16. Memo de conversação entre Kissinger, Ch'iao Kuan-hua et al., 28 set 1975, cx.332, Lord Files, PPS, RG 59, NARA. Citado em Hanhimäki, op.cit., p.417.

17. CIA, op.cit. Para Silveira, conferência secreta do ministro Silveira na Escola Nacional de Informações, Brasília, 12 set 1975, AAS 1974.05.27.

18. Am. Emb. a Rogers, confidencial, 15 dez 1975, NSA, PCFLA, cx.3, GFL.

19. Silveira a HAK, secreto, Brasília, 18 dez 1974, número ilegível, AAS 1974.03.18; e Am. Emb. a Rogers, confidencial, 15 dez 1975, NSA, PCFLA, cx.3, GFL.

20. Para citações, *New York Times*, 18 e 19 out 1975.

21. *Entrevista*, fita 3, lado B; e fita 6, lados A e B.

22. *Entrevista*, fita 3, lado B, e fita 6, lados A e B; e Walder de Góes, *O Brasil do general Geisel*, p.30.

23. *Entrevista*, fita 6, lado B. Silveira a Geisel, IPR, secreto, 13 nov 1975, n.307, AAS 1974.03.26.

24. Araujo Castro a Silveira, secreto urgente, Brasília, 27 de outubro 1975, série chanceler 23 e 26, AAS 1974.06.13.

25. *Entrevista*, fita 3, lado B.

26. *Entrevista*, fita 6, lado B.

27. Bureau of Intelligence and Research, "Brazil: hope for political liberalization dampened", relatório n.74, secreto, 13 ago 1975, NSA, PCFLA, cx.2, GFL; e "Brazil: military conservatives in ascendancy", relatório n.108, secreto, 5 set 1975, NSA, PCFLA, cx.2, GFL.

28. Am. Emb. a Rogers, confidencial, 14 nov 1975, NSA, PCFLA, cx.3, GFL. Para um alerta de Crimmins sobre a fraqueza interna de Silveira, ver Am. Emb. a Estado, confidencial, 17 nov 1975, AAD; e Rogers a HAK, confidencial, 17 dez 1975, AAD.

29. CIA, "Brazil: foreign policy angers military", *Latin American Trends*, secreto, 17 dez 1975, p.5, Crest.

30. Silveira a Geisel, secreto, Nova York, 27 set 1975, série chanceler 35, AAS 1974.03.26; e Silveira a Geisel, IPR, secreto, 1º out 1975, n.284, AAS 1974.03.26.

31. Idem. Para citação, *The Guardian*, 29 out 1975.

32. Am. Emb. a Rogers, confidencial, 15 dez 1975, NSA, PCFLA, cx.3, GFL.

33. Idem e Crimmins a Rogers, confidencial, 7 jan 1976, NSA, PCFLA, cx.3, GFL. Para pedidos de Crimmins no caso Herzog, Albert Fishlow, entrevista ao autor, Oxford, 1º jun 2005.

34. Para o texto do acordo, ver "Memorandum of understanding between the government of the Federative Republic of Brazil and the government of the United Kingdom of Great Britain and Northern Ireland concerning consultations on matters of common interest", Londres, 21 out 1975, AAS 1974.03.26. Ver também Silveira a Geisel, IPR, secreto, Brasília, 12 jun 1975, n.180, AAS 1974.03.26.

35. Silveira para conhecimento do presidente da República, telegramas secretos, Londres, 23 out 1975, série chanceler 14 e 15, AAS 1974.06.13. Silveira a Geisel, telegramas secretos exclusivos urgentíssimos, Paris, 16 dez 1975, série chanceler 14, 15 e 16, AAS 1974.06.13.

36. Para postura do Brasil, ver MRE à embaixada brasileira em Londres, secreto urgente, 14 jan 1976, n.53, AAS 1974.08.27. Para interesse britânico, ver Callaghan a Silveira, 6 jan 1976, AAS 1974.08.27. Rowlands a Silveira, 21 jan 1976, AAS 1974.08.27. Embaixada britânica em Brasília para MRE, nota pessoal secreta, 23 jan 1976, n.17/1, AAS

1974.08.27. Roberto Campos a Silveira, secreto exclusivo, Londres, 30 jan 1976, n.158, AAS 1974.08.27.

37. Do lado americano, estavam presentes o secretário assistente do Tesouro, Parski, e o secretário assistente para Assuntos Econômicos do Departamento de Estado, Charles Robinson. Do lado brasileiro, estavam presentes o embaixador em Paris, Delfim Netto, os embaixadores Paulo Cabral de Mello e Fernão Bracher e o conselheiro Luiz Felipe P. Lampreia.

38. Silveira a Geisel, secreto exclusivo, Paris, 16 dez 1975, s/n, AAS 1974.06.13.

39. Kissinger, *Years of Renewal*, p.743.

40. Silveira a Geisel, secreto exclusivo urgentíssimo, Paris, 16 dez 1975, série chanceler n.14, AAS 1974.06.13.

41. Silveira a Geisel, IPR, secreto, Brasília, 13 fev 1976, n.61, AAS 1974.03.26.

42. Crimmins a Rogers, confidencial, 7 jan 1976, NSA, PCFLA, cx.3, GFL.

43. Crimmins a Rogers e Fishlow, confidencial, 2 fev 1976, NSA, PCFLA, cx.3, GFL.

44. Para resistências do Departamento de Estado e do NSC, ver Low a Scowcroft, confidencial, 2 fev 1976, NSA, NSC, Laas: Files, 1974-77, cx.1, GFL. Para citação, ver Kissinger, *Years of Renewal*, p.739.

45. Para citação, Silveira a Geisel, IPR, secreto, Brasília, 13 fev 1976, n.61, AAS 1974.03.26.

46. Idem.

47. Idem.

48. Idem.

49. Idem.

50. Idem.

51. Idem. Para Javits, Silveira a Geisel, IPR, secreto, Brasília, 7 jan 1976, n.9, AAS 1974.03.26.

6. A PARCERIA FORMALIZADA (p.135-55)

1. Para "apimentar", ver *Veja*, 11 fev 1976.

2. Para citação, ver *Veja*, 25 fev 1976.

3. Kissinger, *Years of Renewal*, p.742.

4. Silveira a Geisel, IPR, secreto, 13 fev 1976, n.63, AAS 1974.03.26.

5. Silveira a Geisel, IPR, secreto, 27 fev 1976, n.79, AAS 1974.03.26.

6. Para "não me telefone", ver Am. Emb. a Rogers, confidencial, 15 dez 1975, NSA, PCFLA, cx.3, GFL. Para argumentos americanos favoráveis à visita, ver Low a Scowcroft, confidencial, 21 jan 1976, NSA, NSC, Laas: Files, 1974-77, cx.15, GFL.

7. Crimmins a Estado, confidencial, 30 jan 1976, NSA, PCFLA, cx.3, GFL.

8. Para promessas comerciais, ver reunião do secretário de Estado Kissinger no palácio do Planalto com o ministro Reis Velloso e Mário Henrique Simonsen, Brasília, 20 fev 1976, AAS 1975.02.03. Para promessas referentes ao Banco Mundial, ver notas da reunião de trabalho com secretário de Estado, 20 fev 1976, secreto, AAS 1974.03.26.

9. Ver Scowcroft a presidente, secreto, 14 fev 1976, NSA, PCFLA, cx.2, GFL; e Estado a Scowcroft, confidencial, 7 fev 1976, NSA, PCFLA, cx.2, GFL.

10. Silveira a Geisel, IPR, secreto, 27 fev 1976, n.79, AAS 1974.03.26; Bras. Emb. a MRE, secreto urgentíssimo, 18 fev 1976, n.731, AAS 1975.09.25.; embaixada brasileira em Viena a MRE, secreto urgentíssimo, 18 fev 1976, n.84, AAS 1975.09.25.; embaixada brasileira em Bonn a MRE, secreto urgentíssimo, 18 fev 1976, n.157, AAS 1975.09.25.

11. "Memorandum of understanding concerning consultations on matters of mutual interest between the government of the Federative Republic of Brazil and the government of the United States of America", Brasília, 21 fev 1976, AAS 1974.04.16.

12. Para justificativa de Kissinger, ver Kissinger, *Years of Renewal*, p.740-1. Para argumento de Silveira, ver "Notas da reunião de trabalho com o secretário de Estado Henry Kissinger no palácio Itamaraty", Brasília, 19 fev 1976, AAS 1975.02.03.

13. Para lista de temas de discussão, ver Silveira a Geisel, IPR, secreto, Brasília, 12 ago 1976, n.285, AAS 1974.03.26. Para citações de jornal, ver *Exame*, 28 abr 1976.

14. Silveira a Geisel, IPR, secreto, 26 mai 1976, n.184, AAS 1974.03.26.

15. Silveira a Geisel, IPR, secreto, 26 mai 1976, n.186, AAS 1974.03.26.

16. *Exame*, 28 abr 1976.

17. Para "não existem mais", ver Defense Intelligence Agency, "Brazil's view of changes in US relationship", secreto, 16 abr 1976, NSA, PCFLA, cx.2, GFL.

18. Para evidências sobre a participação americana, consultar o "East Timor Project" no National Security Archives (http://www.gwu.edu/~nsarchiv).

19. Para "intensas consultas", ver Silveira a Geisel, IPR, secreto, 4 mar 1976, n.94, AAS 1974.03.26.

20. Informação n.246/16/AC/76 de CIE – AC/SNI com difusão para CH/SNI, Serviço Nacional de Informações, Brasília, 15 jun 1976, AAS 1974.03.25.

21. Para citação de Kissinger, ver Silveira a Geisel, secreto exclusivo urgente, Santiago, 8 jun 1976, série chanceler n.50, AAS 1974.06.13. Para acordo Brasil-Guiana, ver Divisão das Américas, Brasília, 14 set 1976, AAS 1974.04.16.

22. Mauro Azeredo para assessor especial do ministro de Estado, urgente, n.30, Brasília, 22 mar 1976, memorandos gabinete, cx.190, 1976, AHMRE.

23. Para detalhes sobre a viagem, ver Silveira a Simonsen, 4 mar 1976, AAS 1974.04.23.; *Veja*, 12 mai 1976, p.84-5; Smith a Steinbock, 3 mar 1976, DMP, 1973-78, cx.22; Estado à delegação em Genebra, 23 mar 1976, DMP, 1973-78, cx.23; "US Countervailing Duty Investigation", *circa* mar 1976, DMP, 1973-78, cx.22; Macdonald a Simon, 15 abr 1976, DMP, 1973-78, cx.23; Macdonald a Simon, 23 abr 1976, DMP, 1973-78, cx.23; Commissioner of Customs a Macdonald, 4 mai 1976, DMP, 1973-78, cx.23; Am. Emb. a Estado, 12 mai 1976, DMP, 1973-78, cx.23; Kissinger a Silveira, 8 mai 1976, AAS 1974.04.23.; Silveira a Kissinger, 27 mai 1976, AAS 1974.04.23.

24. Departamento de Estado, "Scope Paper on US-Brazil trade consultative subgroup", 10-11 mar 1976, DMP, 1973-78, cx.22.

25. Macdonald a Simon, 19 mar 1976, DMP, 1973-78, cx.23.

26. Kissinger a Silveira, confidencial, Santiago, 4 jun 1976, AAS 1974.06.13.

27. Para o discurso, Departamento de Estado, "Sixth general assembly of the Organization of American States", Santiago, jun 1976. Para uma análise da ética no pensamento de Kissinger, ver Jeremi Suri, *Henry Kissinger and the American Century*.

28. Silveira a Geisel, secreto urgente, Santiago, 5 jun 1976, série chanceler n.19, AAS 1974.06.13.

29. Para opinião brasileira sobre erro de Pinochet, ver Silveira a Geisel, secreto urgente, Santiago, 5 jun 1976, série chanceler n.17, AAS 1974.06.13.

30. Silveira a Geisel, secreto exclusivo urgente, Santiago, 8 jun 1976, série chanceler n.51, AAS 1974.06.13.

31. Memo de conversação, secreto, Santiago, gabinete presidencial do gen. Pinochet, 8 jun 1976, NSA, PCFLA, cx.3, GFL.

32. Para mensagem americana, ver Bras. Emb. a MRE, secreto exclusivo urgente, 16 ago 1976, AAS 1974.04.16.

33. Para queixas de Pinheiro, ver particular de Pinheiro a Silveira, secreto exclusivo, Washington, 22 jun 1976, AAS 1974.04.23. Para orçamentos, ver Pinheiro a Dario Moreira de Castro Alves, secreto, 12 jul 1976, 1974.04.23.

34. Do lado americano, além de Kissinger, estavam presentes Harry W. Shlaudeman (subsecretário de Estado para Assuntos Interamericanos), Julius Katz (subsecretário de Estado para Assuntos Econômicos), Samuel W. Lewis (subsecretário de Estado para Desenvolvimento Internacional), Frederick Irving (subsecretário de Estado para Oceanos, Ambiente Internacional e Assuntos Científicos), John Crimmins (embaixador dos Estados Unidos no Brasil), Richard Darman (subsecretário do Departamento de Comércio), Robert Vastine (subsecretário do Departamento do Tesouro para Assuntos Internacionais), Nelson Sievering (administrador-assistente), David L. Hume (administrador do Departamento de Agricultura), Clayton Yeutter (vice-representante especial para Negociações Comerciais). Do lado brasileiro, todos os participantes eram funcionários do Itamaraty: além de Silveira, João Baptista Pinheiro, Luis Augusto P. Souto Maior, João Hermes P. de Araujo, Geraldo Hollanda Cavalcanti, Guy de Castro Brandão, José Nogueira Filho, Jornaldo L. Barbosa e Rubens Ricupero.

35. Para argumentos de Silveira, ver Silveira a Geisel, secreto exclusivo urgente, Santiago, 8 jun 1976, série chanceler n.48, AAS 1974.06.13; e Silveira a Geisel, IPR, secreto exclusivo, Brasília, 4 ago 1976, n.275, AAS 1974.03.26.

36. "Brinde de Henry A. Kissinger em homenagem a Antonio Azeredo da Silveira", Washington, 4 out 1976, AAS 1974.06.13.

37. Exposição do ministro Silveira à Escola de Comando e Estado-Maior da Aeronáutica, secreto, Rio de Janeiro, 25 out 1976, AAS 1974.05.27.

38. Para citação, *Playboy*, nov 1976, p.74-5, apud Gaspari, *A ditadura encurralada*, p.373-4. Ver também *Miami Herald*, 8 mar 1977, apud Tim Power, "Carter, human rights, and the Brazilian military regime: revisiting the diplomatic crisis of 1977". Para diálogo com embaixador, ver Delbrasonu a MRE, confidencial, Nova York, 13 mai 1976, AAS 1974.23.

39. Para debate na televisão, ver Silveira a Geisel, secreto urgente, Paris, 7 out 1976, série chaceler 1, AAS 1974.03.26. Para discurso em Chicago, ver *The Presidential Campaign 1976*, vol.1, part I (Washington: US Government Printing Office, 1978). Pastor, entrevista ao autor, Washington, D.C., 26 nov 2006.

40. Para Relatório Linowitz, Lembrete sobre o segundo relatório Linowitz, 14 jan 1977, n.10, AAS 1974.04.23.

41. Os documentos hoje disponíveis sugerem que Silveira desconhecia conversas entre Bonn e Washington. Ver, por exemplo, Silveira, Pró-Memória, secreto exclusivo, 18 mar 1977, AAS 1974.04.23; e Geraldo Hollanda Cavalcanti, Pró-Memória, secreto exclusivo, 12 abr 1977, AAS 1974.04.23. Embaixada americana em Bonn a Estado, confidencial, 17 dez 1976, NSA, PCFEC, cx.7, GFL.

42. Embaixada americana em Bonn a Estado, confidencial, 23 dez 1976, NSA, PCFEC, cx.7, GFL.

7. Estranhamento (p.156-77)

1. Para análises da política externa do governo Carter, ver Douglas Brinkley, "The rising stock of Jimmy Carter: the 'hands-on' legacy of our thirty-ninth president"; David Skidmore, *Reversing Course: Carter's Foreign Policy, Domestic Politics and the Failure of Reform*; Olav Njolstad, *Peacekeeper and Troublemaker: the Containment Policy of Jimmy Carter, 1977-1978*; e O. Arne Westad, *The Fall of Détente*, p.3-34.

2. Para "totalmente oposto", ver Robert G. Wesson, *The United States and Brazil*. Para "resistências", ver Brzezinski a presidente, 29 abr 1977, cx.CO-13, folder CO22, JCL.

3. Silveira a Pinheiro, secreto, 21 jan 1977, AAS 1974.04.23; Pinheiro a MRE, secreto exclusivo, 27 jan 1977, n.274, AAS 1975.09.25; Pinheiro a Silveira, secreto exclusivo, 28 jan 1977, n.304, AAS 1974.08.15.

4. Silveira a Geisel, IPR, secreto exclusivo, 31 jan 1977, n.24, AAS 1974.03.26.

5. Sobre "colapso da confiança", ver Silveira a Pinheiro, secreto exclusivo urgentíssimo, 3 fev 1977, AAS 1974.08.15; e Pinheiro a Silveira, secreto exclusivo urgentíssimo, 4 fev 1977, n.398, AAS 1974.08.15. Para a implementação do programa nuclear, ver Silveira a Pinheiro, secreto exclusivo urgentíssimo, 14 fev 1977, n.231, AAS 1974.08.15; "Análise tática das consultas com os norte-americanos", secreto exclusivo, 25 fev 1977, AAS 1974.08.15. Ver também Silveira a Geisel, IPR, secreto exclusivo, 2 mar 1977, n.48, AAS 1974.03.26.

6. Crimmins a Silveira, 3 mar 1977, AAS 1975.09.25; Silveira a Crimmins, 3 mar 1977, AAS 1975.09.25; e Vance a Silveira, 7 mar 1977, AAS 1975.09.25.

7. Paul C. Warnke a vice-secretário de Estado, secreto, 25 mar 1977, NSA.

8. Brzezinski a presidente, secreto, *circa* 4 abr 1977, NSA.

9. Lembrete, 6 mai 1977, n.118, AAS 1974.04.23.

10. Para importante interpretação sobre a política de direitos humanos de Carter para a América Latina (excluindo o Brasil), ver Sikkink, *Mixed Signals*, p.121-48.

11. Para o relatório, ver United States Congress, *Human Rights Practices in Countries Receiving U.S. Security Assistance, Report submitted to the Committee on International Relations, House of Representatives, by the Department of State, 95th Congress, I session*, 25 abr 1977 (Washington: GPO, 1977). Para declaração de Humphrey, ver *Washington Post*, 13 mar 1977, apud Timothy Power, "Carter, human rights and the Brazilian military regime", p.10.

12. *Miami Herald*, 20 mar 1977; Timothy Power, op.cit., p.8.

13. Para a denúncia brasileira, ver Silveira a Geisel, IPR, secreto, 6 mar 1977, n.49, AAS 1974.03.26. Para a denúncia de acordos na América do Sul, ver "Noon notes for dr. Brzezinski", ultrassecreto sensível, Situation Room, Casa Branca, 12 mar 1977, Crest; "Notas secretas sobre conversa entre a senhora Rosalynn Carter e o ministro Silveira", Brasília, 6 jun 1977, AAS 1974.04.23. Para apoio da oposição a Geisel, ver Ulysses Guimarães, *Jornal de Brasília*, 6 mar 1977. No Congresso brasileiro, apenas um parlamentar do MDB manifestou apoio ao relatório, ao lê-lo *verbatim* no plenário do Senado, assegurando assim seu registro formal nos Anais do Congresso. Apud Timothy Power, op.cit., p.13-16. Para papel da igreja, ver Scott Mainwaring, *The Catholic Church and Politics in Brazil, 1916-1985*; e Kenneth P. Serbin, *Diálogos na sombra*.

14. Patrice M. Franko, "Review essay: the puzzle of Brazilian arms production".

15. Para impacto da denúncia, ver Clóvis Brigagão, "Cancelamento do Acordo de Assistência Militar Brasil-Estados Unidos". Para propostas americanas, ver Vance a Silveira, 14 mar 1977, AAS 1974.04.23. Para resposta, Silveira a Vance, *circa* 14 mar 1977, AAS 1974.04.23.

16. Para "em pleno vigor", ver Silveira a Geisel, secreto, 31 mai 1977, n.45, AAS 1977.01.27.

17. Vance a Carter, "Overview of foreign policy issues and positions", out 1976, apud Cyrus Vance, *Hard Choices*, p.451-2; e reunião do Policy Review Committee, "Latin America", Casa Branca, minuta secreta, 24 mar 1977, NSA.

18. Brzezinski a vice-presidente, s.d., cx.CO-13, folder CO22, JCL; e Estado a Brzezinski, confidencial, 2 jul 1977, cx.CO-13, folder CO22, JCL.

19. Para citação de porta-voz, ver *O Estado de S. Paulo*, 7 jun 1977; para a hipótese da CIA, ver *Correio Braziliense*, 10 e 11 jun 1977, apud Timothy Power, op.cit. Para quebra de protocolo, ver *New York Times*, 13 jun 1977. Para documentos oficiais sobre a visita, ver "Notas secretas sobre conversa entre a senhora Rosalynn Carter e o ministro Silveira", Brasília, 6 jun 1977, AAS 1974.04.23; "Notas sobre a audiência concedida por Sua Excelência o presidente Ernesto Geisel à sra. Carter", Brasília, 7 jun 1977, AAS 1974.04.23; "Notas resumidas sobre discussão informal entre o presidente Geisel e a senhora James Carter, durante jantar no palácio da Alvorada", 7 jun 1977, AAS 1974.04.23.

20. Para avaliação americana, ver Pastor a Jody Powell e Jerry Schecter, 18 out 1977, cx. CO-13, folder CO22, JCL. Para avaliação brasileira, ver notas referentes a encontros de Geisel e Silveira com a primeira-dama, anteriormente citadas.

21. Para revitalização, ver Silveira a Geisel, secreto urgente, Granada, 15 jun 1977, série chanceler, n.37, AAS 1977.01.27. Para citação de Vance, ver Vance a Silveira, 21 jun 1977, AAS 1977.01.07. Para resposta de Silveira, Silveira a Vance, 22 jun 1977, AAS 1977.01.27. Para a correspondência entre eles nesse período, ver Vance a Silveira, 20 jul 1977, AAS 1977.01.27; Silveira a Vance, secreto, 22 jul 1977, AAS 1977.01.27; Silveira a Geisel, IPR, secreto, 29 jul 1977, n.173, AAS 1974.03.26; e Silveira a Geisel, IPR, confidencial, 3 ago 1977, n.189, AAS 1974.03.26.

22. Palestra proferida na Escola Nacional de Informações, Brasília, 24 jun 1977, AAS 1974.05.27.

23. Idem.

24. Palestra proferida no Estado-Maior das Forças Armadas, Brasília, 20 set 1977, AAS 1974.05.27.

25. Carter a Geisel, 27 out 1977, AAS 1976.00.00; e Geisel a Carter, 31 out 1977, AAS 1976.00.00. Para crise militar de outubro de 1977, Elio Gaspari, "Introdução", *A ditadura envergonhada*. "Lembrete, audiência concedida pelo presidente Geisel ao secretário de Estado dos EUA, Cyrus Vance", Brasília, 22 nov 1977, n.322, AAS 1974.04.23. Acompanhavam subsecretário de Estado para Assuntos Hemisféricos, Terence Todman, o especialista em América Latina do Conselho de Segurança Nacional, Robert Pastor, dois especialistas em temas nucleares do Departamento de Estado (Gerard Smith e Joseph Nye), o subsecretário de Estado para Assuntos Econômicos, Julius Katz, e a subsecretária de Estado para Assuntos de Direitos Humanos e Humanitários, Patricia Derian.

26. "Brazil scope paper: implications of the Argentine visit", confidencial, nov 1977, AAS 1977.01.27.

27. "Lembrete, audiência concedida pelo presidente Geisel ao secretário de Estado dos EUA, Cyrus Vance", Brasília, 22 nov 1977, n.322, AAS 1974.04.23.

28. *Entrevista*, fita 10, lado B. Silveira a Geisel, IPR, 18 jul 1978, n.169, AAS. Ver também embaixada brasileira em Buenos Aires a MRE, confidencial, n.165, 22 fev 1978, cx.159, AHMRE.

29. Silveira a Geisel, IPR, secreto exclusivo, 20 dez 1977, n.306, AAS 1974.03.26.

30. Para avaliação, ver Silveira a Geisel, IPR, secreto exclusivo, 3 jan 1978, n.4, AAS 1974.03.26. Para troca de embaixadores, ver Silveira a Geisel, IPR, Brasília, 30 jan 1978, n.33, AAS 1974.03.26. Para referências de Brzezinski ao Brasil, ver Pinheiro a Silveira, 20 set 1977, n.3.364, AAS 1976.00.00; "Roteiro para conversações presidenciais entre presidente Geisel e presidente James Carter", secreto, 14 nov 1977, AAS 1976.00.00.

31. Riordan Roett a Walter F. Mondale, 8 fev 1977; Hornblow a Clift, "US policy toward Brazil", NSC, 11 mar 1977, n.1.245; proposta de resposta ao professor Roett, Estado, s.d. Os três documentos encontram-se na WHCF, cx.CO13, folder CO22, JCL.

32. Memo sem assinatura, "Presidential visit and encouragement of Brazil to become a responsible western power", s.d., WHCF, cx.CO13, Folder CO22, JCL.

33. Para contraproposta, ver Pastor a Brzezinski, 4 nov 1977. Para citação de Carter, ver Correa da Costa a Silveira, secreto, Nova York, 6 out 1977, AAS 1976.00.00. Para gesto de Silveira, Silveira a Geisel, IPR, 26 abr 1978, n.92, AAS 1974.03.26. Para citação de Pastor, entrevista ao autor, Washington, D.C., 26 nov 2006.

34. Segunda reunião presidencial, secreto exclusivo, Brasília, 29 mar 1978, AAS 1976.00.00.

35. Terceira reunião presidencial, secreto exclusivo, Brasília, 30 mar 1978, AAS 1976.00.00.

36. O secretário fez-se acompanhar pelo subsecretário Terence Todman, pelo diretor de Planejamento Político, Anthony Lake, pelo responsável pela embaixada americana em Brasília, Richard Johnson, e pelo conselheiro Klaus Ruser. A delegação do chanceler incluía os embaixadores João B. Pinheiro e João Hermes Pereira de Araújo; os conselheiros José Nogueira Filho, Ronaldo M. Sardemberg e Sebastião do Rego Barros; e o secretário Carlos Augusto Santos Neves. Relatório secreto exclusivo sobre reunião com Cyrus Vance, 29 mar 1978, AAS 1974.04.23.

37. Para discurso de Carter no Congresso Nacional, ver *Department of State Bulletin* 78, n.2,014, mai 1978. Para entrevista coletiva, ver *Los Angeles Times*, 31 mar 1978, apud Timothy Power, op.cit., p.27. Para encontros de Carter no Rio de Janeiro, ver *New York Times*, 31 mar 1978. Para "insulto", agradeço a Elio Gaspari a longa conversa em São Paulo, 9 de jan 2009.

38. Para citações de Carter, ver *New York Times*, 31 mar 1978. Para opinião de Geisel a respeito do colega, ver memo para Brzezinski, ultrassecreto sensível, Situation Room, Casa Branca, 10 mai 1978, Crest. Para relato sobre Fernando Henrique Cardoso, Robert Pastor, entrevista ao autor, Washington D.C., 27 nov 2006.

39. Para melhoria da atmosfera, ver Silveira a Geisel, IPR, 4 jul 1978, n.165, AAS 1974.03.26; Silveira a Geisel, IPR, secreto, 10 ago 1978, n.213, AAS 1974.03.26. Silveira a Geisel, secreto, 22 jun 1978, série chanceler, n.11, AAS 1974.06.13; Silveira a Geisel, IPR, secreto, 11 jul 1978, n.182, AAS 1974.03.26.; Silveira a Geisel, IPR, secreto, 19 jul 1978, n.194, AAS 1974.03.26.; Carter a Geisel, secreto, 15 ago 1978, AAS 1974.03.26.; Geisel a Carter, 22 ago 1978, AAS 1974.03.26; Silveira a Geisel, IPR, secreto, 12 set 1978, n.241,

AAS 1974.03.26; Geisel a Carter, 30 mai 1978, AAS 1976.00.00; e Carter a Geisel, 19 jun 1978, AAS 1976.00.00. Sardemberg a Silveira, secreto, 8 set 1978, AAS 1974.04.23. Para postura brasileira no conflito iminente entre Argentina e Chile, ver Silveira a Geisel, IPR, secreto exclusivo, 27 out 1978, n.284, AAS 1974.03.26. A Marinha argentina chegou a mobilizar tropas, mas um mediador papal assegurou a suspensão dos planos. Hoje sabe-se que a frustração argentina nesse episódio alimentou em parte a decisão de Buenos Aires de ocupar as ilhas Malvinas em 1982. Para a reação brasileira à possível visita de um general americano, ver Silveira a Geisel, IPR, secreto, 8 nov 1978, n.295, AAS 1974.03.26.

40. Sobre confidência de Figueiredo, ver Brzezinski a presidente, secreto sensível, 25 set 1978, Crest. Para visita de Mondale, ver *O Estado de S. Paulo*, 23 e 24 mar 1979.

41. "Esboço de notas encaminhadas ao presidente eleito João Figueiredo por ministro Silveira", s.d., AAS 1978.08.30.

42. Silveira a MRE, secreto exclusivo, 28 set 1979, n.2557, AAS 1979.03.19; Silveira a MRE, secreto, 25 out 1979, n.2.850, AAS 1979.03.19. Para citação, Luigi Einaudi, entrevista ao autor, Washington, D.C., 29 nov 2006. Para problemas com Guerreiro, ver MRE a Silveira, secreto, 5 dez 1979, n.1.851, AAS 1979.09.11; Silveira a MRE, secreto, 21 mai 1980, n.1.816, AAS 1979.08.02. Para citação de Silveira, "Q&A session with ambassador Silveira at Georgetown University", 27 nov 1979.

43. Sobre a questão do Chile, John Dinges, *The Condor Years*; Peter Kornbluh, *The Pinochet Files*; e Jonathan Haslam, *The Nixon Administration and the Death of Allende's Chile*. Para a última controvérsia a respeito do tema, Kenneth Maxwell, "The case of the missing letter in Foreign Affairs: Kissinger, Pinochet and Operation Condor". Ver também "Pinochet judge asks to question Kissinger", *The Guardian*, 17 abr 2002; "Kissinger on trial", *San Francisco Chronicle*, 21 abr 2002; e "Kissinger may face extradition to Chile", *The Guardian*, 12 jun 2002. Para uma acusação sistemática, Christopher Hitchens, *The Trial of Henry Kissinger*.

Epílogo: Legados (p.178-83)

1. Para citação de Reagan, ver Hanhimäki, *The Flawed Architect*, p.450. Para uma história política do neoconservadorismo em política externa, James Mann, *Rise of the Vulcans*.

2. Para prognóstico, ver MRE a Silveira, secreto, 12 nov 1980, n.1.860, 1.862 e 1.863, AAS 1979.08.02. Para relação entre Reagan e Kissinger, Walter Isaacson, *Kissinger: a Biography*, p.715-26.

3. James M. Scott, *Deciding to Intervene*; e O. Arne Westad, *The Global Cold War*, cap.9.

4. Andrew Hurrell, "Latin America in the new world order: a regional bloc of the Americas?".

5. Para apoio brasileiro contra o sandinismo, ver *Veja*, 25 fev 1981; *Veja*, 4 mar 1981. Ver também Ariel Armony, *La Argentina, los Estados Unidos y la cruzada anticomunista en América Central*. Para Organização do Tratado do Atlântico Sul, ver MRE a Silveira, secreto, 28 ago 1981, n.1.295, AAS 1979.03.19; MRE a Silveira, 14 out 1981, n.1548, AAS 1979.03.19. Ver também Paulo Kramer, "Diálogo de surdos: as relações Brasil-Estados Unidos". Para tentativas na questão de Angola, ver MRE a Silveira, secreto exclusivo, 5 nov 1981, n.1.660, AAS 1979.09.11.

6. Para acordos e programas militares, ver *O Estado de S. Paulo*, 19 abr 1981; e *Gazeta Mercantil*, 7 fev 1984. Para papel de Bush na questão Westinghouse, ver *Washington Post*, 17 out 1981. Para citação de Silveira, ver Silveira a MRE, secreto urgentíssimo, 22 out 1981, n.3.685, AAS 1979.03.19.

7. Ver Figueiredo a Reagan, tradução não oficial, 4 mai 1982, AAS 1982.01.21; Silveira a MRE, secreto, 19 abr 1982, n.1.285, AAS 1982.01.21; Silveira a MRE, secreto, 26 abr 1982, n.1.377, AAS 1982.10.23; Silveira a MRE, secreto, 26 abr 1982, n.1.376, AAS 1982.01.21; Silveira a MRE, secreto, 27 abr 1982, n.1.400 e 1.401, AAS 1982.01.21; Silveira a MRE, secreto, 28 abr 1982, n.1.421, AAS 1982.01.21; Silveira a MRE, secreto urgentíssimo, 1º nov 1982, n.3.475, AAS 1982.10.23; Tomaz Espósito Neto, *A política externa brasileira frente ao conflito das Falkland/Malvinas (1982)*. Albert Fishlow, "The United States and Brazil: the case of the missing relationship".

8. Silveira a MRE, secreto exclusivo urgentíssimo, 15 fev 1983, n.499, e 18 fev 1983, n.533 e 534, AAS 1979.03.19.

9. Silveira a MRE, secreto exclusivo, 17 fev 1983, n.524, AAS 1979.03.19.

10. Guerreiro a Figueiredo, IPR, secreto, 21 fev 1983, n.55, AAS 1979.03.19.

11. Idem.

12. Idem.

A história deste livro (p.187-90)

1. Seymour Hersh, "Nixon's last coverup", *New Yorker*, 14 dez 1992; Hack Hitt, "Nixon's last trump", *Harper's*, ago 1994; Stanley Kutler, "Liberation of the Nixon tapes", *Legal Times*, 6 mai 1996; Carta aos editores, William Burr, "The Kissinger papers", *Foreign Affairs*, 46/9, 20 mai 1999; Jeffrey Goldberg, "Sprucing up Nixon", *New Yorker*, 8 mai 2006; "US reclassifies many documents in secret", *New York Times*, 21 fev 2006; "CIA withdraws 55,000 pages from open view", *The Guardian*, 22 fev 2006; Maarja Krusten, "NARA reclassification issues", H-DIPLO, 4 mai 2006.

2. Kissinger, *White House Years*, *Years of Upheaval* e *Years of Renewal*.

3. Silveira, *Entrevista*. De acordo com os termos de cessão da entrevista de Mario Gibson Barbosa ao CPDOC/FGV, o material pode ser consultado, mas não citado.

Referências bibliográficas

Arquivos pesquisados

Arquivo Histórico do Ministério das Relações Exteriores, Brasília.
Biblioteca do Senado Federal, Brasília.
Centro de Pesquisa e Documentação, Fundação Getulio Vargas, Rio de Janeiro.
CIA Records Search Tool (Crest), National Archives II, College Park, MD.
Gerald R. Ford Presidential Library, Ann Arbor, MI.
Jimmy Carter Presidential Library, Atlanta, GA.
National Security Archives, George Washington University, Washington, D.C.
Nixon Presidential Materials Staff, National Archives II, College Park, MD.

Entrevistas ao autor

Einaudi, Luigi. 29 nov 2006, Washington, D.C.
Fishlow, Albert. 1º jun 2005, Oxford.
Kissinger, Henry A. 1º dez 2006, Nova York.
Lampreia, Luiz Felipe P. 15 mar 2004 e 9 dez 2005, Rio de Janeiro.
Landau, Georges. 21 mai 2006, Brasília.
Nachmanoff, Arnold. 26 nov 2006, entrevista telefônica.
Pastor, Robert. 26 nov 2006, Washington, D.C.

Periódicos

Correio Braziliense
Exame
Folha de S.Paulo
Gazeta Mercantil
The Guardian (Londres)
Harper's
Jornal de Brasília
Miami Herald
New York Times

New Yorker
O Estado de S. Paulo
Playboy
San Francisco Chronicle
The Times (Londres)
Times Magazine
Veja
Washington Post

Livros e artigos

Albuquerque, José G. (org.). *Crescimento, modernização e política externa. Sessenta anos de política brasileira (1930-1990)*. São Paulo, Cultura, 1996.

Alderson, Kai e Andrew Hurrell (orgs.). *Hedley Bull on International Society*. Basingstoke, Palgrave/Macmillan, 2000.

Almeida, Paulo R. de e Rubens Barbosa (orgs.). *Brazil and the United States in a Changing World*. São Paulo, Saraiva, 2005.

Almond, Gabriel. *The American People and Foreign Policy*. Nova York, Harcourt Brace, 1950.

Alves, Maria H.M. *State and Opposition in Military Brazil*. Austin, University of Texas Press, 1985.

Araujo Castro, João Augusto de. "O congelamento do poder mundial". *Revista Brasileira de Estudos Políticos*, n.33, jan 1972.

Arinos de Mello Franco, Afonso. *A escalada*. Rio de Janeiro, José Olympio, 1965.

Armony, Ariel. *La Argentina, los Estados Unidos y la cruzada anticomunista en América Central, 1977-1984*. Buenos Aires, Universidad Nacional de Quilmes, 1999.

Baer, Werner. *The Brazilian Economy*. Westport, Praeger, 1995.

Baklanoff, Eric N. (org.). *New Perspectives of Brazil*. Nashville, Vanderbilt University Press, 1966.

Bandeira, Luiz A. Moniz. *O eixo Argentina-Brasil: o processo de integração da América Latina*. Brasília, UnB, 1987.

_____. *Brasil-Estados Unidos: a rivalidade emergente*. Rio de Janeiro, Civilização Brasileira, 1989.

_____. *Estado nacional e política internacional na América Latina*: *o continente nas relações Argentina-Brasil, 1930-1992*. Brasília, UnB, 1995.

_____. *Relações Brasil-EUA no contexto da globalização: a rivalidade emergente*. São Paulo, Senac, 2ª ed., 1999.

_____. *As relações perigosas: Brasil-Estados Unidos de Collor a Lula, 1990-2004*. Rio de Janeiro, Civilização Brasileira, 2004.

Barbosa, Antônio J. *O Parlamento e a política externa brasileira (1961-1967)*. Tese de doutorado, Brasília, UnB, 2000.

Barbosa, Mario Gibson. *Na diplomacia, o traço todo da vida*. Rio de Janeiro, Record, 1992.

Barletta, Michael. "The military nuclear program in Brazil". *Center for International Security and Arms Control Working Paper*. Palo Alto, University of Stanford, 1997.

Belkin, Aaron e Philip Tetlock (orgs.). *Counterfactual Thought Experiment in World Politics*. Nova Jersey, Princeton University Press, 1996.

Bell, Peter D. "Brazilian-American relations", in Riordan Roett (org.). *Brazil in the Sixties*. Nashville, Vanderbilt University Press, 1972, p.77-104.

Bennett, Andrew. *Condemned to Repetition? The Rise, Fall and Reprise of Soviet-Russian Military Interventionism, 1973-1996*. Boston, MIT Press, 1999.

_____ e Alexander George. *Case Studies and Theory Development*. Boston, MIT Press, 2005.

Bermeo, Nancy. *Ordinary People in Extraordinary Times*. Nova Jersey, Princeton University Press, 2003.

Bethell, Leslie e Ian Roxborough (orgs.). *Latin America between the Second World War and the Cold War, 1944-48*. Cambridge, Cambridge University Press, 1992.

Bhagwati, Jagdish e John Ruggie. *Power, Passions, and Purpose: Prospects for North-South Negotiations*. Cambridge, Cambridge University Press, 1984.

Black, Jan Knippers. *United States Penetration of Brazil*. Philadelphia, University of Pennsylvania Press, 1977.

Botero, Giovanni. *The Reason of State* [1589]. Londres, Routledge & Kegan Paul, 1956.

Brady, Henry e David Collier (orgs.). *Rethinking Social Inquiry: Diverse Tools, Shared Standards*. Londres, Rowman and Littlefield, 2004.

Brands, Hal. "Third World politics in an age of global turmoil: the Latin American challenge to US and western hegemony, 1965-1975". *Diplomatic History*, 32/1, jan 2008.

Brigagão, Clóvis. "Cancelamento do Acordo de Assistência Militar Brasil-Estados Unidos". *Revista Brasileira de Política Internacional*, 81/84, 1978.

Brinkley, Douglas. "The rising stock of Jimmy Carter: the 'hands-on' legacy of our thirty-ninth president". *Diplomatic History*, 20/4, 1996, p.505-29.

Brooke, Jim. "Dateline Brazil: southern superpower". *Foreign Policy*, outono 1981, p.167-80.

Brooks Flippen, J. "Richard Nixon, Russell Train and the birth of modern American environmental diplomacy". *Diplomatic History*, 32/4, set 2008, p.613-38.

Brzezinski, Zbigniew. "The state of Nixon's world (I): half past Nixon". *Foreign Policy 3*, verão 1971, p.3-12.

Bueno, Clodoaldo. "A política multilateral do Brasil", in Amado L. Cervo (org.). *O desafio internacional*. Brasília, UnB, 1994, p.59-117.

_____. *Política externa da Primeira República, 1902-1918*. São Paulo, Paz e Terra, 2003.

_____ e Amado L. Cervo. *História da política exterior do Brasil*. Brasília, UnB, 2002.

Bull, Hedley. *The Anarchical Society*. Nova York, Columbia University Press, 1977.

_____. "Kissinger: the primacy of geopolitics". *International Affairs*, 56/3, verão 1980, p.484-7.

_____. "The revolt against western dominance". *The Hagey Lectures*. Waterloo, University of Waterloo, 1984.

_____. "Justice in international relations: the 1983 Hagey lectures", in Kai Alderson e Andrew Hurrell (orgs.). *Hedley Bull on International Society*. Basingstoke, Palgrave/Macmillan, 2000, p.206-45.

Burns, Bradford. *The Unwritten Alliance: Rio Branco and Brazilian-American Relations*. Nova York, Columbia University Press, 1966.

Burr, Robert N. *By Reason or Force: Chile and the Balancing Power in South America, 1830-1905*. Berkeley, University of California Press, 1967.

Burr, William (org.). *The Kissinger Transcripts: the Top-Secret Talks with Beijing and Moscow*. Nova York, The New Press, 1998.

Camargo, Aspásia e Walder de Góes. *O drama da sucessão e a crise do regime*. Rio de Janeiro, Nova Fronteira, 1984.

Camilión, Oscar. *Memórias políticas, de Frondizi a Menem, 1956-1990*. Buenos Aires, Planeta, 1999.

Campos, Roberto. *Lanterna na popa*. São Paulo, Companhia das Letras, 1994.

Cardoso, Fernando Henrique e Enzo Faletto. *Dependency and Development in Latin America*. Berkeley, University of California Press, 1979.

Carneiro, Dionísio. "Crise e esperança: 1974-1980", in Marcelo de Paiva Abreu (org.). *A ordem do progresso: cem anos de política econômica republicana (1889-1989)*. Rio de Janeiro, Campus, 1992, p.295-322.

Castro, Celso e Maria C. D'Araujo (orgs.). *Ernesto Geisel*. Rio de Janeiro, FGV, 1997.

Cervo, Amado L. "Intervenção e neutralidade: doutrinas brasileiras para o Prata nos meados do século XIX". *Revista Brasileira de Política Internacional*, n.26/101-4, 1983, p.101-14.

_____ (org.). *O desafio internacional*. Brasília, UnB, 1994.

_____ e José Calvet de Magalhães. *Depois das caravelas: as relações entre Portugal e Brasil*. Brasília, UnB, 2000.

Chalmers, Douglas e Christopher Robinson. "Why power contenders choose liberalization strategies". *International Studies Quarterly*, n.26, 1982, p.3-36.

Chase, Robert, Emily Hill e Paul Kennedy (orgs.). *The Pivotal States: a New Framework for US Policy in the Developing World*. New York, WW Norton, 1999.

Cobbs, Elizabeth A. *The Rich Neighbor Policy: Rockefeller and Kaiser in Brazil*. New Haven, Yale University Press, 1992.

Cockcroft, James D. e André Gunder Frank. *Dependence and Underdevelopment: Latin America's Political Economy*. Nova York, Anchor Books, 1972.

Cohen, Youssef. *The Manipulation of Consent – The State and Working-Class Consciousness in Brazil*. Pittsburgh, University of Pittsburgh Press, 1989.

Collier, David e Ruth Collier. *Shaping the Political Arena: Critical Junctures, the Labor Movement, and Regime Dynamics in Latin America*. Princeton, Princeton University Press, 1991.

_____ e James Mahon. "Conceptual 'stretching' revisited: adapting categories in comparative analysis". *American Political Science Review*, 87/4, dez 1993, p.845-55.

_____ e Robert Adcock. "Democracy and dichotomies: a pragmatic approach to choices about concepts". *Annual Review of Political Science*, n.2, 1999, p.537-65.

Collier, Ruth. *Paths Toward Democracy: Working Class and Elites in Western Europe and South America*. Cambridge, Cambridge University Press, 1999.

Corrêa, Pio. *O mundo em que vivi*. São Paulo, Expressão e Cultura, 1995.

Costa, Gino. *Brazil's Foreign Policy towards her Neighbours during the Geisel Years*. Tese de doutorado, Londres, University of London, 1986.

Cunha, Vasco Leitão da. *Diplomacia em alto-mar*. Rio de Janeiro, FGV, 1994.

Danese, Sérgio F. *Diplomacia presidencial*. Rio de Janeiro, Topbooks, 1999.

Dantas, San Tiago. *Política externa independente*. Rio de Janeiro, Civilização Brasileira, 1962.

Davis, Sonny B. *A Brotherhood of Arms: Brazil-United States Military Relations, 1945-1977*. Colorado, University Press of Colorado, 1996.

Der Derian, James. "Great men, monumental history, and not-so-grand theory: a meta-review of Henry Kissinger's diplomacy". *Mershon International Studies Review*, n.39, 1995, p.173-80.

Dinges, John. *The Condor Years: How Pinochet and his Allies brought Terrorism to Three Continents*. Nova York, The New Press, 2003.
Doriatoto, Francisco M. "A política platina do Barão do Rio Branco". *Revista Brasileira de Política Internacional*, vol.43, n.2, 2000, p.130-49.
Drosdoff , Daniel. *Linha dura no Brasil – O governo Médici 1969-1974*. São Paulo, Global, 1986.
Dubnic, Vladimir Reisky de. "Trends in Brazil's foreign policy", in Eric N. Baklanoff (org.). *New Perspectives of Brazil*. Nashville, Vanderbilt University Press, 1966.
Elman, Colin e Miriam F. Elman (orgs.). *Bridges and Boundaries: Historians, Political Scientists and the Study of International Relations*. Boston, MIT Press, 2001.
Espósito Neto, Tomaz. *A política externa brasileira frente ao conflito das Falkland/Malvinas (1982)*. Dissertação de mestrado, São Paulo, PUC, 2006.
Evans, Peter B. *Embedded Autonomy: States and Industrial Transformation*. Nova Jersey, Princeton University Press, 1995.
Falcão, Armando. *Geisel: do tenente ao presidente*. Rio de Janeiro, Nova Fronteira, 1995.
Ferreira, L.F. *A política latino-americana do governo Geisel*. Dissertação de mestrado, Rio de Janeiro, PUC, 1993.
Ferreira, Oliveiros S. "As Forças Armadas como instrumento de política externa". *Política e Estratégia*, 4/4, 1986.
Fico, Carlos. *O grande irmão: da operação Brother Sam aos anos de chumbo*. Rio de Janeiro, Civilização Brasileira, 2008.
Fishlow, Albert. "The United States and Brazil: the case of the missing relationship". *Foreign Affairs*, vol.60, n.4, 1982, p.904-23.
Foland, Frances M. "The prospects for Brazil". *The New Leader*, 20 jan, 1969.
Fonseca, Gelson. *A legitimidade e outras questões internacionais*. São Paulo, Paz e Terra, 1998.
Franko, Patrice M. "Review essay: the puzzle of Brazilian arms production". *Journal of Interamerican Studies and World Affairs*, 40/4, 1998, p.137-43.
Frota, Sylvio. *Ideais traídos*. Rio de Janeiro, Jorge Zahar, 2006.
Gaddis, John L. *The United States and the End of the Cold War: Implications, Reconsiderations, Provocations*. Oxford, Oxford University Press, 1992.
_____. "Rescuing choice from circumstance: the statecraft of Henry Kissinger", in Gordon A. Craig e Francis L. Loewenheim (orgs.). *The Diplomats, 1939-1979*. Princeton, Princeton University Press, 1994.
_____. *We Now Know: Rethinking Cold War History*. Oxford, Oxford University Press, 1997.
_____. *Strategies of Containment: a Critical Appraisal of American National Security Policy during the Cold War* [1981]. Oxford, Oxford University Press, 2005.
Gall, Norman. "Atoms for Brazil, danger for all". *Foreign Policy*, n.23, 1976, p.155-201.
_____. "The rise of Brazil". *Commentary*, jan 1977.
Garcia, Eugênio V. *Entre América e Europa: a política externa brasileira na década de 1920*. Brasília, UnB, 2006.
Garthoff, Raymond L. *Détente and Confrontation: American-Soviet Relations from Nixon to Reagan* [1985]. Washington, Brookings Institution, 1994.
_____. *The Great Transition: American-Soviet Relations and the End of the Cold War*. Washington, Brookings Institution, 1994.

Gasiorowski, Mark J. "Dependency and cliency in Latin America". *Journal of Interamerican Studies and World Affairs*, 28/3, 1986, p.47-65.

Gaspari, Elio. *A ditadura envergonhada*. São Paulo, Companhia das Letras, 2002.

_____. *A ditadura escancarada*. São Paulo, Companhia das Letras, 2002.

_____. *A ditadura derrotada*. São Paulo, Companhia das Letras, 2003.

_____. *A ditadura encurralada*. São Paulo, Companhia das Letras, 2004.

George, Alexander L. e Andrew Bennet. *Case Studies and Theory Development in the Social Sciences*. Boston, MIT Press, 2005.

Gilpin, Robert. *War and Change in World Politics*. Cambridge, Cambridge University Press, 1981.

Gleijeses, Piero. *Conflicting Missions: Havana, Washington, and Africa, 1959-1976*. Chapel Hill, University of North Carolina, 2001.

Góes, Walder de. *O Brasil do general Geisel*. Rio de Janeiro, Nova Fronteira, 1978.

Goh, Evelyn. *Constructing the U.S. Rapprochement with China, 1961-1974: from 'Red Menace' to 'Tacit Ally'*. Nova York, Cambridge University Press, 2004.

Goldstein, Judith e Robert Keohane (orgs.). *Ideas and Foreign Policy: Beliefs, Institutions and Political Change*. Ithaca, Cornell University Press, 1993.

Gonçalves, Williams da S. e Shiguenoli Miyamoto. "Os militares na política externa brasileira: 1964-1984". *Estudos Históricos*, 6/12, 1993, p.211-46.

Gordon, Lincoln. "US-Brazilian reprise". *Journal of Interamerican Studies and World Affairs*, 32/2, 1990, p.165-78.

_____. *Brazil's Second Chance: en Route toward the First World*. Washington, Brookings Institution Press, 2001.

Green, James N. *We Cannot Remain Silent: Opposition to the Brazilian Dictatorship in the United States: 1964-1985*. Durham, Duke University Press, 2009.

Guerreiro, Saraiva. *Lembranças de um empregado do Itamaraty*. São Paulo, Siciliano, 1992.

Guimarães, Samuel P. (org.). *Estados Unidos: visões brasileiras*. Brasília, IPRI/Capes, 2000.

Haines, Gerald K. The *Americanization of Brazil: a Study of U.S. Cold War Diplomacy in the Third World, 1945-1954*. Delaware, Scholarly Resources Books, 1989.

Hanhimäki, Jussi M. "'Dr. Kissinger' or 'Mr. Henry'? Kissingerology, thirty years and counting". *Diplomatic History*, 27/5, 2003, p.637-76.

_____. *The Flawed Architect: Henry Kissinger and American Foreign Policy*. Oxford, Oxford University Press, 2004.

Haslam, Jonathan. *No Virtue like Necessity: Realist Thought in International Relations since Machiavelli*. New Haven, Yale University Press, 2002.

_____. *The Nixon Administration and the Death of Allende's Chile*. Londres, Verso, 2005.

Heginbotham, Eric e Richard J. Samuels. "Mercantile realism and Japanese foreign policy". *International Security*, 22/4, 1998, p.171-203.

Herrman, Richard K. e Richard Ned Lebow. *End of the Cold War: Interpretation, Causation, and the Study of International Relations*. Nova York, Palgrave, 2004.

Hersh, Seymour. *The Price of Power: Kissinger in the Nixon White House*. Nova York, Summit Books, 1983.

Hill, Rear Admiral J.R. *Maritime Strategy for Medium Powers*. Anápolis, Naval Institute Press, 1986.

Hilton, Stanley. "The U.S., Brazil, and the Cold War, 1945-1960: end of the special relationship". *Journal of American History*, 68/3, dez 1981, p.599-624.

_____. *O Brasil e a crise internacional (1930-1945)*. Rio de Janeiro, Espaço e Tempo, 1987.

Hirst, Monica (org.). *Brasil-Estados Unidos na transição democrática*. São Paulo, Paz e Terra, 1985.

_____. *O pragmatismo impossível: a política externa do segundo governo Vargas (1951-1954)*. Rio de Janeiro, FGV, 1990.

_____. *The United States and Brazil: a Long Road of Unmet Expectations*. Nova York, Routledge, 2005.

Hitchens, Christopher. *The Trial of Henry Kissinger*. Londres, Verso, 2001.

Hoffmann, Stanley. *Primacy or World Order*. Nova York, McGraw-Hill, 1978.

Holbraad, Carsten. *Middle Powers in International Politics*. Londres, Macmillan, 1984.

Huntington, Samuel. *Political Order in Changing Societies*. New Haven, Yale University Press, 1968.

_____. "The lonely superpower". *Foreign Affairs*, 78/2, 1999, p.35-49.

Hurrell, Andrew. *The Quest for Autonomy: the Evolution of Brazil's Role in the International System, 1964-1985*. Tese de doutorado, Oxford, University of Oxford, 1986.

_____. "Latin America and the west", in R. O'Neill e R.J. Vincent (orgs.). *The West and the Third World*. Londres, Macmillan, 1990, p.153-69.

_____. "Brazil as a regional great power: a study in ambivalence", in Iver Neumann (org.). *Regional Great Powers in International Politics*. Londres, St. Martin's Press, 1992, p.16-49.

_____. "Latin America in the new world order: a regional bloc of the Americas?". *International Affairs*, 68/1, 1992, p.121-39.

_____. "The international dimensions of democratization in Latin America: the case of Brazil", in Laurence Whitehead (org.). *The International Dimensions of Democratization*. Oxford, Oxford University Press, 1996, p.146-74.

_____. "Some reflections on the role of intermediate powers in international relations". *Paths to Power: Foreign Policy Strategies of Intermediate States, Working Paper Series*, Latin American Program, Woodrow Wilson Center for Scholars, mar 2000, p.1-11.

_____. "The United States and Brazil: comparative reflections", in Monica Hirst. *The United States and Brazil: a Long Road of Unmet Expectations*. Nova York, Routledge, 2005, p.73-108.

IBGE, *Estatísticas históricas do Brasil – Séries estatísticas retrospectivas, séries econômicas, demográficas e sociais, 1550 a 1985*. 1987.

Isaacson, Walter. *Kissinger: a Biography*. Nova York, Simon & Schuster, 1992.

Jaguaribe, Hélio. *O nacionalismo e a realidade brasileira*. Rio de Janeiro, Iseb, 1958.

_____. Economic and Political Development: a Theoretical Approach and a Brazilian Case Study. Boston, Harvard University Press, 1968.

Jentleson, Bruce W. "American commitments in the Third World: theory vs. practice". *International Organization*, 41/4, 1987, p.667-704.

Kaplan, Stephen S. "U.S. arms transfers to Latin America, 1945-1974: rational strategy, bureaucratic politics, and executive parameters". *International Studies Quarterly*, 19/4, 1975, p.399-431.

Kapur, Ashok. *The Indian Ocean: Regional and International Power Politics*. Nova York, Praeger, 1982.

Kemp, G. "Some relationships between US military training in Latin America and weapons acquisitions patterns, 1959-1969". Cambridge, MIT Center for International Studies, 1970.

Kennedy, Paul. *The Rise and Fall of the Great Powers: Economic Change and Military Conflict from 1500 to 2000*. Nova York, Random House, 1987.

Kissinger, Henry A. "Military policy and defense of the 'grey areas'". *Foreign Affairs*, 33/418, 1954-55, p.416-28.

_____. *The World Restored*. Londres, Weidenfeld & Nicolson, 1957.

_____. *The Necessity for Choice*. Londres, Chatto and Windus, 1960.

_____. *The Troubled Partnership: a Reappraisal of the Atlantic Alliance*. Nova York, McGraw-Hill, 1965.

_____. *American Foreign Policy*. Nova York, Norton, 1974.

_____. *White House Years*. Boston, Little Brown, 1979.

_____. *Years of Upheaval*. Londres, Weidenfeld & Nicolson, 1982.

_____. *Diplomacy*. Nova York, Simon & Schuster, 1994.

_____. *Years of Renewal*. Londres, Weidenfeld & Nicolson, 1999.

_____. *Crisis: the Anatomy of Two Major Foreign Policy Crises*. Nova York, Simon & Schuster, 2003.

_____. *Ending the Vietnam War: a History of America's Involvement in and Extrication from the Vietnam War*. Nova York, Simon & Schuster, 2003.

Kornbluh, Peter. *The Pinochet Files: a Declassified Dossier on Atrocity and Accountability*. Nova York, The New York Press, 2004.

Kramer, Paulo. "Diálogo de surdos: as relações Brasil-Estados Unidos". *Política e Estratégia*, n.3 (1), jan-mar, 1985.

Kuklick, Bruce. *Blind Oracles: Intellectuals and War from Kennan to Kissinger*. Princeton, Princeton University Press, 2006.

Lafer, Celso. "Uma interpretação do sistema das relações internacionais do Brasil". *Revista Brasileira de Política Internacional*, n.10/39-40, 1967, p.81-100.

Lakoff, G. *Women, Fire, and Dangerous Things: What Categories Reveal About the Mind*. Chicago, University of Chicago Press, 1987.

Landry, David M. "Brazil's new regional and global roles". *World Affairs*, n.137, 1974, p.23-37.

Langguth, A.J. *A face oculta do terror*. Rio de Janeiro, Civilização Brasileira, 1978.

Leacacos, John. "The Nixon NSC". *Foreign Policy* 5, 1971-2, p.3-27.

Leacock, Ruth. *Requiem for Revolution: the United States and Brazil, 1961-1969*. Kent, Kent State University Press, 1990.

Lebow, Richard N. "What's so different about a counterfactual?". *World Politics*, n.52, 2000, p.550-85.

_____ e Thomas Risse-Kappen (orgs.). *International Relations Theory and the End of the Cold War*. Nova York, Columbia University Press, 1995.

LeFaber, Walter. *The Clash: a History of US-Japan Relations*. Nova York, Norton, 1997.

Lessa, Antônio C. *Brasil, EUA e Europa Ocidental no contexto do nacional-desenvolvimentismo: estratégias de diversificação de parcerias, 1974-1979*. Dissertação de mestrado, Brasília, UnB, 1994.

_____. "A diplomacia universalista do Brasil: a construção do sistema contemporâneo de relações bilaterais". *Revista Brasileira de Política Internacional*, 41, núm. esp., 1998, p.29-41.

Lieberman, Evan S. "Causal inference in historical institutional analysis: a specification of periodization strategies". *Comparative Political Studies*, 34/9, 2001, p.1011-35.

Ligiero, Luis F. *Políticas semelhantes em momentos diferentes: exame e comparação entre a política externa independente (1961-1964) e o pragmatismo responsável (1974-1979)*. Tese de doutorado, Brasília, UnB, 2000.
Lima, Maria R.S. de. *The Political Economy of Brazilian Foreign Policy: Nuclear Policy, Trade and Itaipu.* Tese de doutorado, Nashville, Vanderbilt University Press, 1986.
_____ e Gerson Moura. "A trajetória do pragmatismo – Uma análise da política externa brasileira". *Dados*, 25/3, 1982, p.349-63.
Lippman, Walter. *Essays in the Public Philosophy*. Boston, Little Brown, 1955.
Liska, George. *Imperial America*. Baltimore, Johns Hopkins University Press, 1967.
_____. *Alliances and the Third World*. Baltimore, Johns Hopkins University Press, 1968.
_____. "The Third World", in Robert E. Osgood et al. (orgs.). *America and the World: from the Truman Doctrine to Vietnam*. Baltimore, Johns Hopkins University Press, 1970.
Litwak, Robert. *Détente and the Nixon Doctrine: American Foreign Policy and the Pursuit of Stability, 1969-1976*. Cambridge, Cambridge University Press, 1984.
Love, Joseph L. "Economic ideas and ideologies in Latin America since 1930", in Leslie Bethell (orgs.). *Ideas and Ideologies in Twentieth Century Latin America*. Cambridge, Cambridge University Press, 1996, p.207-75.
Lundestad, Geir. *The United States and Western Europe since 1945*. Oxford, Oxford University Press, 2005.
MacCann, Frank. *The Brazilian-American Alliance, 1937-1945*. Princeton, Princeton University Press, 1977.
Mainwaring, Scott. *The Catholic Church and Politics in Brazil, 1916-1985*. Stanford, Stanford University Press, 1986.
Mann, James. *Rise of the Vulcans: the History of Bush's War Cabinet*. Nova York, Viking, 2004.
Marchetti ,Victor e John D. Marks. *A CIA e o culto da inteligência*. Rio de Janeiro, Nova Fronteira, 1974.
Marconi, Paolo. *A censura política na imprensa brasileira, 1968-1978*. São Paulo, Global, 1980.
Marshall, Charles Burton. "Alliances with fledging states", in Arnold Wolfers (org.). *Alliance Policy in the Cold War* [1959]. Connecticut, Greenwood Press, 1976, p.213-23.
Masters, Roger. *The Nation is Burdened*. Nova York, Alfred A. Knopf, 1967.
Maxwell, Kenneth. *The Making of Portuguese Democracy*. Cambridge, Cambridge University Press, 1995.
_____. "The case of the missing letter in Foreign Affairs: Kissinger, Pinochet and Operation Condor". *Working paper* n.04/05-3, David Rockefeller Center for Latin American Studies, Harvard University, 2004.
McDonough, Peter. "Mapping an authoritarian power structure: Brazilian elites during the Medici regime". *Latin American Research Review*, 16/1, 1981, p.79-106.
Mead, Walter Russell. *Special Providence: American Foreign Policy and How it Changed the World*. Nova York, Alfred A. Knopf, 2001.
Mello e Silva, Alexandra de. *A política externa de JK: a Operação Pan-Americana*. Rio de Janeiro, FGV, 1992.
Mello, Leonel I. *Brasil, Argentina e a balança de poder regional: equilíbrio, preponderância ou hegemonia?, 1969-1986*. Tese de doutorado, São Paulo, USP, 1991.
Melo, Ovídio de A. "O reconhecimento de Angola pelo Brasil em 1975", *Comunicação & Política*, mai-ago, 2000, p.75-133.

Mettenheim, Kurt Von. *The Brazilian Voter: Mass Politics in Democratic Transition, 1974-1986*. Pittsburgh, University of Pittsburgh Press, 1995.

Miyamoto, Shiguenoli. *Do discurso triunfalista ao pragmatismo ecumênico (geopolítica e política externa no Brasil pós-64)*. Tese de doutorado, São Paulo, USP, 1995.

Morgenthau, Hans. "Alliances in theory and practice", in Arnold Wolfers (org.). *Alliance Policy in the Cold War* [1959]. Connecticut, Greenwood Press, 1976.

Mortimer, Robert A. *The Third World Coalition in International Politics*. Boulder, Westview, 1984.

Moura, Gerson. *Autonomia na dependência: a política externa brasileira de 1935 a 1942*. Rio de Janeiro, Nova Fronteira, 1980.

____. *Sucessos e ilusões: relações internacionais do Brasil durante e após a Segunda Guerra Mundial*. Rio de Janeiro, FGV, 1991.

Neumann, Iver. *Regional Great Powers in International Politics*. Londres, St. Martin's Press, 1992.

Nixon, Richard M. "Asia after Vietnam". *Foreign Affairs*, n.46, 1967, p.111-25.

_____. *US Foreign Policy for the 1970s. A Report to the Congress*. Washington, U.S. Government Printing Office, 1971.

Njolstad, Olav. *Peacekeeper and Troublemaker: the Containment Policy of Jimmy Carter, 1977-1978*. Oslo, Norwegian Institute for Defence Studies, 1995.

Ocampo, Sonia Camargo. *Autoritarismo e democracia na Argentina e no Brasil: uma década de política exterior*. São Paulo, Convívio, 1988.

O'Donnell, Guillermo A., Philippe C. Schmitter e Laurence Whitehead. *Transitions from Authoritarian Rule: Prospects for Democracy*. Baltimore, Johns Hopkins University Press, 1986.

Olson, Mancur. *The Rise and Decline of Nations: Economic Growth, Stagflation, and Social Rigidities*. New Haven, Yale University Press, 1982.

Organski, A.F.K. *World Politics*. Nova York, Knopf, 1968.

Osgood, Robert E. "Preface", in George Liska. *Imperial America*. Baltimore, Johns Hopkins University Press, 1967.

_____ (org.). *America and the World: from the Truman Doctrine to Vietnam*. Baltimore, Johns Hopkins University Press, 1970.

Ostrower, Gary B. "'I hate it. I hate it. I hate it.' The UN during the Nixon years". *Diplomatic History*, 31/2, 2007, p.353-56.

Paiva Abreu, Marcelo de (org.). *A Ordem do Progresso: cem anos de política econômica republicana (1889-1989)*. Rio de Janeiro, Campus, 1992.

Parker, Phyllis. *Brazil and the Quiet Intervention, 1964*. Austin, University of Texas Press, 1979.

Penna Filho, Pio. "A pesquisa histórica nos arquivos do Itamaraty". *Revista Brasileira de Política Internacional*, 42/2, 1999, p.117-44.

Perry, William. "Contemporary Brazilian foreign policy: the international strategy of an emerging power". *Foreign Policy Papers*, n.2/6, Beverly Hills, Sage Publications, 1976.

Pinheiro, Letícia. *Foreign Policy Decision-Making under the Geisel Governmen: the President, the Military and the Foreign Ministry*. Tese de doutorado, Londres, London School of Economics and Political Science, 1994.

Pinheiro Guimarães, Samuel. *Quinhentos anos de periferia*. Porto Alegre, UFRGS e Contraponto, 1999.

Power, Timothy. "Carter, human rights, and the Brazilian military regime: revisiting the diplomatic crisis of 1977". Mimeo, 2006.

Pratt, Cranford (org.). *Internationalism Under Strain: the North-South Policies of Canada, the Netherlands, Norway, and Sweden*. Toronto, University of Toronto Press, 1989.

_____. *Middle Power Internationalism: the North-South Dimension*. Montreal, McGill-Queen's University Press, 1990.

Quadros, Jânio. "Brazil's new foreign policy". *Foreign Affairs*, vol.40/1, 1961.

Rainbow, Paul e William Sullivan (orgs.). *Interpretive Social Science*. Berkeley, University of California Press, 1985.

Resnick, Evan. "Defining engagement". *Journal of International Affairs*, n.54/2, 2001, p.551-67.

Reuben, Edwin (org.). *The Challenge of the New International Economic Order*. Boulder, Westview, 1981.

Risse-Kappen, Thomas. "Ideas do not float freely: trans-national coalitions, domestic structure and the end of the Cold War". *International Organization*, n.48, 1994, p.185-214.

Rodrigues, José Honório. *Interesse nacional e política externa*. Rio de Janeiro, Civilização Brasileira, 1966.

Roett, Riordan. "Brazil ascendant: international relations and geopolitics in the late 20th century". *Journal of International Affairs*, vol.9, n.2, 1975, p.139-54.

_____. *Brazil in the Seventies*. Washington, American Enterprise Institute for Public Policy Research, 1976.

Rose, Gideon. "Neoclassical realism and theories of foreign policy". *World Politics*, n.51/1, 1998, p.144-72.

Ross Schneider, Ben. *Politics within the State: Elite Bureaucrats and Industrialization Policy in Authoritarian Brazil*. Pittsburgh, Pittsburgh University Press, 1992.

Rostow, Walt W. *The United States in the World Arena*. Nova York, Harper & Bros., 1960.

_____. "Regionalism and world order", *Department of State Bulletin*, LVII, [12 jun 1967], 17 jul 1967, p.66-9.

Rothkopf, David. *Running the World: the Inside Story of the National Security Council and the Architects of American Power*. Nova York, Public Affairs, 2005.

Rueschemeyer, Dietrich, E.H. Stephens e J.D. Stephens. *Capitalist Development and Democracy*. Chicago, University of Chicago Press, 1992.

Russett, Bruce. *Grasping the Democratic Peace; Principles for a Post-Cold War World*. Princeton, Princeton University Press, 1993.

Samhat, Nayef H. "Middle powers and American foreign policy: lessons from Irano-U.S. relations, 1962-77". *Policy Studies Journal*, n.28/1, 2000, p.11-26.

Saraiva, José F.S. *O lugar da África: a dimensão atlântica da política externa brasileira (de 1946 a nossos dias)*. Brasília, UnB, 1996.

Saraiva, Míriam. "A opção europeia e o projeto Brasil Potência Emergente". *Contexto Internacional*, n.11/1-6, 1990.

Sartori, Giovanni. "Concept misformation in comparative politics". *American Political Science Review*, n.64, 1970, p.1033-53.

Sauvant, Karl P. *The Group of 77: Evolution, Structure, Organization*. Nova York, Oceana, 1981.

Schmitter, Philip C. "The persecution of political and social scientists in Brazil". *PS: Political Science and Politics*, 1970.

Schneider, Ronald. "Brazilian foreign policy: a case study in upward mobility". *Inter-American Economic Affairs*, n.27/4, 1974, p.3-25.

_____. *Brazil: Foreign Policy of a Future World Power*. Boulder, Westview, 1977.

Schoultz, Lars. *Human Rights and United States Policy toward Latin America*. Princeton, Princeton University Press, 1981.

Schroeder, Paul W. "Alliances, 1815-1945: weapons of power and tools of management", in Klaus Knorr (org.). *Historical Dimensions of National Security problems*. Lawrence, University Press of Kansas, 1975, p.227-63.

Schweller, Randall L. *Deadly Imbalances: Tripolarity and Hitler's Strategy of World Conquest*. Nova York, Columbia University Press, 1998.

_____. "Realism and the present great power system: growth and positional conflict over scarce resources", in Ethan B. Kapstein e Michael Masanduno (orgs.). *Unipolar Politics: Realism and State Strategies after the Cold War*. Nova York, Columbia University Press, 1999, p.28-68.

_____. "The progressiveness of neoclassical realism", in Colin Elman e Miriam F. Elman (orgs.). *Progress in International Relations Theory: Appraising the Field*. Boston, MIT Press, 2003.

_____. *Unanswered Threats: Domestic Constraints on the Balance of Power*. Princeton, Princeton University Press, 2006.

Scott, James M. *Deciding to Intervene: the Reagan Doctrine and American Foreign Policy*. Durham, Duke University Press, 1996.

Seitenfus, Ricardo. *O Brasil vai à guerra: o processo do envolvimento brasileiro na Segunda Guerra Mundial*. Barueri, Manole, 2003.

Selcher, Wayne (org.). *Brazil in the International System: the Rise of a Middle Power*. Boulder, Westview, 1981.

Serbin, Kenneth P. *Secret Dialogues: Church-State Relations, Torture, and Social Justice in Authoritarian Brazil*. Pittsburgh, University of Pittsburgh Press, 2000.

_____. *Diálogos na sombra: bispos e militares, tortura e justiça social na ditadura*. São Paulo, Companhia das Letras, 2001.

Sikkink, Kathryn. *Ideas and Institutions: Developmentalism in Brazil and Argentina*. Ithaca, Cornell University Press, 1991.

_____. *Mixed Signals: US Human Rights Policy and Latin America*. Ithaca, Cornell University Press, 2004.

Silveira, Antônio Francisco Azeredo da. "O Brasil e a nova ordem internacional". *Revista Brasileira de Política Internacional*, vol.18, n.69/72, 1975.

Singh, J.S. *A New International Economic Order*. Nova York, Praeger, 1977.

Skidmore, David. *Reversing Course: Carter's Foreign Policy, Domestic Politics and the Failure of Reform*. Nashville, Vanderbilt University Press, 1996.

Skidmore, Thomas E. *The Politics of Military Rule in Brazil, 1964-85*. Nova York, Oxford University Press, 1988.

Smith, Joseph. *Unequal Giants: Diplomatic Relations between the United States and Brazil, 1889-1930*. Pittsburgh, University of Pittsburgh Press, 1991.

Snyder, Glenn H. "Process variables in neorealist theory". *Security Studies*, 5/3, 1996, p.167-92.

Solingen, Etel. "Macropolitical consensus and lateral autonomy in industrial policy: the nuclear sector in Brazil and Argentina". *International Organization*, 47/2, 1993, p.263-98.

Souto, Cintia. *A diplomacia do interesse nacional: a política externa do governo Médici*. Porto Alegre, UFRGS, 2003.

Suri, Jeremi. *Power and Protest: Global Revolution in the Age of Détente*. Cambridge, Harvard University Press, 2003.

_____. *Henry Kissinger and the American Century*. Cambridge, Harvard University Press, 2007.

_____. *The Global Revolutions of 1968*. Nova York, W.W. Norton & Company, 2007.

Spektor, Matias. "A abertura do acervo Azeredo da Silveira". *Revista Brasileira de Política Internacional*, 44/2, 2001, p.193-97.

_____. "O Brasil e a Argentina entre a cordialidade oficial e o projeto de integração". *Revista Brasileira de Política Internacional*, 45/1, 2002, p.117-45.

_____. *Ruptura e legado: o colapso da cordialidade oficial entre Brasil e Argentina*. Dissertação de mestrado, Brasília, UnB, 2002.

_____. "Origens e direção do pragmatismo ecumênico e responsável (1974-1979)". *Revista Brasileira de Política Internacional*, 47/2, 2004, p.191-222.

_____. *Equivocal Engagement: Kissinger, Silveira, and the Politics of US-Brazil Engagement*. Tese de doutorado, Oxford, Oxford University, 2007.

Stepan, Alfred (org.). *Authoritarian Brazil*. New Haven, Yale University Press, 1973.

Stern, Elliot. "Evaluating partnerships", in Andrew Liebenthal (org.). *Evaluation and Development: the Partnership Dimension*. Londres, Transaction, 2004, p.29-42.

Stockwell, John. *In Search of Enemies: a CIA Story*. Londres, Andre Deutsch, 1978.

Synder, Glenn H. *Alliance Politics*. Ithaca, Cornell University Press, 1997.

Thompson, William P. (org.). *Contending Approaches to World System Analysis*. Londres, Sage, 1983.

Trebat, Thomas J. *Brazil's State-Owned Enterprises*. Cambridge, Cambridge University Press, 1983.

Tuthill, John W. "Economic and political aspects of development in Brazil and Usaid". *Journal of Inter-American Studies*, 11, 1969.

_____ e Frank Carlucci. "Operation Topsy". *Foreign Policy 8*, outono 1972, p.62-85.

Vargas, João Augusto Costa. *Uma esplêndida tradição: João Augusto de Araujo Castro e a política exterior do Brasil*. Dissertação de mestrado, Brasília, Instituto Rio Branco, 2008.

Vance, Cyrus. *Hard Choices*. Nova York, Simon and Schuster, 1983.

Vigevani, Tullo. *O contencioso Brasil × Estados Unidos da informática (Uma análise sobre a formulação da política exterior)*. São Paulo, Alfa-Omega/Edusp, 1995.

Vizentini, Paulo F. *Relações internacionais e desenvolvimento: o nacionalismo e a política externa independente, 1951-1964*. Petrópolis, Vozes, 1995.

_____. *A política externa do regime militar brasileiro*. Porto Alegre, UFRGS, 1998.

Wallerstein, Immanuel. *The Capitalist World-Economy*. Cambridge, Cambridge University Press, 1979.

Walt, Stephen M. *Origins of Alliances*. Ithaca, Cornell University Press, 1987.

_____. *Taming American Power: the Global Response to U.S. Primacy*. Nova York, Norton, 2005.

Walters, Vernon A. *Silent Missions*. Nova York, Doubleday, 1978.

_____. *The Mighty and the Meek: Dispatches from the Front Line of Diplomacy*. Londres, St. Ermin's Press, 2001.

Waltz, Kenneth. "International structure, national force, and the balance of world power". *Journal of International Affairs*, 21/2, 1967, p.215-31.

_____. *Theory of International Politics*. Nova York, McGraw-Hill, 1979.

Weis, W. Michael. *Cold Warriors and Coups d'État, Brazilian-American Relations, 1945-1964*. Novo México, University of New Mexico Press, 1993.

Wesson, Robert G. *The United States and Brazil: Limits of Influence*. Nova York, Praeger Publishers, 1981.

Westad, O. Arne (org.). *The Fall of Détente: Soviet-American Relations during the Carter Years*. Oslo, Scandinavian University Press, 1997.

_____. *Reviewing the Cold War: Approaches, Interpretations, Theory*. Londres, Frank Cass, 2000.

_____. *The Global Cold War: Third World Interventions and the Making of our Times*. Cambridge, Cambridge University Press, 2005.

Wight, Martin. *Power Politics*. Londres, Penguin, 1979.

Wilkinson, David. "Problems in power configuration sequences: the southwest Asian macrosystem to 1500 B.C.". Artigo apresentado na International Studies Association, Los Angeles, mar 14-18, 2000.

Wohlforth, William C. *The Elusive Balance: Power and Perceptions during the Cold War*. Ithaca, Cornell University Press, 1993.

_____. "A certain idea of science: how international relations theory avoids reviewing the Cold War", in Odd Arne Westad (org.). *Reviewing the Cold War: Approaches, Interpretations, Theory*. Londres, Frank Cass, 2000, p.126-45.

Wolfers, Arnold (org.). *Alliance Policy in the Cold War* [1959]. Connecticut, Greenwood Press, 1976.

Wood, Bernard. *Middle Powers in the International System: a Preliminary Assessment of Potential. Wider Working Paper* n.11. Helsinki, World Institute for Development and Economic Research, 1987.

Young, Jordan. *Brazil: Emerging World Power*. Malabar, Robert Krieger, 1982.

Zakaria, Fareed. "Realism and domestic politics: a review essay". *International Security*, 17/1, 1992, p.117-98.

_____. *From Wealth to Power: the Unusual Origins of America's World Role*. Princeton, Princeton University Press, 1998.

Agradecimentos

Esta pesquisa foi possível graças ao apoio do Conselho Britânico, da Gerald R. Ford Presidential Library e das seguintes fontes da Universidade de Oxford: Centre for Brazilian Studies, Centre for Latin American Studies, St. Cross College, Nuffield College, Roger Brew Fund e Cyril Foster and Related Funds do Departamento de Política e Relações Internacionais.

Andrew Hurrell orientou a tese de doutorado que deu origem ao livro. Durante os anos de trabalho conjunto ele me encorajou a desenvolver uma maneira própria de entender e estudar as relações internacionais. Seu exemplo foi e continua sendo uma de minhas principais fontes de inspiração. Sou mais agradecido por isso do que ele possa imaginar.

Ao longo de cinco anos consecutivos também tive a fortuna de ter uma filiação no Centre for Brazilian Studies da Universidade de Oxford, cuja ajuda foi essencial para pesquisar os arquivos brasileiros e terminar o doutorado. Leslie Bethell, seu diretor, ofereceu apoio generoso a este projeto de muitas maneiras. As gerações de visitantes que por lá passaram também deixaram uma marca na minha formação. Agradeço especialmente a ajuda cotidiana de Ailsa Thom, Sarah Rankin e Kate Candy.

Marcela Antelo apostou cegamente no caminho que escolhi mesmo quando eu ainda não sabia para onde estava indo. David Jordan me incentivou de todas as formas e transformou Daleham Mews em um porto seguro que fez toda a diferença. Elliot Stern me indicou, sem dizê-lo, o caminho das pedras para resolver minha hesitação diante da enormidade do projeto. James Davies me abriu os olhos para mundos desconhecidos.

Durante a pesquisa de campo abusei da generosidade de meus anfitriões em três continentes: Bituca, Daniel Lavarda, Dermeval Aires, Jack Hagstrom, Leonardo Martinez-Diaz, Luciano Milhomem, Marta Pulido Verde, Paulo Chiarelli, Renato Mariani, a família Sochaczewski Feldman e Steve Hill. Também tive a sorte de contar com a paciência daqueles que leram e comentaram partes do manuscrito em suas várias versões: Ana Covarrubias, Alexandre Nina, Alexandre Parola, Alia Brahimi, André Carvalho, Celso Castro, Cornelia Hueltz, Elliot Stern, Georges Landau, João Vargas, Kenneth Maxwell, Laurence Whitehead, Leonardo Martinez-Diaz, Malcolm Deas, Marco Cepik, Monique Sochaczewski, Par Engstrom, Persio Arida, Renato Mariani, Rogério de Souza Farias, Rosemary Foot, Sean Burges e Tom Pegram. Elio Gaspari, Evelyn Goh e Odd Arne Westad fizeram uma leitura com pente-fino, oferecendo valiosas correções e dicas. Luiz Felipe Lampreia foi generoso com sua memória em inúmeras ocasiões. Fica também o agradecimento especial a um membro do governo Geisel que preferiu permanecer anônimo.

Na Fundação Getulio Vargas contei com uma equipe de assistentes de pesquisa eficientes e bem-humorados: Gabriel Chueke, Mila Lo Bianco e Rafaella Cysne trabalharam a toque de caixa no Rio de Janeiro, enquanto Francisco Figueira correu contra o tempo em Washington. Luciano Milhomem, Marciel Polido e Dani Nedal traduziram partes do original para o português. O nascimento do livro neste formato simplesmente não teria acontecido sem o apoio de Celso Castro.

As ideias aqui contidas foram refinadas em inúmeros diálogos com comentaristas e o público que assistiu a meus seminários e apresentações nas seguintes instituições: Cold War Studies Centre da London School of Economics and Political Science, Centre for Brazilian Studies, Centre for International Studies e Latin American Centre da Universidade de Oxford, Society for Latin American Studies no Reino Unido, Ibmec, Fundação Getulio Vargas e Instituto Rio Branco. Os erros que ficam são todos meus.

Este livro foi composto por Letra e Imagem em Adobe Caslon 11/15,2
e impresso em papel offset 90g/m^2, couché matte 95g/m^2 e
cartão triplex 250g/m^2 por Geográfica Editora em agosto de 2009.